Das Urhebervertragsrecht
im Lichte der Verhaltensökonomik

Schriften zum europäischen Urheberrecht

EurUR 9

Schriften zum europäischen Urheberrecht

Herausgegeben von

Prof. Dr. Karl-Nikolaus Peifer, Köln
Prof. Dr. Karl Riesenhuber, M. C. J., Bochum

EurUR
Band 9

W DE G
RECHT

De Gruyter Recht · Berlin

Das Urhebervertragsrecht im Lichte der Verhaltensökonomik

INTERGU-Tagung 2009

Herausgegeben von

Karl Riesenhuber
und Lars Klöhn

W DE G
RECHT

De Gruyter Recht · Berlin

Veröffentlichung der von INTERGU gemeinsam mit der Ruhr-Akademie für Europäisches Privatrecht ausgerichteten Tagung „Das Urhebervertragsrecht im Lichte der Verhaltensökonomik", die am 23./24. April 2009 im Magnus-Haus der Deutschen Physikalischen Gesellschaft in Berlin stattfand.

♾ Gedruckt auf säurefreiem Papier,
das die US-ANSI-Norm über Haltbarkeit erfüllt.

ISBN 978-3-89949-760-1

Bibliografische Information der Deutschen Nationalbibliothek

Die Deutsche Nationalbibliothek verzeichnet diese Publikation in der Deutschen Nationalbibliografie; detaillierte bibliografische Daten sind im Internet über http://dnb.d-nb.de abrufbar.

Umschlaggestaltung: Christopher Schneider, Laufen
Datenkonvertierung/Satz: jürgen ullrich typosatz, Nördlingen
Druck und Bindung: Hubert & Co., Göttingen

Printed in Germany

Geleitwort

Mit dem vorliegenden Band legen die Herausgeber die Beiträge zu einem von der Internationalen Gesellschaft für Urheberrecht e.V. (INTERGU) veranstalteten Kolloquium vor, das sich mit dem Urhebervertragsrecht im Lichte der Verhaltensökonomik beschäftigt hat. Es handelt sich also um ein Thema, das immer das Thema der Internationalen Gesellschaft für Urheberecht war, ist und sein wird: den Schutz des Urhebers und seines Werkes. Aber die Sichtweise auf diesen Schutz, seine Grundlagen und seine Notwendigkeiten bekommen einen neuen Neigungswinkel. Natürlich verbleibt es bei der stets vorhandenen und immer so trefflich praktizierten Lust an der Dogmatik des Urheberrechts. Hinzukommt aber die Lust an einer zupackenden Neugierde auf eine sich technisch immer mehr verändernde Welt und damit das Bestreben, eine in ihrem Kern undogmatische Welt gleichzeitig mit den Mitteln der Dogmatik und der Empirie zu bewältigen.

Man wirft der Urheberrechtsdogmatik bisweilen vor, sie lehre und lerne das Handwerk nicht nur Haare zu spalten, sondern auch gespaltene Haare noch weiter aufzuspalten. Dieser durchaus liebenswürdig gemeinte Spott unterstreicht allerdings nur, um was es in einer Rechtsordnung des geistigen Eigentums geht und gehen muss, der dem Geist, der weht wo er will, den notwendigen Schutz geben und gestalten muss, damit er eben wehen kann wo er will. Denn die Natur des Menschen ist nicht von vornherein darauf angelegt, dem schöpferischen Geist möglichst alle Freiheiten zu gewähren und gleichzeitig diesen Freiheiten, wenn sie zu gestalteten Gedanken geworden sind, Schutz zu bieten. Darum bedarf es immer wieder der Besinnung auf die Grundlagen dieses Schutzes und diese finden sich in der Philosophie, der Theologie, der Soziologie, prägen sich dann aus in naturrechtlichen oder rein staatsrechtlichen Denkansätzen des Urheberschutzes. Die Soziologie hilft, die Grundlagen des Schutzes des Geistes und seiner Produktionen in die jeweilige gesellschaftliche Struktur einzubetten und nun soll auch die wirtschaftsökonomische Verhaltenslehre ihren Beitrag dazu leisten.

Es geht bei dem Schutz eines geistigen Werkes immer um den Schutz der Menschen, die dieses Werk geschaffen haben. Und es ist die Umwelt dieser schöpferischen Menschen, die den Schutz garantieren und die davon abgehalten werden muss, über deren Schutzwürdigkeit hinwegzugehen, aus einem ungestümen Fortschrittsdrang heraus, aus Rücksichtslosigkeit oder purem Unwissen. All dies haben die Referenten unter der angekündigten Sicht der Verhaltensökonomik an zwei Kolloquiumstagen behandelt. Dabei haben sie stets auch den wirtschaftlichen Aspekt des Urheberrechts, der sich vornehmlich im Urhebervertragsrecht manifestiert, im Auge behalten. Über die Gefahren bei Urheberrechtsverträgen gibt es ganze Regalwände von Entscheidungen – heute würde man besser sagen: ganze Festplatteninhalte. Aber nach wie vor – trotz dieser wirklich substantiellen rechtlichen Hilfen und Errungenschaften der Rechtsprechung und der Rechtswissenschaft – bleibt das Misstrauen des schöpferischen Menschen gegenüber den Verwertern seines schöpferischen Werks bestehen. Hier fällt mir immer wieder der Brief von Wolfgang Amadeus Mozart an seinen Vater Leopold ein, als er ihm die gerade fertig gestellten handschriftlichen Partituren seiner großen Wiener Klavierkonzerte des Jahres 1784 übersandte und ihn bat, sie nicht aus der Hand zu geben, bevor er sie nicht selbst in den nächsten Wochen gespielt habe. Denn den Kopisten und Verlegern sei nicht zu trauen, sie verwerteten die Werke ohne Rücksicht auf den interpretatorischen Komponisten. Eine Tagung wie diese, in welcher das Urhebervertragsrecht im Lichte der Verhaltensökonomik erörtert wurde, dient vornehmlich dazu, dieses Vertrauen immer wieder erneut herzustellen.

Reinhold Kreile

Vorwort

Worin genau liegt die „strukturelle Unterlegenheit“, die die Schutzmechanismen des Urhebervertragsrechts ausgleichen sollen? Geht es dabei auch um systematische Verhaltensdefizite der Beteiligten? Welche Auswirkungen werden die Schutzmechanismen in der Praxis haben? Haben sie vielleicht auch da, wo es um eine inhaltliche Ausgewogenheit des Tausches geht, wohlfahrtfördernde Wirkungen? Diesen und weiteren Fragen war die INTERGU-Tagung 2009 gewidmet. Das Urhebervertragsrecht, seine Grundlagen und Auswirkungen, werden in den hier abgedruckten Beiträgen mit dem Handwerkszeug der Verhaltensökonomik sowie der herkömmlichen juristischen Dogmatik gewürdigt.

Die Herausgeber danken der Internationalen Gesellschaft für Urheberrecht e.V. (INTERGU) und ihrem Präsidenten *Reinhold Kreile* für die großzügige Unterstützung bei der Ausrichtung der Tagung und bei der Veröffentlichung der Tagungsbeiträge. Die Mitarbeiter des Lehrstuhls von Karl Riesenhuber an der Ruhr-Universität Bochum haben an der Vorbereitung und Durchführung mit großem Einsatz und gedankenreich mitgewirkt. Dafür danken wir besonders Frau Referendarin *Julia Jacobs,* Herrn Assessor *Stefan Wichary,* Herrn Assessor *Alexander Jüchser,* sowie Frau stud. iur. *Ulrike Koch,* Frau stud. iur *Sina Krefft,* Herrn stud. iur. *Sven Lohse* und Herrn stud. iur. *Hans Schimmeck.* Die Drucklegung hat Frau Referendarin *Sarah Rohde* eigenständig betreut, tatkräftig unterstützt von Frau mag. iur. mag. phil *Aleksandra Motyka-Mojkowska,* LL.M., Herrn Assessor *Frank Rosenkranz,* Frau cand. iur. *Ulrike Koch* und Frau stud. iur. *Sandra Rösler.*

Bochum/Marburg im Oktober 2009

Lars Klöhn
Karl Riesenhuber

Inhaltsübersicht

Inhaltsübersicht

Autorenverzeichnis

Christoph Engel	Dr. iur., Professor an der Friedrich-Wilhelms-Universität Bonn, Direktor am Max-Planck-Institut für kollektive Güter, Bonn
Andreas Engert	Dr. iur., LL.M., Privatdozent an der Ludwig-Maximilians-Universität München
Julia Jacobs	Rechtsreferendarin am OLG Hamm, Wiss. Mitarbeiterin an der Ruhr-Universität Bochum
Sabrina Jakubowski	Rechtsanwältin in Berlin
Christian Kirchner	Dr. iur., Dr. rer.pol., LL.M., Professor an der Humboldt-Universität zu Berlin
Lars Klöhn	Dr. iur., LL.M., Professor an der Philipps-Universität Marburg
Ulrike Koch	cand. iur., Stud. Mitarbeiterin an der Ruhr-Universität Bochum
Reinhold Kreile	Dr. iur., Prof., Rechtsanwalt in München, Präsident der INTERGU
Matthias Leistner	Dr. iur., LL.M., Professor an der Rheinischen Friedrich-Wilhelms-Universität Bonn
Aleksandra Motyka-Mojkowska	mag. iur., mag. phil., LL.M., Wiss. Hilfskraft an der Ruhr-Universität Bochum
Gerhard Pfennig	Dr. iur., Prof., Geschäftsführendes Vorstandsmitglied der Verwertungsgesellschaft Bild-Kunst, Bonn
Markus Rehberg	Dr. iur., Dipl.-Volksw., LL.M., Wiss. Assistent am Institut für Internationales Recht der Ludwig-Maximilians-Universität München
Karl Riesenhuber	Dr. iur., M.C.J., Professor an der Ruhr-Universität Bochum
Frank Rosenkranz	Ass. iur., Wiss. Mitarbeiter an der Ruhr-Universität Bochum
Gernot Schulze	Dr. iur, Rechtsanwalt in München, Lehrbeauftragter an der Universität Passau
Gerald Spindler	Dr. iur., Professor an der Georg-August-Universität Göttingen
Artur-Axel Wandtke	Dr. iur., Professor an der Humboldt-Universität zu Berlin

Stefan Wichary Ass. iur., Wiss. Mitarbeiter an der Ruhr-Universität Bochum

Abkürzungsverzeichnis

a.A.	anderer Ansicht
a.a.O.	am angegebenen Ort
Abs.	Absatz
AcP	Archiv für die civilistische Praxis (Jahrgang [Jahr], Seite)
a.E.	am Ende
a.F.	alte Fassung
AfP	Zeitschrift für Medien- und Kommunikationsrecht (Jahr, Seite)
AGB	Allgemeine Geschäftsbedingungen
AktG	Aktiengesetz
ALER	American Law and Economics Review (Jahrgang [Jahr], Seite)
a.M.	anderer Meinung
Am.Econ.Rev.	American Economic Review (Jahrgang [Jahr], Seite)
Am.Psychologist	American Psychologist (Jahrgang [Jahr], Seite)
Ann.Math.	The Annals of Mathematics (Jahrgang [Jahr], Seite)
Art.	Artikel
Aufl.	Auflage
Australian Econ.Pap.	Australian Economic Papers (Jahrgang (Jahr], Seite)
Basic & Appl.Soc. Psychol.	Basic and Applied Social Psychology (Jahrgang [Jahr], Seite)
Bd.	Band
Begr.	Begründung
BGB	Bürgerliches Gesetzbuch
BGBl.	Bundesgesetzblatt
BGH	Bundesgerichtshof
BGHZ	amtliche Entscheidungssammlung des Bundesgerichtshofs in Zivilsachen (Band, Seite)
BR-Drs.	Bundesrats-Drucksache
BT-Drs.	Bundestags-Drucksache
BVerfG	Bundesverfassungsgericht
BVerfGE	amtliche Entscheidungssammlung des Bundesverfassungsgerichts (Band, Seite)
bzgl.	bezüglich
bzw.	beziehungsweise
Cognitive Psychol.	Cognitive Psychology (Jahrgang [Jahr], Seite)
Colum.J.L. & Arts	Columbia Journal of Law & the Arts (Jahrgang [Jahr], Seite)
Conn.L.Rev.	Connecticut Law Review (Jahrgang [Jahr], Seite)
CR	Computer und Recht (Jahr, Seite)
ders.	derselbe
d.h.	das heißt
dies.	dieselbe/n

DIW Berlin	Deutsches Institut für Wirtschaftsforschung
DM	Deutsche Mark, frühere Währung der Bundesrepublik Deutschland
DVD	Digital Versatile Disc
Eastern Econ.J.	Eastern Economic Journal (Jahrgang [Jahr], Seite)
ebd.	ebenda
Econ.J.	Economic Journal (Jahrgang [Jahr], Seite)
Econ.Letters	Economics Letters (Jahrgang [Jahr], Seite)
et al.	et alii (mask.) bzw. et aliae (fem.) – lat. und andere
EG	1. Europäische Gemeinschaft; 2. Nach Bezeichnung eines Artikels: EG-Vertrag, Vertrag zur Gründung der Europäischen Gemeinschaft, konsolidierte Fassung mit den Änderungen durch den Vertrag von Amsterdam vom 2. Oktober 1997 und den Vertrag von Nizza vom 26. Februar 2001
Einf.	Einführung
Einl.	Einleitung
etc.	et cetera
EU	1. Europäische Union; 2. Nach der Bezeichnung eines Artikels: EU-Vertrag, Vertrag über die europäische Union, konsolidierte Fassung mit den Änderungen durch den Vertrag von Amsterdam vom 2. Oktober 1997 und den Vertrag von Nizza vom 26. Februar 2001
EUR	Euro, Währungseinheit der Europäischen Union
Eur.Econ.Rev.	European Economic Review (Jahrgang [Jahr], Seite)
Exper.Econ.	Experimental Economics (Jahrgang [Jahr], Seite)
f., ff.	folgende (Singular/Plural)
FAZ	Frankfurter Allgemeine Zeitung
Fn.	Fußnote(n)
FS (Name)	Festschrift für (Name)
GBP	Britische Pfund, Währungseinheit in Großbritannien
gem.	gemäß
GEMA	Gesellschaft für musikalische Aufführungs- und mechanische Vervielfältigungsrechte
GG	Grundgesetz
ggf.	gegebenenfalls
GRUR	Gewerblicher Rechtsschutz und Urheberrecht (Jahr, Seite)
GRUR Int.	Gewerblicher Rechtsschutz und Urheberrecht Internationaler Teil (Jahr, Seite)
GVL	Gesellschaft zur Verwertung von Leistungsschutzrechten mbH
Hrsg.	Herausgeber/in
h. M.	herrschende Meinung
INTERGU	Internationale Gesellschaft für Urheberrecht e. V.
Int'l Rev.L. & Econ.	International Review of Law and Economics (Jahrgang [Jahr], Seite)
i. S. d.	im Sinne der/des

Abkürzungsverzeichnis

i.S.v.	im Sinne von
i.V.m.	in Verbindung mit
J.Bus.	Journal of Business (Jahrgang [Jahr], Seite)
J.Consumer Psychol.	Journal of Consumer Psychology (Jahrgang [Jahr], Seite)
J.Cons.Res.	The Journal of Consumer Research (Jahrgang [Jahr], Seite)
J.Corp.L	Journal of Corporation Law (Jahrgang [Jahr], Seite)
J.Cult.Econ.	Journal of Cultural Economics (Jahrgang [Jahr], Seite)
J.Econ.Behav.Org.	Journal of Economic Behaviour and Organization (Jahrgang [Jahr], Seite)
J.Econ.Lit.	Journal of Economic Literature (Jahrgang [Jahr], Seite)
J.Econ.Perspect.	Journal of Economic Perspectives (Jahrgang [Jahr], Seite)
J.Exp.Psychol. Hum.Percept. Perform	Journal of Experimental Psychology: Human Perception and Performance (Jahrgang [Jahr], Seite)
J.Exp.Soc.Psychol.	Journal of Experimental Social Psychology (Jahrgang [Jahr], Seite)
J.Fin.	Journal of Finance (Jahrgang [Jahr], Seite)
JITE	Journal of Institutional and Theoretical Economics (Jahrgang [Jahr], Seite)
JIPLP	Journal of Intellectual Property Law & Practice (Jahrgang [Jahr], Seite)
J.Interactive Marketing	Journal of Interactive Marketing (Jahrgang [Jahr], Seite)
J.L. & Econ.	Journal of Law and Economics (Jahrgang [Jahr], Seite)
J.Labor Econ.	Journal of Labor Economics (Jahrgang [Jahr], Seite)
J.Legal Stud.	Journal of Legal Studies (Jahrgang [Jahr], Seite)
J.Mark.Res.	Journal of Marketing Research (Jahrgang [Jahr], Seite)
J.Pers. & Soc. Psychol.	Journal of Personality and Social Psychology (Jahrgang [Jahr], Seite)
J.Pol.Econ.	Journal of Political Economy (Jahrgang [Jahr], Seite)
J.Risk Uncertainty	Journal of Risk and Uncertainty (Jahrgang [Jahr], Seite)
JZ	JuristenZeitung (Jahr, Seite)
K&R	Kommunikation & Recht (Jahr, Seite)
KSVG	Künstlersozialversicherungsgesetz
KZfSS	Kölner Zeitschrift für Soziologie und Sozialpsychologie (Jahr, Seite)
LG	Landgericht
lit.	litera (Buchstabe)
MALR	Media & Arts Law Rewiev (Jahrgang [Jahr], Seite)
Mgmt.Sci.	Management Science (Jahrgang [Jahr], Seite)
m.E.	meines Erachtens
Mio.	Million(en)
MMR	Multimedia und Recht, Zeitschrift für Informations-, Telekommunikations- und Medienrecht (Jahr, Seite)

Mrd.	Milliarde(n)
MR-Int	Medien und Recht International (Jahr, Seite)
m.w.N.	mit weiterem/n Nachweis(en)
n.F.	neue Fassung
NJW	Neue Juristische Wochenschrift (Jahr, Seite)
North.U.L.Rev.	Northwestern University Law Review (Jahrgang [Jahr], Seite)
Nr.	Nummer
N.Y.U.L.Rev.	New York University Law Review (Jahrgang [Jahr], Seite)
o.	oben
o.Ä.	oder Ähnliches
OLG	Oberlandesgericht
OBHDP	Organizational Behavior and Human Decision Processes (Jahrgang [Jahr], Seite)
PNAS	Proceedings of the National Academy of Sciences (Jahrgang [Jahr], Seite)
Psychol.Bull.	Psychological Bulletin (Jahrgang [Jahr], Seite)
Psychol.Rev.	Psychological Review (Jahrgang [Jahr], Seite)
Psychol.Sci.	Psychological Science (Jahrgang [Jahr], Seite)
Q.J.Econ.	Quarterly Journal of Economics (Jahrgang [Jahr], Seite)
RegE	Regierungsentwurf
RefE	Referentenentwurf
RERCI	Review of Economic Research on Copyright Issues (Jahrgang [Jahr], Seite)
Rev.Econ.Dynam.	Review of Economic Dynamics (Jahrgang [Jahr], Seite)
Rev.Econ.Stud.	Review of Economic Studies (Jahrgang [Jahr], Seite)
RGZ	amtliche Entscheidungsammlung des Reichsgerichts (Band, Seite)
Rn.	Randnummer
Rspr.	Rechtsprechung
S.	Seite; Satz; Siehe (am Satzanfang)
s.	siehe
Science	Zeitschrift der Amerikanischen Gesellschaft zur Förderung der Naturwissenschaften (Jahrgang [Jahr], Seite)
s.o.	siehe oben
Soc.Cognition	Social Cognition (Jahrgang [Jahr], Seite)
sog.	sogenannte
Stan.L.Rev.	Stanford Law Review (Jahrgang [Jahr], Seite)
stellv.	stellvertretend
u.a.	1. und andere; 2. unter anderem
U.Chi.L.Rev.	University of Chicago Law Review (Jahrgang [Jahr], Seite)
UFITA	Archiv für Urheber-, Film-, Funk- und Theaterrecht (Jahrgang [Jahr], Seite; ab 2001 [Jahr/Band, Seite])
UK	United Kingdom
U.Pa.L.Rev.	University of Pennsylvania Law Review (Jahrgang [Jahr], Seite)
UrhG	Urheberrechtsgesetz

Abkürzungsverzeichnis

UrhR	Urheberrecht
UrhWG	Urheberrechtswahrnehmungsgesetz
USA	Vereinigte Staaten von Amerika
USD	US Dollar, Währungseinheit der Vereinigten Staaten von Amerika
usw.	und so weiter
uvm.	und vieles mehr
UWG	Gesetz gegen den unlauteren Wettbewerb
v.	von/vom
Va.L.Rev.	Virginia Law Review (Jahrgang [Jahr], Seite)
ver.di.(VdÜ)	Verband deutschsprachiger Übersetzer literarischer und wissenschaftlicher Werke in der Vereinten Dienstleistungsgewerkschaft
ver.di.(VS)	Verband deutscher Schriftsteller in der Vereinten Dienstleistungsgewerkschaft
VG	Verwertungsgesellschaft
vgl., Vgl.	vergleiche, Vergleiche (am Satzanfang)
vs.	versus (gegen; gegenüber gestellt)
Yale L.J.	Yale Law Journal (Jahrgang [Jahr], Seite)
ZAP	Zeitschrift für die Anwaltspraxis (Jahr, Seite)
z.B.	zum Beispiel
ZGE	Zeitschrift für Geistiges Eigentum (Jahr, Seite)
ZUM	Zeitschrift für Urheber- und Medienrecht (Jahr, Seite)
ZUM-RD	Zeitschrift für Urheber- und Medienrecht Rechtsprechungsdienst (Jahr, Seite)
zusf.	zusammenfassend
zutr.	zutreffend

Zitierte Internetseiten

Die in den Beiträgen zitierten Internetseiten wurden zuletzt am 5.11.2009 aufgerufen.

§ 1 Das Urhebervertragsrecht im Lichte der Verhaltensökonomik

Karl Riesenhuber/Lars Klöhn

Übersicht

I. Einführung

Das Urhebervertragsrecht dient weithin dazu, den Urheber in besonderen „Gefährdungssituationen“ zu schützen. Worin genau die besondere Schutzbedürftigkeit begründet liegt, der einzelne Vorschriften Rechnung tragen sollen, wird allerdings selten näher erörtert. Das ist aus mehreren Gründen unbefriedigend. Zum einen bedarf der in den Schutzvorschriften liegende Eingriff in die Vertragsfreiheit der Rechtfertigung. Zum anderen lässt sich ein Schutzuntermaß sowie ein Schutzübermaß nur vermeiden, wenn zunächst die Schutzbedürfnisse näher analysiert werden. Den Schutzbedürfnissen müssen aber auch die Schutzinstrumente Rechnung tragen.

Der vorliegende Band ist der Frage gewidmet, inwieweit das Handwerkszeug der Verhaltensökonomik (*behavioral law and economics*) dazu beitragen kann, Schutzbedürfnisse und Schutzinstrumente zu analysieren und zu bewerten. Neben Grundlagenfragen werden einzelne Schutzinstrumente zunächst unter verhaltensökonomischem Blickwinkel und anschließend aus urheberrechtlicher Sicht untersucht. Der interdisziplinäre Dialog verspricht ein vertieftes Verständnis des Urhebervertragsrechts.

II. Das Thema

1. Schutzinstrumente des deutschen Urhebervertragsrechts

Die Diskussion um die Reform des Urhebervertragsrechts ist so alt wie das deutsche Urheberrechtsgesetz von 1965. Bereits im Entwurf des Gesetzes hatte die Regierung ihre Absicht bekundet, „das neue Urheberrechtsgesetz durch ein umfassendes Urhebervertragsgesetz zu ergänzen, das für alle Vertragstypen auf dem Gebiet des Urheberrechts Vorschriften enthalten soll".[1] Dieses umfassende Gesetz blieb indes aus, obwohl die rechtspolitische Diskussion nie erlosch.[2] Statt der anfänglich angestrebten „großen Lösung" eines Urhebervertragsrechts, gleichsam als Allgemeiner Teil, entschied sich der Gesetzgeber mit der Reform aus dem Jahr 2002[3] für eine „kleine Lösung", die darin bestand, die einzelnen vertragsrechtlichen Schutzinstrumente des Urheberrechtsgesetzes von 1965 zu überarbeiten und zu ergänzen. Mit „Korb 2" – dem Zweiten Gesetz zur Regelung des Urheberrechts in der Informationsgesellschaft –[4] folgte noch ein punktueller Nachschlag im Hinblick auf die Regelung für unbe-

---

[1] BT-Drs. IV/270, S. 28.

[2] S. insbesondere E. *Ulmer,* Urhebervertragsrecht (1977); *Nordemann,* Vorschlag für ein Urhebervertragsgesetz, GRUR 1991, 1–10; *Dietz/Loewenheim/Nordemann/Schricker/Vogel,* Entwurf eines Gesetzes zur Stärkung der vertraglichen Stellung von Urhebern und ausübenden Künstlern (Stand: 22.5.2000), GRUR 2000, 765–778 („Professorenentwurf"); dazu nur *Schack,* Neuregelung des Urhebervertragsrechts, ZUM 2001, 453–466. Übersicht bei Schricker-*Schricker,* Urheberrecht (3. Aufl. 2006), Vor §§ 28 ff. UrhG Rn. 1–3 i. Materialsammlung bei www.urheberrecht.org.

[3] Gesetz zur Stärkung der vertraglichen Stellung von Urhebern und ausübenden Künstlern, BGBl. I 2002, 1155.

[4] *Klett,* Das zweite Gesetz zur Regelung des Urheberrechts in der Informationsgesellschaft (zweiter Korb), K&R 2008, 1–6; *Spindler,* Reform des Urheberrechts im Zweiten Korb, NJW 2008, 9–16; zu den Verträgen über unbekannte Nutzungsarten *Klöhn,* Unbekannte Nutzungsarten nach dem „Zweiten Korb" der Urheberrechtsreform, K&R 2008, 77–83.

kannte Nutzungsarten, freilich weniger von Urheber- als von Nutzerinteressen motiviert.

Damit ist die Reform des Urhebervertragsrechts vorerst abgeschlossen. Es sieht jetzt eine beachtliche Vielzahl von Schutzinstrumenten vor. Sie dienen, wie der Grundsatz von § 11 S. 2 UrhG formuliert, „der Sicherung einer angemessenen Vergütung für die Nutzung des Werkes“.[5]

- An erster Stelle ist die Auslegungsregel des § 31 Abs. 5 UrhG zu nennen, die im Urheberrecht als *Zweckübertragungsregel* bezeichnet wird.[6] Bezeichnen die Parteien eines Nutzungsvertrags die Nutzungsarten nicht „ausdrücklich einzeln“, so bestimmt sich nach dem zugrunde gelegten Vertragszweck, auf welche Nutzungsarten sich das Nutzungsrecht erstreckt. Ziel der Auslegungsregel ist, dem Urheber in möglichst großem Umfang seine Rechte vorzubehalten, so dass er sie dem Vertragspartner oder einem Dritten – gegen eine gesonderte Vergütung – gesondert einräumen kann.
- Im Hinblick auf die Rechte für *unbekannte Nutzungsarten* ist der Gesetzgeber mit Korb 2 von dem früheren vollständigen Verbot der Rechteübertragung[7] abgerückt. Stattdessen hat er jetzt mit §§ 31a, 32c UrhG

---

5 BGHZ 11, 135, 143 ff.; BT-Drs. 14/6433, S. 7.

6 Grundlegend *Goldbaum,* Urheberrecht und Urhebervertragsrecht (1. Aufl. 1922), S. 47–59, 347–351. BGHZ 9, 262, 264 f. – Lied der Wildnis. Aus der Rechtsprechung vor 1945: RGZ 118, 282, 285–287 – Musikantenmädel; RGZ 123, 312, 317 f. – Wilhelm Busch; RGZ 134, 198, 200 f. – Schallplattenrechte; RGZ 140, 231, 238 f. – Tonfilm; RGZ 140, 255, 257 – Hampelmann; s. schon KG Berlin, GRUR 1923, 140, 141 – Verfilmungsrecht; RGSt 42, 32. Zur Entwicklung eingehend *Schweyer,* Die Zweckübertragungstheorie im Urheberrecht (1982), S. 1–68; ferner etwa *Donle,* Die Bedeutung des § 31 Abs. 5 UrhG (1993), S. 6–20; *Genthe,* Der Umfang der Zweckübertragungstheorie im Urheberrecht (1981), S. 5–15.

7 Zur alten Rechtslage noch ferner *Donhauser,* Der Begriff der unbekannten Nutzungsart gemäß § 31 Abs. 4 UrhG (2001); *Fitzek,* Die unbekannte Nutzungsart (2000), S. 77–147, 209–234; *Katzenberger,* Filmverwertung auf DVD als unbekannte Nutzungsart im Sinne des § 31 Abs. 4 UrhG, GRUR Int. 2003, 889–900; *Reber,* Die Bekanntheit der Nutzungsart Film – ein weiterer Mosaikstein in einem undeutlichen Bild, GRUR 1997, 162–169; *ders.,* Die Substituierbarkeit von Nutzungsformen im Hinblick auf § 31 Abs. 4 und 5 UrhG, ZUM 1998, 481–484; *ders.,* Digitale Verwertungstechniken – neue Nutzungsarten: Hält das Urheberrecht der technischen Entwicklung noch stand?, GRUR 1998,

eine prozedurale Lösung eingeführt.[8] Der Urheber kann vertraglich Rechte für unbekannte Nutzungsarten einräumen. Allerdings bedarf ein solcher Vertrag der Schriftform, um wirksam zu sein. Zudem kann der Urheber die Rechteeinräumung jederzeit widerrufen (und auf dieses Widerrufsrecht auch nicht im Voraus verzichten). Teilt der Vertragspartner dem Urheber die Absicht mit, das Werk auf die (anfänglich unbekannte, jetzt:) neue Art zu nutzen, so erlischt das Widerrufsrecht drei Monate nach Absendung dieser Mitteilung. Es entfällt außerdem, wenn sich die Parteien auf eine angemessene Vergütung für die neue Nutzungsart geeinigt haben, nachdem diese bekannt geworden ist. Widerruft der Urheber die Rechtseinräumung nicht, hat der Urheber Anspruch auf eine „gesonderte angemessene Vergütung“, § 32c UrhG.

- Ein Vertrag über *künftige Werke* die überhaupt nicht näher oder nur der Gattung nach bestimmt sind, bedarf der Schriftform, § 40 UrhG.[9] Beide Parteien haben das Recht, den Vertrag nach Ablauf von fünf Jahren nach Vertragsschluss mit einer Frist von sechs Monaten zu kündigen.
- Zudem sichert § 32 UrhG dem Urheber eine *angemessene Vergütung.*[10] Er hat zunächst Anspruch auf die vereinbarte Vergütung (§ 32 Abs. 1 S. 1 UrhG). Entspricht diese indes nicht dem Angemessenen, kann er vom Vertragspartner die Einwilligung in eine entsprechende Vertragsanpassung verlangen (§ 32 Abs. 1 S. 3 UrhG). Ist die Höhe der Vergütung nicht bestimmt, so gilt zudem nicht nur (wie im Zivilrecht sonst) die übliche Vergütung als vereinbart (so z. B. §§ 612 Abs. 2, 632 Abs. 2 BGB), sondern die angemessene Vergütung. Für die Bestimmung der angemessenen Vergütung sieht das Gesetz einzelne weitere Anknüpfungspunkte vor (§§ 32 Abs. 2, 36 UrhG).
- Außerdem kann der Urheber eine *weitere Beteiligung* verlangen, wenn sich nachträglich erweist, dass die vereinbarte Vergütung in einem auffälligen Missverhältnis zu den Erträgen und Vorteilen aus der Nutzung

792–798; *Siebert,* Die Auslegung der Wahrnehmungsverträge unter Berücksichtigung der digitalen Technik (2002).

8 Zur Neuregelung eingehend G. *Schulze,* Die Einräumung unbekannter Nutzungsrechte nach neuem Urheberrecht, UFITA 2007/III, 641–714.

9 Einführend etwa *Schack,* Urheber- und Urhebervertragsrecht (4. Aufl. 2007), Rn. 972–975.

10 Einführend etwa *Schack* (Fn. 9), Rn. 964–969 a m. w. N.

des Werkes steht, § 32a UrhG.[11] Dabei ist es – anders als im Fall der zivilrechtlichen Geschäftsgrundlagenstörung (§ 313 BGB) unerheblich, ob die Vertragspartner die Höhe der erzielten Erträge oder Vorteile vorhergesehen haben oder hätten vorhersehen können, § 32a Abs. 1 S. 2 UrhG. Den Nachschlag-Anspruch kann der Urheber ggf. auch gegenüber Dritten geltend machen, denen sein Vertragspartner das Nutzungsrecht weiter übertragen oder denen er weitere Nutzungsrechte eingeräumt hat, § 32a Abs. 2 UrhG.

- Zum Gesamtsystem des Urhebervertragsrechts kann man auch das *Folgerecht* des § 26 UrhG rechnen.[12] Wird das Original eines Werks der bildenden Künste oder eines Lichtbildwerks vom Erwerber weiterveräußert und ist hieran ein Kunsthändler oder Versteigerer als Erwerber, Veräußerer oder Vermittler beteiligt, so hat der Veräußerer dem Urheber einen Anteil des Veräußerungserlöses zu entrichten, der gesetzlich festgelegt ist. Der äußeren Systematik des Urheberrechtsgesetzes[13] und der Konzeption des Folgerechts nach handelt es sich dabei freilich um ein „sonstiges Recht“ des Urhebers (allerdings nicht um ein „Verwertungsrecht“). Doch kann man auch darin einen Ausgleich von Defiziten des Vertragsmechanismus sehen, nämlich einen Ausgleich für die Risiken der Ungewissheit bei Vertragsschluss oder für das Problem nachträglicher Veränderung der Umstände.
- Zu den Schutzinstrumenten des Urhebervertragsrechts sind endlich auch die gesetzlichen Rückrufrechte wegen Nichtausübung (§ 41 UrhG) und wegen gewandelter Überzeugung (§ 42 UrhG) zu rechnen,[14] auf die der Urheber im Voraus nicht verzichten kann.

---

11 Dazu etwa *Schaub,* Der „Fairnessausgleich“ nach § 32a UrhG im System des Zivilrechts, ZUM 2005, 212–220; G. *Schulze,* Nachschlag beim Dinner for One, in: Festschrift für W. Nordemann (2004), S. 251–265.

12 Zum Folgerecht etwa *Katzenberger,* Das Folgerecht im deutschen und ausländischen Urheberrecht (1970); *ders.,* Die Neuregelung des Folgerechts durch die Urheberrechtsnovelle 1972, UFITA 68 (1973), 71–96; *Schmidtchen/Koboldt/Kirstein,* Rechtsvereinheitlichung beim „droit des suite“?, in: Festschrift für Fikentscher (1998), S. 774–799; *Schmidtchen/Kirstein,* Die EU-Richtlinie zum Folgerecht: Eine ökonomische Gesetzesfolgenanalyse, GRUR 2002, 860–866.

13 § 26 UrhG ist loziert in Abschnitt 4 (Inhalt des Urheberrechts) Unterabschnitt 4 (Sonstige Rechte) von Teil 1 des UrhG.

14 Dazu einführend *Schack* (Fn. 9), Rn. 559–561.

2. Vergleich mit dem allgemein-zivilrechtlichen Schutzinstrumentarium

Zivilrechtlich betrachtet erstaunen die Vielfalt der Schutzinstrumente und die Intensität des damit verbundenen Eingriffs in die Vertragsfreiheit. Auffällig ist schon, dass der Gesetzgeber eine Mehrzahl von Schutzinstrumenten zu demselben Hauptzweck einsetzt, dem Urheber die angemessene Vergütung zu sichern. Dabei ist deren jeweilige Funktion ebenso wie ihr Zusammenspiel keineswegs in allen Punkten klar. Auffällig ist aber besonders die Selbstverständlichkeit, mit der hier eine *Inhaltskontrolle der Hauptleistung* vorgenommen wird. Sie gibt es in dieser Form im allgemeinen Vertragsrecht nicht. Dort erfolgt eine Kontrolle der Hauptleistung primär durch den Markt, rechtlich im Wesentlichen nur am Verbot sittenwidriger, insbesondere wucherischer Rechtsgeschäfte (§ 138 BGB). Nach §§ 305–310 BGB unterliegen im Grundsatz nur Allgemeine Geschäftsbedingungen der Inhaltskontrolle, nicht aber individuelle Abreden (§ 305 b BGB), die Hauptleistung und das Äquivalenzverhältnis (vgl. § 307 Abs. 3 BGB). Eine nachträgliche Änderung der Umstände kann nur unter den strengen Voraussetzungen der Störung der Geschäftsgrundlage zu einer Vertragsanpassung führen (§ 313 BGB). Das setzt insbesondere voraus, dass die Parteien die Änderung nicht vorhergesehen haben und sich nicht aus Vertrag oder Gesetz ergibt, dass eine der Parteien das entsprechende Risiko zu tragen hat.

3. Begründung der Schutzinstrumente – Rechtfertigung der damit verbundenen Eingriffe in die Vertragsfreiheit

Zur Begründung der weitgehenden Schutzregeln hat der Gesetzgeber zuletzt – im Anschluss an die Rechtsprechung des Bundesverfassungsgerichts – erläutert, sie dienten dazu, eine „gestörte Vertragsparität" und ein „wirtschaftliches Ungleichgewicht" auszugleichen, das zwischen den Vertragspartnern urheberrechtlicher Nutzungsverträge bestehe:

„Unsere Rechtsordnung räumt gerade im Bereich des Zivilrechts der Vertragsfreiheit einen hohen Stellenwert ein. Diese setzt grundsätzlich Vertragsparität voraus. Deshalb gehört der Ausgleich gestörter Vertragsparität zu den Hauptaufgaben des Zivilrechts (BVerfG NJW 1994, 2749/50). Gerade wirtschaftliches Ungleichgewicht der Vertragsparteien begründet bekanntlich die Gefahr einseitig begünstigender Verträge. Der Gesetzentwurf setzt hier an. Er erfüllt das Verfassungsgebot zum Ausgleich gestörter Vertragsparität durch die gesetzliche Verankerung des Anspruchs auf angemessene Vergütung einerseits (§ 32) und die Vorschriften über die gemeinsame Vereinbarung von Vergütungsregeln durch die Verbände der Urheber und Verwerter andererseits (§ 36), durch welche die Betroffenen jeweils selbst bestimmen, was in den ganz unterschiedlichen Bereichen der Verlage oder Medien, aber auch der kleinen, mittelständischen und großen Unternehmen als angemessene Vergütung zu gelten hat."[15]

In der Wissenschaft wird in ähnlicher Weise darauf hingewiesen, „die allermeisten Urheber und ausübenden Künstler" seien ihren Vertragspartnern „an wirtschaftlicher Macht wie rechtlicher Erfahrung hoffnungslos unterlegen"; da es aber „an gleich starken Marktteilnehmern" fehle, müsse die Rechtsordnung durch eine Beschränkung der Vertragsfreiheit für einen „Schutz des sozial schwächeren Vertragspartners" sorgen, so wie das durch die Schutzvorschriften des Urhebervertragsrechts erfolge.[16] Der sozialstaatliche Gesetzgeber sei in Fällen eines „Marktversagens infolge gestörter Vertragsparität zu maßvollen Eingriffen in die Wirtschaftsfreiheit aufgerufen".[17]

1. Begründungsdefizite

Hier besteht eine auffällige Diskrepanz. Einerseits erscheinen zwar Schutzbedürfnisse der Urheber intuitiv plausibel. Viele der skizzierten Schutzinstrumente sind bereits seit langem anerkannt, und es entspricht praktischer Erfahrung, wie sie sich auch in Gerichtsurteilen widerspiegelt, ebenso wie einer Laienwahrnehmung, dass Urheber bei der wirtschaftlichen Verwertung ihrer Rechte schutzbedürftig sind. Andererseits fallen die Begründungen der Schutzbedürfnisse ungewöhnlich pauschal aus. Schon allgemein-zivilrechtlich befriedigt die Begründung von Eingriffen in die Vertragsfreiheit mit Hinweisen auf ein „Machtungleichgewicht"

---

15 BT-Drs. 14/6433, S. 7, ferner S. 1, 8 („Urheber ... als ... regelmäßig schwächere Partei"), 9 („strukturelles Ungleichgewicht"), 11 und öfter; zuvor schon *Dietz/Loewenheim/Nordemann/Schricker/Vogel*, GRUR 2000, 765, 768; dem folgend *Schack* (Fn. 9), Rn. 965; *Schricker* (Fn. 2), Vor §§ 28 ff. UrhG Rn. 3 d; auch *Rehbinder*, Urheberrecht (15. Aufl. 2008), Rn. 609.

16 *Schack* (Fn. 9), Rn. 952. Ähnlich *v. Becker*, in: Loewenheim (Hrsg.), Handbuch des Urheberrechts (2003), § 29 Rn. 2, 7, 9; *Dietz/Loewenheim/Nordemann/Schricker/Vogel*, GRUR 2000, 765, 768 („schwache Verhandlungsposition"; „wirtschaftliches Ungleichgewicht").

17 *Rehbinder* (Fn. 14), Rn. 609.

nicht.[18] Welche „Macht" hier gemeint ist, bleibt unsicher, ebenso wie die Frage, welche „Parität" der Vertragspartner vorauszusetzen ist, um ihnen die privatautonome Entscheidung in Vertragsfreiheit und Selbstverantwortung zuzutrauen. Nur allgemein und der Spezifizierung bedürftig ist aber auch der Hinweis auf ein Marktversagen. Dieser Begründungsmangel ist in doppelter Hinsicht unbefriedigend. Zum einen fehlt eine tragfähige Rechtfertigung für die Eingriffe in die Vertragsfreiheit, die mit den Schutznormen verbunden sind. Zum anderen ist aber bei unbestimmten Problemanalysen nicht sichergestellt, dass die Schutzinstrumente ihr Ziel erreichen. Hier drohen Schutzübermaße ebenso wie Schutzuntermaße.

5. Analyse mit dem Instrumentarium der Verhaltensökonomik

Die Analyse von Schutzbedürfnissen und Schutzinstrumenten des Urhebervertragsrechts ist daher von andauerndem rechtsdogmatischen wie rechtspolitischen Interesse. Für diese Zwecke werden in dem vorliegenden Band interdisziplinär die Erkenntnisse und das Handwerkszeug nicht nur der Rechtswissenschaft, sondern auch der Verhaltensökonomik fruchtbar gemacht werden (*behavioral law and economics*).

Die Verhaltensökonomik könnte neue und hilfreiche Gedanken in die Debatte einführen. Es handelt sich um eine relativ junge Strömung innerhalb der ökonomischen Theorie, die sich dadurch auszeichnet, dass sie den rational evaluierenden und maximierenden Menschen klassischer ökonomischer Modelle durch einen begrenzt rationalen Akteur (im Sinne von *Herbert Simon*[19]) ersetzt. Sie akzeptiert damit vor allem, dass Menschen in bestimmten Situationen systematischen Urteilsverzerrungen (sog. *biases* oder *fallacies*) unterliegen können.[20] Spätestens seit der Verleihung des

---

[18] Besonders eindringlich *Zöllner*, Regelungsspielräume im Schuldvertragsrecht, AcP 196 (1996) 1, 35.

[19] *Simon*, A Behavioral Model of Rational Choice, Q.J.Econ. 69 (1955), 99–118.

[20] Vorzügliche Bestandsaufnahmen bei *Rabin*, Psychology and Economics, J.Econ.Lit. 36 (1998), 11–46; *Rabin*, A Perspective on Psychology and Economics, Eur.Econ.Rev. 46 (2002), 657–685. Einen leichten Zugang geben etwa *Ariely*, Predictably Irrational – The Hidden Forces that Shape our Decisions (2008), (s.a. http://www.predictablyirrational.com/); *Gigerenzer*, Bauchentscheidungen (2007); *Thaler/Sunstein*, Nudge – Improving Decisions About Health, Wealth and Happiness (2008). Ein kurzes Glossar der wichtigsten Grundbegriffe und eine Übersicht mit weiteren Nachweisen geben *Sunstein*,

Wirtschaftsnobelpreises an den Psychologen *Daniel Kahneman* im Jahre 2002 gehört die Verhaltensökonomik zum etablierten Methodenkanon der Wirtschaftswissenschaften. Neue Impulse für die Diskussion des Urhebervertragsrechts verspricht sie in zweifacher Hinsicht:

Zunächst kann sie helfen, die *Schutzbedürfnisse* des Urhebers genauer zu benennen. Aus juristisch-praktischer Sicht lässt sich kaum bezweifeln, dass ein solches Bedürfnis existiert. Die Verhaltensökonomik könnte jedoch dazu beitragen, die Gründe dieses Schutzbedürfnisses besser zu verstehen, und so den Boden für sachgerechte Gesetzgebung bereiten. So könnte die Verhaltensökonomik insbesondere Licht auf die Wendung von der „Ungleichgewichtslage" und der „fehlenden Parität" von Urheber und Werkvermittler werfen. Drei Beispiele mögen dies verdeutlichen:

- In der Kognitionspsychologie herrscht Einigkeit darüber, dass Menschen zu viel Optimismus an den Tag legen (sog. *overoptimism*). Menschen gehen davon aus, überdurchschnittlich begabt und intelligent zu sein, sie überschätzen die Präzision ihres Wissens, und sie glauben daran, überdurchschnittlich viel Glück zu haben.[21] Urheber könnten daher z. B. systematisch ihre zukünftige Schaffenskraft überschätzen, den Erfolg, den ihre Werke haben werden, oder die Bereitschaft des Werkvermittlers, sich zu Nachverhandlungen bereit zu erklären. Dies mag erklären, warum der Gesetzgeber den Urheber besonders bei Verfügungen über zukünftige Werke oder zukünftige Nutzungsarten schützen möchte. Ebenso ist denkbar, dass sie die zukünftigen Gefahren, die von der Einräumung von Nutzungsrechten für ihr Urheberpersönlichkeitsrecht ausgehen, systematisch unterschätzen. Dies könnte die §§ 41, 42 UrhG und die fehlende Disponibilität des Urheberpersönlichkeitsrechts erklären.
- Eine reiche Literatur existiert außerdem zu Zeitinkonsistenzen der Entscheidungsfolgenabschätzung: Ökonomen haben herausgefunden, dass Menschen die Auswirkungen ihrer Entscheidung auf die aktuelle Vermögenslage im Vergleich zu denen auf ihre zukünftige Wohlfahrt über-

---

Introduction, in: ders. (Hrsg.), Behavioral Law & Economics (2000), S. 1–10; *Jolls/Sunstein/Thaler*, A Behavioral Approach to Law and Economics, ebd., S. 51–53; *dies.*, Stan.L.Rev. 50 (1998), 1471, 1548–1550.

21 Zusammenfassend und mit zahlreichen Nachweisen *Klöhn*, Kapitalmarkt, Spekulation und Behavioral Finance (2006), S. 116 ff.

gewichten (sog. hyperbolisches Diskontieren, *hyperbolic discounting*).[22] Wir sind allzu schnell bereit, hohe Vermögensverluste in der Zukunft gegen relativ geringe Gewinne in der Gegenwart einzutauschen. Zwar entspricht es ökonomischer Vernunft, „einen Euro heute" höher zu bewerten als „einen Euro morgen". Wir finden jedoch regelmäßig nicht das richtige Maß und tendieren dazu, Vermögenseinbußen unterzugewichten, die erst in der Zukunft eintreten sollen. Gepaart mit der Tendenz zum übermäßigen Optimismus könnte dies bedeuten, dass selbst wirtschaftlich starke Urheber zukünftige Nutzungsrechte „zu billig" verkaufen. Auch dies mag das Verständnis der §§ 31 Abs. 5, 31 a, 32 a, 32 c, 40 UrhG schärfen.

- Zu den Grundlagen der Verhaltensökonomik gehört schließlich, dass Menschen zur Verlustaversion neigen.[23] Ein Verlust tut uns mehr weh, als uns ein Gewinn in entsprechender Höhe erfreut. Sobald wir ein Gut unserem Vermögen (emotional[24]) einverleibt haben, steigt sein subjektiver Wert (sog. Besitztumseffekt, *endowment effect*).[25] Dies bedeutet, dass Menschen bereit sind, zu hohe Risiken einzugehen, wenn sie hierdurch einen Verlust vermeiden können.[26] Im Urhebervertragsrecht könnte dies folgendes bedeuten: Hat der Urheber ein Werk geschaffen, ist es Teil seines (emotionalen) Vermögens geworden. Die Möglichkeit, dass es nicht veröffentlicht wird, versteht er daher nicht als entgangenen Gewinn, sondern als Verlust. Seine Verhandlungsposition ist daher von vornherein geschwächt.[27] Da er eine Nicht- oder verzögerte Veröf-

---

22 Zusammenfassend *Frederick/Loewenstein/O'Donoghue*, Time Discounting and Time Preference: A Critical Review, J.Econ.Lit. 40 (2002), 351.

23 Grundlegend *Kahneman/Tversky*, Prospect Theory: An Analysis of Decision under Risk, Econometrica 47 (1979), 263–292.

24 *Ariely/Simonson*, Buying, Bidding, Playing, or Competing? Value Assessment and Decision Dynamicx in Online Auctions, J.Consumer Psychol. 13 (2003), 113, 117; *Heyman/Orhun/Ariely*, Auction Fever: The Effect of Opponents and Quasi-Endowment on Product Valuations, J.Interactive Marketing 18 (2004), 4–21.

25 Grundlegend *Thaler*, Toward a Positive Theory of Consumer Choice, J.Econ. Behav.Org. 1 (1980), 39, 43 ff.

26 Das Standardbeispiel sind Anleger, die Aktien in der Verlustzone viel zu lang halten; dazu *Shefrin/Statman*, The Disposition to Sell Winners Too Early and Ride Losers Too Long: Theory and Evidence, J.Fin. 40 (1985), 777–790.

27 Diese psychologische Hypothese ist, soweit ersichtlich, bislang wenig erforscht. In anderer Weise erwägt *Engert*, in diesem Band, § 9 (S. 167), eine Be-

> fentlichung seines Werkes vermeiden möchte, hat er eine höhere Bereitschaft als der andere Vertragspartner, nachteilige Vertragsbedingungen zu akzeptieren. Darin könnte in der Tat ein „strukturelles", nämlich durch eine psychologische Gesetzmäßigkeit bestimmtes Ungleichgewicht zu sehen sein, jenseits aller wirtschaftlichen Macht der Vertragsparteien.

Neues Licht kann die Verhaltensökonomik darüber hinaus auf die *Schutzmechanismen* werfen, mit denen das Urhebervertragsrecht den Urheber schützen sollte. Zur Auswahl steht hier ein ganzes Portfolio an Regelungsmechanismen.[28] Dieses reicht von „intelligenten" Informationspflichten über prozedurale sog. *Debiasing*-Regeln bis hin zu streng paternalistischen Regeln, die bestimmte Vertragsinhalte oder sogar ganze Verträge verbieten. Ein klassisches Beispiel aus dem Urhebervertragsrecht war der mittlerweile abgeschaffte § 31 Abs. 4 UrhG, das Verbot der Einräumung von Nutzungsrechten für unbekannte Nutzungsarten.[29] Für die aktuelle Diskussion könnte sich insbesondere die reichhaltige Forschung zu den dispositiven Vertragsregeln (*default rules*) als interessant erweisen, mit denen der Gesetzgeber minimalinvasiv Einfluss auf Vertragsverhandlungen nehmen und so kognitive Ungleichgewichte in Vertragsverhandlungen ausgleichen kann.[30] Auch mag man z. B. an der Effektivität der Widerrufsregelung in § 31 a UrhG zweifeln, weil empirische Untersuchungen

---

sonderheit des Besitztumseffekts, die nämlich darin liegt, dass man zur Veräußerung erworbene Gegenstände nicht seinem „emotionalen Vermögen" einverleibt, Besitztumseffekte also nicht erst entstehen.

28 Grundlegend *Jolls/Sunstein/Thaler*, Stan.L.Rev 50 (1998), 1471–1550; aus neuerer Zeit insbesondere *Camerer/Issacharoff/Loewenstein/O'Donoghue/Rabin*, Regulation for Conservatives: Behavioral Economics and the Case for „Asymmetric Paternalism", U.Pa.L.Rev. 151 (2003), 1211–1254; *Sunstein/Thaler*, Libertarian Paternalism Is not an Oxymoron, U.Chi.L.Rev. 70 (2003) 1159; für einen Überblick aus der deutschsprachigen Literatur *Englerth*, Behavioral Law and Economics – Eine kritische Einführung, in: Engel/Englerth/Lüdemann/Spiecker genannt Döhmann (Hrsg.), Recht und Verhalten (2007), S. 60; *Klöhn* (Fn. 21), S. 136–153.

29 Dazu und zum Folgenden näher die Beiträge von *Klöhn* und *Riesenhuber*, in diesem Band, § 5 (S. 79 ff.) und § 6 (S. 95 ff.)

30 Dazu vor allem *Sunstein/Thaler*, U.Chi.L.Rev. 70 (2003), 1159, 1174 ff.

zeigen, dass Menschen von Widerrufsrechten aufgrund des Besitztumseffekts (*endowment effect*) zu wenig Gebrauch machen.[31]

6. Der interdisziplinäre Dialog

Mit dem vorliegenden Band soll der Dialog zwischen dem Urheberrecht auf der einen Seite und der ökonomischen Theorie – hier in ihrer Ausprägung als Verhaltensökonomik – auf der anderen Seite gefördert werden. Daher werden – neben Grundlagenfragen – einzelne Aspekte des urhebervertragsrechtlichen Schutzes jeweils aus beiden Perspektiven beleuchtet. In den Einzelfragen (§§ 3–8) steht am Anfang eine Analyse von Schutzbedürfnissen und Schutzinstrumenten mit den Mitteln von *behavioral law and economics*. Anschließend wird diese Analyse aus urheberrechtlicher Sicht gewürdigt.

Intendiert ist dabei ein echter Dialog, also ein wechselseitig informierendes und befruchtendes, weiterführendes Gespräch. Ist mit der Konzeption des Bandes durchaus die Erwartung verbunden, die Verhaltensökonomik könne an der einen oder anderen Stelle zum Verständnis des Urhebervertragsrechts beitragen, war das doch – selbstverständlich – in keiner Weise vorausgesetzt. Auch die Einsicht, dass die urhebervertragsrechtlichen Instrumentarien sich mit verhaltensökonomischen Mustern *nicht* begründen (oder auch analysieren) lassen, ist ein Erkenntnisfortschritt. Darüber hinaus sollte der Dialog nicht nur zu Erkenntnissen zum Urhebervertragsrecht beitragen, sondern auch zu solchen über das Handwerkszeug der Verhaltensökonomik: seine Möglichkeiten, aber auch seine möglichen Defizite und Grenzen, weiterer Forschungsbedarf. Tatsächlich könnte eine Einsicht der hier versammelten Beiträge darin liegen, dass das Urheberrecht mit seinen persönlichkeitsrechtlichen Besonderheiten noch vertiefter verhaltensökonomischer Untersuchung bedarf.

31 *Eidenmüller*, Der homo oeconomicus und das Schuldrecht: Herausforderungen durch Behavioral Law and Economics, JZ 2005, 216, 221 f.; *Klöhn*, Alternativer Verbraucherschutz für Internet-Auktionen, CR 2006, 260, 264 je m.w.N.

III. Literaturauswahl

1. Urheberrecht, insbesondere Urhebervertragsrecht

Bechtold, Stefan, Vom Urheber- zum Informationsrecht – Implikationen des Digital Rights Managements, München (C. H. Beck) 2001

Beier, Friedrich-Karl/Götting, Horst-Peter/Lehmann, Michael/Moufang, Rainer, Urhebervertragsrecht – Festgabe für Gerhard Schricker zum 60. Geburtstag, München (C. H. Beck) 1995

Bing, Friederike, Die Verwertung von Urheberrechten. Eine ökonomische Analyse unter besonderer Berücksichtigung der Lizenzvergabe durch Verwertungsgesellschaften, Berlin (ZV Zeitungs-Verlag) 2002

Dreier, Thomas, Gesetzesfolgenabschätzung und Gesetzesevaluierung im Urheberrecht, in: Helmuth Tades/Karl-Heinz Danzl/Gernot Graninger (Hrsg.), Ein Leben für Rechtskultur – Festschrift für Robert Dittrich, Wien (Manz) 2000, S. 49–69

Geiger, Christophe/Engelhardt, Tim/Hansen, Gerd/Markowski, Kristina, Urheberrecht im deutsch-französischen Dialog – Impulse für eine europäische Rechtsharmonisierung – Bericht von der Abschlussveranstaltung der deutsch-französischen Vortragsreihe zum Urheberrecht am 13. Januar 2006 im Europäischen Patentamt, München, GRUR Int. 2006, 475

Geiger, Christophe/Senftleben, Martin, Tagung zum Thema „A New Framework for Intellectual Property Rights" – Schloss Elmau 22.–23.11.2002, GRUR Int. 2003, 723

Grundmann, Stefan, Methodenpluralismus als Aufgabe – zur Legalität von ökonomischen und rechtsethischen Argumenten in Auslegung und Rechtsanwendung, RabelsZ 66 (1997), 423–453

Hansen, Gerd/Schmidt-Bischoffshausen, Albrecht, Ökonomische Funktionen von Verwertungsgesellschaften – Kollektive Wahrnehmung im Lichte von Transaktionskosten- und Informationsökonomik, GRUR Int. 2007, 461–481

Hoeren, Thomas, Urheberrecht in der Informationsgesellschaft – Überlegungen zu einem Rechtsgutachten von Gerhard Schricker et al., GRUR 1997, 866–875

Katzenberger, Paul, Harmonisierung des Folgerechts in Europa, GRUR Int. 1997, 309–315

Koboldt, Christian, Property Rights und Urheberrechtsschutz, in: Claus Ott/Hans-Bernd Schäfer (Hrsg.), Ökonomische Analyse der rechtlichen Organisation von Innovationen, Tübingen (Mohr Siebeck) 1994, S. 69–114

Landes, William M./Posner, Richard A., An Economic Analysis of Copyright Law, Journal of Legal Studies 18 (1989), 325–363

Landes, William M./Posner, Richard A., The Economic Structure of Intellectual Property Law, Cambridge/Mass. (Belknap Press) 2003

Nordemann, Wilhelm, Das neue Urhebervertragsrecht, München (C. H. Beck) 2002

Ott, Claus/Schäfer, Hans-Bernd, Ökonomische Analyse der rechtlichen Organisation von Innovationen, Tübingen (Mohr Siebeck) 1994

Peifer, Karl-Nikolaus, Eigenheit oder Eigentum – Was schützt das Persönlichkeitsrecht?, GRUR 2002, 495–500
Peukert, Alexander/Kur, Annette, Stellungnahme des Max-Planck-Instituts für Geistiges Eigentum, Wettbewerbs- und Steuerrecht zur Umsetzung der Richtlinie 2004/48/EG zur Durchsetzung der Rechte des geistigen Eigentums in deutsches Recht, GRUR Int. 2006, 292
Rehbinder, Manfred (Hrsg.), Die psychologische Dimension des Urheberrechts, Baden-Baden (Nomos) 2003
Schack, Haimo, Urheber- und Urhebervertragsrecht, 4. Aufl. Tübingen (Mohr Siebeck) 2007
Schmidtchen, Dieter/Kirsten, Roland, Die EU-Richtlinie zum Folgerecht – Eine ökonomische Gesetzesfolgenanalyse, GRUR 2002, 860–866
Wandtke, Artur, Copyright und virtueller Markt in der Informationsgesellschaft – oder das Verschwinden des Urhebers im Nebel der Postmoderne?, GRUR 2002, 1–11
Wiebe, Andreas, Information als Naturkraft – Immaterialgüterrecht in der Informationsgesellschaft, GRUR 1994, 233–246

2. Verhaltensökonomik

Akerlof, George A./Shiller, Robert J., Animal Spirits – How Human Psychology Drives the Economy, and Why It Matters for Global Capitalism, Princeton, New Jersey (Princeton University Press) 2009
Ariely, Dan, Predictably Irrational – The Hidden Forces that Shape our Decisions, New York (Harper Collins) 2008
Gigerenzer, Gerd/Todd, Peter M., Simple Heuristics That Make Us Smart, New York (Oxford University Press) 1999
Gilovich, Thomas/Griffin, Dale/Kahneman, Daniel, Heuristics and Biases: The Psychology of Intuitive Judgment, Cambridge (Cambridge University Press) 2002
Kahneman, Daniel/Slovic, Paul/Tversky, Amos, Judgment under Uncertainty: Heuristics and Biases, Cambridge (UK)/New York (Cambridge University Press) 1982
Kahneman, Daniel/Tversky, Amos, Choices, Values, and Frames, Cambridge (UK) (Cambridge University Press) 2000
Kahneman, Daniel/Tversky, Amos, Prospect Theory: An Analysis of Decision under Risk, Econometria 47 (1979), 263–292
Rabin, Matthew, A Perspective on Psychology and Economics, Eur.Econ.Rev. 46 (2002), 657–685
Rabin, Matthew, Psychology and Economics, J.Econ.Lit. 36 (1998), 11–46
Tversky, Amos/Kahneman, Daniel, Judgment under uncertainty: Heuristics and biases, Science 185 (1974), 1124–1131
Simon, Herbert A., A Behavioral Model of Rational Choice, Q.J.Econ. 69 (1955), 99–118

3. Behavioral Law and Economics und ökonomische Analyse des Rechts

Camerer, Colin/Issacharoff, Samuel/Loewenstein, George/O'Donoghue, Ted/Rabin, Matthew, Regulation for Conservatives: Behavioral Economics and the Case for „Asymmetric Paternalism", U.Pa.L.Rev. 151 (2003), 1211–1254

Drexl, Josef, Die wirtschaftliche Selbstbestimmung des Verbrauchers – Eine Studie zum Privat- und Wirtschaftsrecht unter Berücksichtigung gemeinschaftsrechtlicher Bezüge, Tübingen (Mohr Siebeck) 1998

Eidenmüller, Horst, Der homo oeconomicus und das Schuldrecht – Herausforderungen durch Behavioral Law and Economics, JZ 2005, 216–224

Eidenmüller, Horst, Effizienz als Rechtsprinzip, 3. Aufl. Tübingen (Mohr Siebeck) 2005

Engel, Christoph/Englerth, Markus/Lüdemann, Jörn/Spiecker genannt Döhmann, Indra, Recht und Verhalten, Tübingen (Mohr Siebeck), 2007

Gigerenzer, Gerd, Bauchentscheidungen, München (Goldmann) 2008

Gigerenzer, Gerd, Das Einmaleins der Skepsis – Über den richtigen Umgang mit Zahlen und Risiken, 3. Aufl. Berlin (Berliner Taschenbuch Verlag) 2007

Grundmann, Stefan, Methodenpluralismus als Aufgabe – zur Legalität von ökonomischen und rechtsethischen Argumenten in Auslegung und Rechtsanwendung, RabelsZ 66 (1997), 423–453

Jolls, Christine/Sunstein, Cass R./Thaler, Richard H., A Behavioral Approach to Law and Economics, Stan.L.Rev. 50 (1998),1471–1550

Klöhn, Lars, Alternativer Verbraucherschutz für Internet-Auktionen, CR 2006, 260–269

Klöhn, Lars, Kapitalmarkt, Spekulation und Behavioral Finance, Berlin (Duncker & Humblot) 2006

Leistner, Matthias, Richtiger Vertrag und lauterer Wettbewerb – Eine grundlagenorientierte Studie unter besonderer Berücksichtigung der europäischen Perspektive, Tübingen (Mohr Siebeck) 2007

Parisi, Francesco/Smith, Vernon L. (Hrsg.), The Law and Economics of Irrational Behavior, Stanford (Stanford University Press) 2005

Posner, Richard A., Economic Analysis of Law, 7. Aufl. New York (Aspen) 2007

Rehberg, Markus, Der staatliche Umgang mit Information – Das europäische Informationsmodell im Lichte von Behavioral Economics, in: Thomas Eger/Hans-Bernd Schäfer (Hrsg.), Ökonomische Analyse der europäischen Zivilrechtsentwicklung, Tübingen (Mohr Siebeck) 2007, S. 284–354

Schön, Wolfgang, Zwingendes Recht oder informierte Entscheidung – zu einer (neuen) Grundlage unserer Zivilrechtsordnung, in: Andreas Heldrich/Jürgen Prölss/Ingo Köller (Hrsg.), Festschrift für Claus-Wilhelm Canaris, Band I, München (C.H. Beck) 2007, S. 1191–1211

Sunstein, Cass R. (Hrsg.), Behavioral Law and Economics, Cambridge (Cambridge University Press) 2000

Sunstein, Cass R./Thaler, Richard H., Libertarian Paternalism Is not an Oxymoron, U.Chi.L.Rev. 70 (2003), 1159–1202

Sunstein, Cass R., Free Markets and Social Justice, Oxford (Oxford University Press) 1997

Thaler, Richard H./Sunstein, Cass R., Nudge – Improving Decisions About Health, Wealth, and Happiness, New Haven/London (Yale University Press) 2008

§ 2 Behavioural Law and Economics im Urhebervertragsrecht

Ein Werkstattbericht

Christoph Engel

Übersicht

I. Einleitung

Generalreferate sind gefahrgeneigte Arbeit. Wer sich auskennt, findet Generalia viel zu einfach und viel zu undifferenziert. Wer sich nicht auskennt, für den geht es bei den Generalia viel zu schnell. Er hätte viel mehr Fragen, als in einem einzigen Referat beantwortet werden können. Am gefährlichsten sind Generalreferate aber genau dann, wenn sie erbeten werden: als Präludium zu der Fuge der Spezialisten, die dann folgt. Ein gutes Präludium weckt Neugier. Es macht mit Themen und Motiven vertraut. Es setzt den Zuhörer in Stand, das folgende polyphone Kunstwerk zu erfassen. Die scheinbare Leichtigkeit des Präludiums war schon in der barocken Musik hohe Kunst. Aber damals stammte das Präludium wenigstens vom Komponisten der Fuge. Ich muss dagegen auf ein vielstimmiges Werk einstimmen, obwohl ich nur grobe Vorstellungen von den Themen habe und nicht einmal Vermutungen über die Durchführung.

Der Untertitel meines Referats verrät, wie ich mich aus der Affäre ziehen möchte. Ich will Sie durch das Konkrete mit dem Allgemeinen vertraut machen. Zusammen mit einem jungen Ökonomen, *Michael Kurschilgen*, habe ich mich anstecken lassen. Wir fanden den „Bestsellerparagraphen“, also § 32a UrhG, so interessant, dass wir seine Essenz im Labor getestet haben. So wie es ist, eignet sich das Produkt für ein Generalreferat nicht. In der experimentellen Literatur wird manches erwartet, was hier zu weit führen würde. Vor allem wird aber vieles als selbstverständlich vorausgesetzt, was an dieser Stelle erklärt gehört. Im Folgenden will ich unser Experiment deshalb als Anschauungsbeispiel dafür nutzen, wie man fragen und vorgehen muss, wenn man die Verhaltensperspektive für das Urhebervertragsrecht nutzbar machen will.[1]

Für uns Juristen ist der Verhaltenseffekt immer nur ein Argument unter mehreren. Je nachdem, wie man juristisch fragt, ist der Effekt vielleicht sogar gänzlich unbeachtlich. Es kommt deshalb vor allem darauf an, eine angemessene Forschungsfrage zu stellen. Sehr viele Verhaltenseffekte sind in Psychologie und experimenteller Ökonomie gut erforscht. Dann braucht man als Jurist das Rad nicht noch einmal zu erfinden. Es genügt, die fremde Evidenz auf die eigene Frage zu beziehen. Gar nicht so selten ist aber ungeklärt, was uns Juristen im konkreten Fall am Verhalten interessiert. Denn Psychologie und experimentelle Ökonomie betreiben vornehmlich Grundlagenforschung. Wir Juristen haben dagegen ein angewandtes Forschungsinteresse. Außerdem ist alle Juristerei letztlich normativ. Dieses Erkenntnisinteresse legt oft Fragen nahe, für die sich die Verhaltenswissenschaften nicht interessiert haben. Dann lohnt es, als Jurist selbst ins Labor zu gehen. Zunächst muss man dafür die Forschungsfrage herauspräparieren, die man mit dem Experiment beantworten will (II.).

Gerade weil es für die juristische Frage meistens nicht auf ganz basale Effekte ankommt, ist das Design des Experiments eine Herausforderung. Man muss so einfach werden, dass man den Vorteil des vollständig kontrollierten Experiments nutzen kann. Obwohl bei dieser Stilisierung der Fakten fast der gesamte Kontext ausgeblendet wird, muss doch die Essenz der Rechtsfrage erhalten bleiben (III.). Erst wenn einem dieses Kunststück gelungen ist, kann man die exakten Hypothesen formulieren, die man testen will (IV.). Jedes Experiment ist riskant. Es wird ja gerade in der Absicht unternommen, die Ausgangshypothese zu widerlegen. Technisch arbeitet die Prüfstatistik mit einer Konvention. Sie akzeptiert die Hypothese, wenn die Wahrscheinlichkeit kleiner als 5% wird, dass das Gegenteil der

[1] Zum Hintergrund näher *Engel*, Verhaltenswissenschaftliche Analyse, in: Engel/Englerth/Lüdemann/Spiecker gen. Döhmann (Hrsg.), Recht und Verhalten (2007), S. 363–405.

Hypothese richtig ist. Das gilt es nach allen Regeln der Kunst zu prüfen (V.). Auch wenn der experimentelle Befund die Hypothesen bestätigt, folgt daraus noch nicht unmittelbar etwas für Rechtsdogmatik oder Rechtspolitik. In zweifacher Weise war der Blickwinkel verengt. Die Fragestellung war auf den Verhaltenseffekt beschränkt. Um den Effekt testen zu können, musste nahezu der gesamte Kontext ausgeblendet werden. Abschließend muss der experimentelle Befund deshalb in die notwendig viel weitere juristische Perspektive gerückt werden (VI.).

II. Fragestellung

Als Jurist kann man Akteur sein oder Beobachter. Wer Dogmatik betreibt, will auf die Auslegung des geltenden Rechts Einfluss nehmen. Akteur ist auch, wer als Rechtspolitiker besseres Recht entwickelt. Ein juristischer Wissenschaftler kann stattdessen auch eine Außenperspektive einnehmen. Dann arbeitet er mit den Methoden einer Sozialwissenschaft und macht das Recht zu seinem Untersuchungsgegenstand.[2] Ich möchte die größte dieser drei Herausforderungen annehmen und versuchen, einen Verhaltenseffekt unmittelbar für eine Frage aus der Dogmatik des Urhebervertragsrechts zu nutzen.

Nach § 32a UrhG kann der Urheber, der einem anderen eine Lizenz zur Nutzung seines Werkes eingeräumt hat, ein zweites Mal die Hand aufhalten. Wenn das Werk am Markt so erfolgreich ist, dass die Vergütung unangemessen niedrig erscheint, hat der Urheber einen durchsetzbaren Anspruch auf ein zusätzliches Entgelt. Im System des Vertragsrechts ist diese Vorschrift ein Fremdkörper. Sie durchbricht den Grundsatz *pacta sunt servanda*. Dass sich der Urheber ursprünglich freiwillig auf einen Vertrag zu den alten Bedingungen eingelassen hat, soll plötzlich nicht mehr gelten. Die zivilrechtliche Dogmatik hat deshalb Schwierigkeiten mit der Vorschrift.[3] Umstritten ist vor allem, ob die Vorschrift eher in der Nähe zur Störung der Geschäftsgrundlage steht und deshalb eng auszulegen ist, oder ob sie die Inhaltskontrolle der Vertragsbedingungen vorschreibt und

---

2 Näher zu der Unterscheidung *Hart*, The Concept of Law (1961).

3 Plastisch *Jacobs*, Die angemessene und die unangemessene Vergütung, Überlegungen zum Verständnis der §§ 32, 32a UrhG, in: Festschrift für Ullmann (2006), S. 79, 80: „Das Gesetz ist da und alle Fragen offen“.

deshalb weit(er) zu interpretieren ist.[4] Überlegungen über Eingriffe des Gesetzgebers in die Vergütung von Urhebern gibt es zwar schon seit den 20er Jahren.[5] Die Neufassung der Vorschrift im Jahre 2002 wird aber allgemein als Antwort des Gesetzgebers auf die Zurückhaltung der Rechtsprechung bei der Anwendung der Vorgängervorschrift gewertet.[6] Das verwundert nicht. Fremdkörper werden von der Dogmatik auch sonst gern „eingekapselt".[7]

Das führt zu der Fragestellung dieser Untersuchung: Ist das Verhältnis zwischen Urheber und Verwerter ein Vertrag wie jeder andere, oder gibt es einen belastbaren Unterschied, der die Durchbrechung von Grundprinzipien des Vertragsrechts rechtfertigt? Paradigmatisch ist der Fall einer Übersetzerin. Sie hatte ein Honorar von DM 15.410 erhalten. Der Verlag erlöste DM 9.440.000.[8] Im Lichte solcher Fälle wird die Vorschrift als Reaktion auf die gestörte Parität beim Abschluss des Vertrages bezeichnet,[9] als „Fairnessausgleich"[10] und als „Bestsellerparagraph"[11]. Im konkreten Fall scheinen alle drei Interpretationen gleich gut zu passen. Doch in weniger extremen Fällen macht es einen erheblichen Unterschied, was man als das Telos der Vorschrift anerkennt.

Bei der ersten Interpretation käme es entscheidend auf die Verhandlungsmacht *ex ante* an. Absatz 4 würde den Anspruch beim Vorliegen einer Ver-

---

4 *Berger,* Grundfragen der „weiteren Beteiligung" des Urhebers nach § 32a UrhG, GRUR 2003, 675, 676; *Loschelder/Wolff,* Der Anspruch des Urhebers auf „weitere Beteiligung" nach § 32a UrhG bei Schaffung einer Marke, in: Festschrift für Schricker (2005), S. 425, 427; *Schaub,* Der „Fairnessausgleich" nach § 32a UrhG im System des Zivilrechts, ZUM 2005, 212, 215f.

5 Die Geschichte ist nachgezeichnet bei *Grabig,* Die Bestimmung einer weiteren angemessenen Beteiligung in gemeinsamen Vergütungsregeln und in Tarifverträgen nach § 32a Abs. 4 UrhG (2005), S. 25–32.

6 S. nur *Grabig* (Fn. 5), S. 34. Zur Rechtsprechung s. Wandtke/Bullinger-*Wandtke/Grunert,* Praxiskommentar zum Urheberrecht (3. Aufl. 2009), § 32a UrhG Rn. 3; *Loschelder/Wolff,* FS Schricker (2005), S. 425, 426f.

7 Näher *Schulz,* Methoden der Juristen – eine ahistorische Skizze, in: Künzel/Ipsen/Kambas/Trapp (Hrsg.), Profile der Wissenschaft (1999), S. 185–213.

8 OLG München, ZUM 2001, 994, 999 – Der Diamant des Salomon.

9 *Schaub,* ZUM 2005, 212.

10 Beschlussempfehlung des Rechtsausschusses, BT-Drs. 14/8058, S. 19.

11 *Höckelmann,* Der neue „Bestsellerparagraph", ZUM 2005, 526–532; vgl. auch *Pleister/Ruttig,* Beteiligungsansprüche für ausübende Künstler bei Bestsellern, ZUM 2004, 337–344.

gütungsregel deshalb ausschließen, weil die kollektiven Verhandlungen den Urhebern genügend Verhandlungsmacht verschaffen.[12] Was ein Bestseller ist, wird von Markt zu Markt unterschiedlich zu bewerten sein. Jedenfalls wäre die Vorschrift in der dritten Lesart aber auf exorbitant erfolgreiche Werke beschränkt. Sie wäre die seltene Ausnahme von der allgemeinen Regel, dass Verträge binden. Am meisten Freiraum für nachträgliche Interventionen eröffnet die zweite Interpretation. Fairness ist ein plastisches Konzept. In dieser Sicht ist der Anspruch nach Absatz 4 ausgeschlossen, weil die kollektive Regel die schwierige Bewertung der Fairness im Einzelfall entbehrlich macht.

Dieser dritten Deutung möchte unser Experiment nachgehen. Worin könnte das Fairnessproblem bestehen, das im Verhältnis zwischen Urheber und Verwerter häufig, auf anderen Märkten dagegen so selten ist, dass der Gesetzgeber die Vertragsfreiheit unangetastet lässt? Unsere zentrale Hypothese nimmt ihren Ausgang in einer medienökonomischen Beobachtung. An den Medienmärkten sind die Unterschiede zwischen Erfolg und Misserfolg nicht nur sehr groß. Es ist auch sehr schwer, den Erfolg eines Films, Buchs oder Musikstücks vorherzusagen.[13] Der erfolgreichste Film des Jahres 2008, *The Dark Knight,* spielte an den Kinokassen weltweit mehr als USD 1 Mrd. ein. Die am wenigsten erfolgreiche Produktion eines Hollywood-Studios, *$ 9.99*, erlöste dagegen gerade einmal USD 800.[14] Abbildung 1 zeigt, wie sehr die Verteilung der Bruttoeinnahmen streut.

12 Näher zum Verhältnis zwischen § 32a UrhG und Vergütungsregeln in Tarifverträgen *Grabig,* (Fn. 5), S. 25–32.

13 Einzelheiten bei *De Vany,* Hollywood Economics – How Extreme Uncertainty Shapes the Film Industry (2004). Die Aufgabe wird allerdings leichter, wenn viele Dritte bereit sind, eine kleine Summe auf ihre persönliche Vorhersage des Erfolgs zu wetten, *Levmore,* Simply Efficient Markets and the Role of Regulation: Lessons from Iowa Electronic Markets and the Hollywood Stock Exchange, J.Corp.L. 28 (2003), S. 589–606; s. zum Hintergrund auch *Sunstein,* Group Judgements. Statistical Means, Deliberation and Information Markets, N.Y.U.L.Rev. 80 (2005), S. 962–1049.

14 http://www.boxofficemojo.com/yearly/chart/?view2=worldwide&yr=2008&p=.htm.

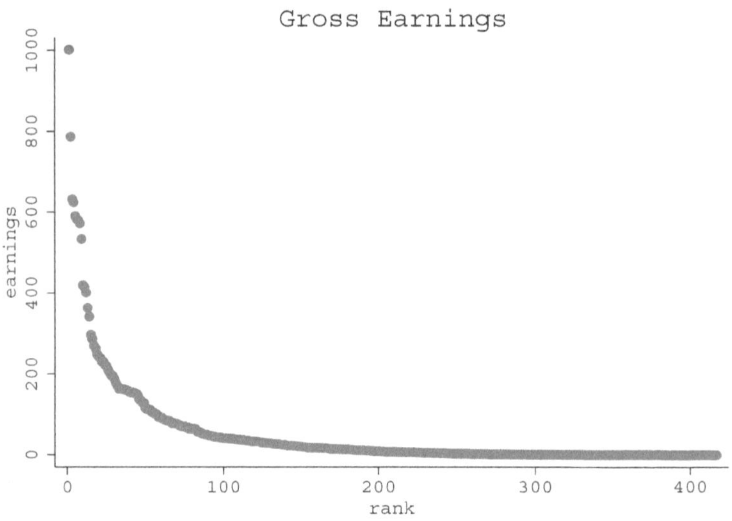

Abbildung 1

Bruttoeinnahmen aus Filmen der Filmstudios im Jahre 2008

Quelle: http://www.boxofficemojo.com/yearly/chart/?view2=worldwide&yr=2008&p=.htm, eigene Umwandlung der Rohdaten in eine Grafik

Diese Verteilung ist in der Filmbranche kein Geheimnis. Wenn die Vertragsparteien perfekte Rationalität und Vorhersicht walten lassen, sollten sie vom Erwartungswert ausgehen. Er lag bei den 417 Studiofilmen des Jahres 2008 bei USD 49.99 Mio. Bruttoerlösen.[15] Davon wären die (übrigen) Kosten abzuziehen. Über die Verteilung des Restes müsste das Studio mit den Filmschaffenden verhandeln. Weil die Verteilung zwischen Erfolg und Misserfolg so asymmetrisch ist, würden aus *ex post* Sicht viele Filmschaffende „zu viel" für ihre Leistung erhalten, manche Filmschaffende dagegen „viel zu wenig". Letztlich ist das natürlich eine empirische Frage, für die wir keine Daten haben. Alternativ könnte die Höhe der Lizenzgebühr auch vom Erfolg des Films an den Kinokassen abhängig gemacht werden. Tatsächlich schließen aber nur Stars solche Verträge.[16]

15 Quelle (Fn.14), eigene Berechnung.

16 *Chisholm,* Asset Specificity and Long-Term Contracts – The Case of the Motion Picture Industry, Eastern Econ.J. 19 (1993), 143–155; *De Vany* (Fn. 13), S. 245.

Wir vermuten deshalb, dass die Filmschaffenden *ex ante* Verträge akzeptieren, die sich an viel niedrigeren Ertragserwartungen orientieren.[17] Das könnte ihnen gerade aus Fairnessgründen angemessen erscheinen. Denn andernfalls würden sie von dem Verwerter ja erwarten, dass er Lizenzen zahlt, die ihm mit beträchtlicher Wahrscheinlichkeit schließlich einen Verlust bescheren werden. Realisiert sich dagegen der unwahrscheinliche, aber mögliche große Erfolg, erscheint den Filmschaffenden nicht mehr fair, dass sie für ihren Anteil an dem Erfolg so wenig erhalten haben. Wir erwarten also, dass sich die Einschätzung der Fairness verändert. Was unter dem Schleier des Nichtwissens fair erschien, kann unfair erscheinen, wenn die Besucher der Kinos den Schleier weggezogen haben. Wenn wir diesen Effekt im Experiment zeigen können, steht fest, dass bereits die asymmetrische Verteilung der Erlöse die Vorschrift in § 32a UrhG rechtfertigt.

Wir möchten sogar noch einen Schritt weitergehen und zeigen, dass die Vorschrift geeignet ist, das Problem auch zu lösen. Unsere These lautet: Weil es diese Vorschrift gibt, wird der Handel mit Lizenzen erleichtert. Typischerweise werden Lizenzen zu einem Preis unter dem Erwartungswert der Leistung eingeräumt. Die Lizenzgeber lassen sich auf solche Verträge ein, weil sie darauf vertrauen, dass die Verträge zu ihren Gunsten geändert werden, wenn der große Erfolg eintritt. Weil diese Institution bereitsteht, gibt es weniger Konflikte zwischen den Urhebern und den Verwertern.

III. Design

Man könnte denken, man sollte diese Situation im Labor einfach nachstellen und beobachten, wie sich die Versuchspersonen verhalten. Gelegentlich werden tatsächlich reiche Situationen ins Labor gebracht.[18] Doch normalerweise geben sich Experimentatoren Mühe, den Kontext so weit

---

17 Technisch gesprochen: Wir erwarten, dass sich die Verträge am Median orientieren, nicht am Mittelwert. Im Jahre 2008 betrugen die Bruttoerlöse im Median der Studiofilme nur USD 7.6 Mio, Quelle (Fn. 14).

18 Schöne Beispiele sind *Selten*, Ein Marktexperiment, in: Sauermann (Hrsg.), Beiträge zur experimentellen Wirtschaftsforschung II (1970), S. 33–98; *Selten/Mitzkewitz/Uhlich*, Duopoly Strategies Programmed by Experienced Players, Econometrica 65 (1997), 517–555.

als irgend möglich auszublenden. Sie tun das, weil sie den größten Vorteil des Experiments wahren wollen. Wenn das Experiment richtig gestaltet ist, kann man Aussagen zur Kausalität machen. Man hat gelöst, was die Ökonomen das Identifikationsproblem nennen.[19] Man kann Ursache und Wirkung auseinander halten. Man ist sicher, dass der beobachtete Effekt gerade und nur auf der experimentellen Manipulation beruht.

Identifikation ist die wichtigste, aber nicht die einzige Restriktion beim Design eines Experiments. Bei der Versuchsplanung muss man sich auch Gedanken darüber machen, dass einem die Fachkollegen ein Ergebnis nur dann abnehmen werden, wenn man sicher sein kann, dass es nicht auf Zufall beruht. Sie werden also, technisch gesprochen, den Nachweis eines signifikanten Effekts verlangen. An dieser Stelle muss ein Experimentator die Zukunft vorhersagen. Wenn er damit rechnet, dass seine Manipulation fast immer zum Erfolg führt, dann braucht er viel weniger Beobachtungen. Wenn er nicht nur an der Richtung, sondern auch an der Stärke des Effekts interessiert ist, dann muss er überdies eine Erwartung darüber bilden, wie stark der Unterschied ausfallen wird. Von diesen Erwartungen hängt ab, wie viele unabhängige Beobachtungen er braucht. Erwartet er einen starken und eindeutigen Effekt, können schon 12 Beobachtungen genügen. Normalerweise versucht man aber, wenigstens 30 unabhängige Beobachtungen zu machen.[20] Das empfiehlt sich auch deshalb, weil viele statistische Tests bei sehr kleinen Fallzahlen nicht mehr verlässlich sind.[21] Rechnet der Experimentator mit schwächeren Effekten oder mehr Unruhe in den Daten, oder will er besonders anspruchsvolle statistische Tests verwenden, wird er schnell an die Grenzen dessen geraten, was praktisch möglich erscheint. Wenn das Experiment, wie üblich, anderthalb Stunden dauert, kann man allenfalls um die 100 Versuchspersonen einladen.

Die Zahl der Versuchspersonen ist nicht identisch mit der Zahl der unabhängigen Beobachtungen. Viele für den Juristen interessante Fragen hängen an der Kooperationsbereitschaft der Probanden. Um diese Bereitschaft zu messen, lässt man häufig vier Versuchspersonen über eine größere Zahl

---

19 Plastisch *Leamer,* Let's Take the Con out of Econometrics, Amer.Econ.Rev. 23 (1983), 31–43.

20 Faustregeln finden sich bei *Bortz,* Statistik für Human- und Sozialwissenschaftler (2005), S. 125–128.

21 Praktisch geht es vor allem darum, ob die Verteilungsannahmen erfüllt sind, auf denen parametrische Tests beruhen, s. zum einfachsten Fall des t-tests *Bortz* (Fn. 20), S. 139.

von Perioden anonym Entscheidungen treffen.[22] In diesem so genannten Partner-Design sind die Entscheidungen aller vier Mitglieder der Gruppe nur eine einzige unabhängige Beobachtung. Mehr Beobachtungen erhält man, wenn die Gruppe in jeder Periode neu zusammengesetzt wird. Streng genommen sind die Entscheidungen ab der zweiten Periode dann allerdings alle gegenseitig beeinflusst. Dieser Einwand wird nicht vollständig ausgeräumt, aber doch stark abgeschwächt, wenn die jeweilige Gruppe nur aus zwei Personen besteht und wenn man sicherstellt, dass keine Versuchsperson einer anderen je wieder begegnet.[23]

Schließlich gibt es in den Labors der Ökonomen einen Ehrenkodex. Es ist strikt verboten, die Versuchspersonen anzulügen. Durch dieses Gebot wollen die Leiter der Labors erreichen, dass die Versuchspersonen Versuchsanordnungen ernst nehmen und nicht ständig darüber nachdenken, was ihnen wohl dieses Mal vorgegaukelt werden soll.

All diese Restriktionen hatten Bedeutung für das Design unseres Experiments. Uns interessiert vor allem, wie sich die Versuchspersonen verhalten, wenn nachträglich der große Erfolg eintritt. Dürften wir unseren Versuchspersonen etwas vormachen, könnten wir einfach jede Versuchsperson in diese Lage bringen. Weil wir das nicht dürfen, mussten wir ein Design finden, das die Verteilung der Ereignisse respektiert und trotzdem genügend Beobachtungen generiert. Wir haben uns entschlossen, den Versuchspersonen vorab zu sagen, dass ein Gegenstand mit einer Wahrscheinlichkeit von 3/4 100 Werteinheiten wert ist, mit einer Wahrscheinlichkeit von 1/4 dagegen 1700 Werteinheiten. Ein Zufallsmechanismus weist die Fälle zu. Deshalb erhalten wir im Durchschnitt nur jedes vierte Mal eine Beobachtung, die uns besonders interessiert. Damit wir trotzdem genügend Beobachtungen haben, wiederholen wir die Situation acht Mal und stellen sicher, dass jede Versuchsperson in jeder Runde mit einer anderen Versuchsperson zusammentrifft. Auf diese Weise erhalten wir von jeder Versuchsperson im Durchschnitt zwei Reaktionen auf die Tatsache, dass der Gegenstand den hohen Wert hat.

22 Übersichten finden sich bei *Ledyard*, Public Goods – A Survey of Experimental Research, in: Kagel/Roth (Hrsg.), The Handbook of Experimental Economics (1995), S. 111–194; *Zelmer*, Linear Public Goods – A Meta-Analysis, Exper. Econ. 6 (2003), 299–310.

23 Die Experimentatoren sprechen dann von einem *perfect stranger design*.

In einer zweiten Hinsicht waren die Einschätzungen der erfahrenen Experimentatoren gespalten, die wir vorab um Rat gefragt haben. Fairness kann man im Experiment messen, indem man den Versuchspersonen die Möglichkeit gibt, einen Teil ihrer Einnahmen aus dem Experiment aufzugeben, um anderen Versuchspersonen einen Nachteil zuzufügen.[24] Damit das Sinn macht, müssen die Kosten allerdings kleiner sein als der korrespondierende Nachteil. Wenn eine Versuchsperson ausschließlich ihren Ertrag maximiert, ist solch eine Strafe trotzdem irrational. Kommt es der Versuchsperson dagegen darauf an, den Einkommensunterschied zu vermindern,[25] ist diese Form der Bestrafung rational. Das kann man dann als den Ausdruck von Fairness interpretieren. Solch eine Versuchsperson hält die ungleiche Verteilung des Ertrags für unfair. Uns interessiert vor allem, ob sich die Einschätzung der Fairness ändert, nachdem die Unsicherheit über den Wert des Gegenstands verschwindet. Deshalb wäre es reizvoll gewesen, die Strafmöglichkeit zunächst nicht anzukündigen. Dann hätte sie auch nicht antizipiert werden können. Wir hätten ein reineres Maß für das Gefühl verletzter Fairness bekommen. Wir haben von dieser Möglichkeit Abstand genommen, weil manche Experimentatoren glaubten, auch durch Schweigen würden wir die Versuchspersonen bereits hinters Licht führen.[26]

Es hätte noch eine alternative Möglichkeit gegeben, die Zahl der unabhängigen Beobachtungen zu vermehren. Wir hätten die so genannte Strategiemethode einsetzen können.[27] Dann hätten wir jede Versuchsperson noch unter dem Schleier des Nichtwissens gebeten, für jede denkbare Realisierung des Zufallszugs eine Entscheidung zu fällen. An sich ist das ein ausgesprochen elegantes Instrument. Gerade für unsere Frage schien es

---

24 Klassisch *Fehr/Gächter,* Cooperation and Punishment in Public Goods Experiments, Am.Econ.Rev. 90 (2000), 980–994; *Fehr/Fischbacher,* The Nature of Human Altruism, Nature 425 (2003), 785–791.

25 Die Theorie dazu bieten *Fehr/Schmidt,* A Theory of Fairness, Competition, and Cooperation, Q.J.Econ. 114 (1999), 817–868.

26 Im Übrigen macht solch eine überraschende Option in dem wiederholten Design natürlich auch viel weniger Sinn, für das wir uns schließlich entschieden haben. Denn die Überraschung bestünde ja nur in der ersten Runde.

27 Ersonnen hat sie *Selten,* Die Strategiemethode zur Erforschung des eingeschränkt rationalen Verhaltens im Rahmen eines Oligopolexperiments, in: Sauermann (Hrsg.), Beiträge zur experimentellen Wirtschaftsforschung (1967), S. 136–168.

uns aber weniger geeignet. Uns interessiert ja, ob sich die Einschätzung der Fairness einer Verteilung ändert, wenn die Unsicherheit über diese Verteilung endet. Hätten wir die Strategiemethode eingesetzt, hätte diese Unsicherheit gerade noch bestanden.

Abbildung 2 skizziert den Versuchsplan. Die Stufen 4–6 sind unterlegt, weil sie nur bei dem *Norm-Treatment* N vorkommen. Die übrigen Stufen kommen auch in dem *Basis-Treatment* B vor. Beginnen wir damit. Jede der acht Runden beginnt mit einem Angebot des Käufers B. Er steht für den Verwerter des Urheberrechts. Es steht dem Käufer frei, gar kein Angebot zu machen. Dann endet diese Runde des Spiels bereits auf der ersten Stufe. Beide zufällig und anonym verbundenen Spieler behalten ihre Ausstattung von 500 Werteinheiten. Dann bleibt der Gegenstand aber ungenutzt. Das steht für den Fall, dass der Verwerter das Werk gar nicht auf den Markt bringt. Wenn der Verkäufer das Angebot auf der zweiten Stufe annimmt, wechselt der Gegenstand den Eigentümer. Das steht für das Verwertungsrecht aus der Lizenz. Der Verkäufer erhält sofort den vereinbarten Preis. Die Ausstattung des Käufers vermindert sich sofort um diesen Betrag. Das steht für die übliche Vertragsgestaltung von Lizenzverträgen. Die Lizenzgebühr ist üblicherweise unbedingt und wird bezahlt, bevor das Werk auf den Markt kommt. Lehnt der Verkäufer ab, endet die Runde an dieser Stelle.

Auf der dritten Stufe entscheidet die Natur, tatsächlich der Zufallsgenerator eines Computers, darüber, wie viel der Gegenstand wert ist. Im *Basis-Treatment* schließt sich sofort die letzte Stufe an. Beide Versuchspersonen haben die Möglichkeit, das Bruttoeinkommen der anderen Versuchsperson zu vermindern. Wenn sie eine Werteinheit einsetzen, vermindert sich das Bruttoeinkommen der anderen Versuchsperson um drei Einheiten.[28] Diese letzte Stufe steht für das Konfliktpotenzial. Wir haben bewusst beiden Versuchspersonen die Möglichkeit zur Bestrafung ihres Mitspielers eingeräumt. Denn es kann ja nicht nur sein, dass sich der Verkäufer nachträglich durch ein niedriges Entgelt ungerecht behandelt fühlt. Vielmehr ist auch denkbar, dass sich der Käufer benachteiligt fühlt, weil der Verkäufer mehr verdient hat als er.

Mit den drei zusätzlichen Stufen im *Norm-Treatment* wollen wir testen, welche Wirkungen § 32a UrhG hat. Den durchsetzbaren Anspruch auf

---

[28] Diese lineare Bestrafungstechnologie folgt *Fehr/Gächter,* Altruistic Punishment in Humans, Nature 415 (2002), 137–140.

Anpassung des Entgelts bilden wir durch die vierte Stufe ab. Wir laden eine dritte Versuchsperson ein, der wir die Befugnis geben, das vorher vereinbarte Entgelt anzupassen. Weil das Gesetz nur dem Urheber einen Anspruch auf Vertragsanpassung einräumt, wird diese dritte Versuchsperson nur dann tätig, wenn der Gegenstand 1700 Werteinheiten wert ist.

Uns interessiert auch, in welchem Umfang Käufer und Verkäufer der Entscheidung des neutralen Dritten durch Nachverhandlungen zuvorkommen. Genau wie in der juristischen Wirklichkeit schließen solche Nachverhandlungen den Gang zu Gericht allerdings nicht aus. Deshalb erhält der Käufer auf der fünften Stufe die Möglichkeit, ein neues Angebot zu machen. Dem Verkäufer steht auf der sechsten Stufe frei, dieses Angebot anzunehmen oder abzulehnen. Nimmt er an, erhält er sofort den Unterschied zwischen dem ursprünglich und dem jetzt vereinbarten Preis. Andernfalls wird die Entscheidung des neutralen Dritten wirksam.

Weder das zweite Angebot des Käufers noch die Wahl des Verkäufers zwischen der Annahme und der Entscheidung des Dritten würden Sinn machen, wenn die Entscheidung des Dritten bereits bekannt wäre. Wir halten diese Entscheidung deshalb bis zum Ende der sechsten Stufe verborgen. Wir wären der juristischen Wirklichkeit noch näher gekommen, wenn der Dritte tatsächlich nur entschieden hätte, wenn die Nachverhandlungen scheitern. Dann hätten wir aber nur sehr wenige Beobachtungen über die Entscheidung des Dritten gehabt. Wir hätten diese abhängige Variable verloren. Auch das *Norm-Treatment* endet damit, dass sich beide Spieler bestrafen können. (Siehe Abb. 2, Versuchsplan)

IV. Hypothesen

Wie kann man aus diesem Experiment etwas über die Bedeutung von Fairness im Verhältnis von Urheber und Verwerter lernen? Betrachten wir zunächst den Zustand ohne Norm. Wie verhält sich eine Versuchsperson, die allein auf ihre Einnahmen achtet und der Fairness gleichgültig ist? Unseren Versuchsaufbau kann man als sequentielles Spiel interpretieren.[29] Man löst solche Spiele von hinten. Wem Fairness gleichgültig ist, der wird den anderen Spieler in Stufe 7 nicht bestrafen. Andere Gründe

[29] Für Juristen sehr eingängig wird das Instrumentarium präsentiert von *Baird/Gertner/Picker*, Game Theory and the Law (1994).

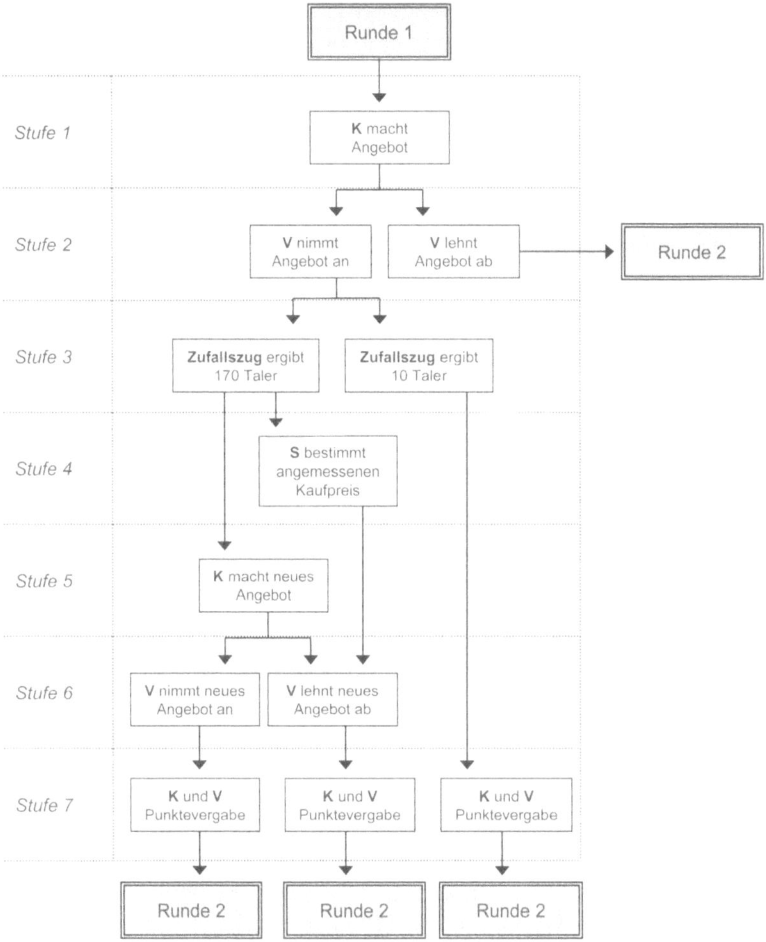

Abbildung 2
Versuchsplan

für eine Strafe als die Ungleichheit der Auszahlungen kommen im *Basis-Treatment* nicht in Betracht. Um hier sicher zu sein, hatten wir die Situation auf den uns interessierenden Kern zurückgeschnitten. Im *Norm-Treatment* kann der Verkäufer die Bestrafungsoption dagegen auch nutzen, um seinen Unmut über den Spielverlauf auszudrücken, nachdem sich der hohe Wert des Gegenstands herausgestellt hat. Er kann denken, dass der Käufer ein höheres Angebot hätte machen sollen. Oder er kann unzufrieden darüber sein, dass der Dritte ihm nicht mehr zugesprochen hat. Das führt zu

H_1 Im *Basis-Treatment* bestrafen Spieler ihren Mitspieler dann und nur dann, wenn er *ex post* ein höheres Einkommen hat. Im *Norm-Treatment* bestrafen Verkäufer auch dann, wenn der Käufer das Angebot auf Stufe 5 gar nicht oder nur wenig verändert hat.

Ein Verkäufer, der nur auf sein Einkommen bedacht ist, akzeptiert in Stufe 2 jedes positive Angebot. Wenn der Käufer das richtig antizipiert, und wenn auch er nur auf sein Einkommen achtet, dann bietet er in Stufe 1 die kleinste positive Einheit an, in unserem Experiment also 1 Taler. Dieses Angebot wird angenommen. Wir haben das Verhandlungsprotokoll in Stufen 1 und 2 jedoch als Ultimatum-Spiel ausgestaltet.[30] Aus der Literatur ist bekannt, dass sehr kleine Angebote abgelehnt werden, und dass die Anbietenden das auch richtig antizipieren.[31]

Unser Spiel hat allerdings eine bislang noch nicht untersuchte Besonderheit: der Gewinn aus dem Spiel hängt vom Zufall ab, nämlich von dem Zug der Natur in Stufe 3. Trotzdem erwarten wir, dass sehr kleine Angebote abgelehnt werden, und dass sie deshalb erst gar nicht gemacht werden. Wir nehmen aber an, dass der Richtwert für diese Fairness-Betrachtungen deutlich unter dem Erwartungswert bleibt. Wenn die Versuchspersonen den Erwartungswert hälftig aufteilen, erhielte jeder 250 Werteinheiten. In Ultimatum-Spielen bieten die Anbieter einen Anteil von ungefähr 40% an. In ungefähr 85% wird dieses Angebot angenommen.[32] Das wären bei uns 200 Werteinheiten. Wir erwarten dagegen, dass Angebote deutlich darunter liegen und oft auch angenommen werden. Im *Norm-Treatment* antizipieren beide Seiten außerdem, dass es eine zweite Begegnung geben wird, wenn das Gut 1700 Werteinheiten wert ist. Deshalb nehmen wir an, dass die Angebote in Stufe 1 sinken, und in Stufe 2 leichter angenommen werden.

---

30 *Güth/Schmittberger/Schwarze,* An Experimental Analysis of Ultimatum Bargaining, J.Econ.Behav.Org. 3 (1982), 367–388.

31 Einen Überblick gibt *Oosterbeek/Sloof/van de Kuilen,* Cultural Differences in Ultimatum Game Experiments – Evidence from a Meta-Analysis, Exper.Econ. 7 (2004), 171–188.

32 *Oosterbeek/Sloof/van de Kuilen,* Exper.Econ. 7 (2004), 171, 176.

H_2 Käufer machen Angebote unter 200 Werteinheiten. Im *Norm-Treatment* sind die Angebote niedriger. Angebote über 100 Werteinheiten werden fast immer, Angebote über 40 Werteinheiten werden häufig angenommen. Im *Norm-Treatment* werden mehr Angebote angenommen.

Auch unsere Abbildung von § 32a UrhG ist im Kern ein Ultimatum-Spiel. Grundsätzlich erwarten wir deshalb, dass die Käufer ihr Angebot in Stufe 5 erhöhen, und dass Verkäufer in Stufe 6 annehmen, wenn sie das neue Angebot im Lichte des hohen Werts der Sache für fair halten. Unser Spiel hat allerdings vier Besonderheiten: es gab schon einmal eine Abrede. Deshalb steht materielle Fairness im Wettbewerb mit prozeduraler Fairness.[33] Das sollte die Bereitschaft erhöhen, Angebote anzunehmen. Dafür spricht auch ein materieller Grund: der Käufer ist anfänglich ins Risiko gegangen. Andererseits erwarten wir, dass der Gegenstand im *Norm-Treatment* ursprünglich zu einem niedrigeren Preis gehandelt wird als im *Basis-Treatment*. Weil die Nachverhandlungen bei hohem Preis in das ursprüngliche Kalkül eingegangen sind, erscheint es jetzt auch nicht als unfair, von dieser Möglichkeit Gebrauch zu machen. Außerdem verschafft die Entscheidung des Dritten dem Verkäufer Einfluss. In der Standardversion des Ultimatum-Spiels muss der Empfänger zwischen der Annahme und einer Auszahlung von null wählen. In unserem Spiel wählt er dagegen zwischen einer sicheren Auszahlung und einer Lotterie mit unsicherem Erwartungswert. Das sollte die Angebote erhöhen. Schließlich muss der Käufer damit rechnen, dass sich ein Verkäufer rächt, der das Angebot ablehnt und der auch vom Dritten keinen nennenswerten Zuschlag erhält. Auch das sollte die Angebote erhöhen. Wir erwarten, dass die beiden letztgenannten Effekte stärker sind als die erstgenannten, und dass die Käufer das richtig antizipieren.

H_3 Wenn sich herausstellt, dass der Gegenstand einen hohen Wert hat, erhöht der Käufer sein Angebot. In der Mehrheit der Fälle nimmt der Verkäufer dieses Angebot an.

Durch die Entscheidung des Dritten erhalten wir schließlich ein neutrales Maß für die Beurteilung der *ex post*-Fairness. Wie in der juristischen Wirklichkeit auch muss der Dritte dabei nicht nur eine Verteilungsentscheidung fällen. Er muss vielmehr auch daran interessiert sein, die Situation

33 S. nur *Thibaut/Walker*, Procedural Justice – A Psychological Analysis (1975).

zu befriedigen. Er sollte deshalb einen Preis festlegen, gegen den sich weder der Käufer noch der Verkäufer durch Bestrafung zur Wehr setzt. Weil die Bestrafungsoption symmetrisch ist, sollte das die Entscheidung des Dritten aber nicht verändern. Ihm wird auf diese Weise nur deutlich, dass er sich nicht einseitig auf eine der beiden Seiten schlagen sollte. Materiell muss der Dritte einen Weg zwischen Fairness *ex ante* und Fairness *ex post* finden. Wir erwarten, dass beide Gesichtspunkte eine Rolle spielen werden.

H_4 Wenn sich herausstellt, dass der Gegenstand einen hohen Wert hat, teilt der Dritte den Gewinn so auf, dass der Verkäufer zwar mehr als die Hälfte des geringen Werts erhält, aber weniger als die Hälfte des hohen Werts.

V. Ergebnisse

Die Wissenschaft ist ein Abenteuer. Für empirische Wissenschaft gilt das ganz besonders. In einer Hinsicht sind unsere Ergebnisse ganz anders als erwartet. Die Verkäufer, in der Analogie zu § 32a UrhG also die Urheber, machen von der Möglichkeit zur Bestrafung fast keinen Gebrauch. Wir haben 320 Entscheidungen von Verkäufern. In 247 Fällen haben die Verkäufer das Angebot angenommen, das der Käufer auf Stufe 1 gemacht hat. In 60 Fällen hat unser Zufallsgenerator den Wert des Gegenstands mit 1700 Einheiten festgesetzt. In ganzen drei Fällen, also nur in 5% der Fälle, haben die Verkäufer anschließend den Käufer bestraft.

Von dieser Ausnahme abgesehen bestätigen die Daten dagegen, dass es ein gravierendes Fairnessproblem gibt. Die neutralen Dritten teilen den *ex post* Gewinn am häufigsten hälftig auf. Gar nicht so selten sprechen sie dem Verkäufer sogar einen größeren Anteil zu als dem Käufer. Offensichtlich achten sie vor allem auf Gleichverteilung *ex post*. Sie tun das, obwohl sie selbst in der ersten Phase entweder Käufer oder Verkäufer waren. Deshalb sollte ihnen die *ex ante* Dimension der Fairness eigentlich genauso präsent sein wie die *ex post* Dimension.

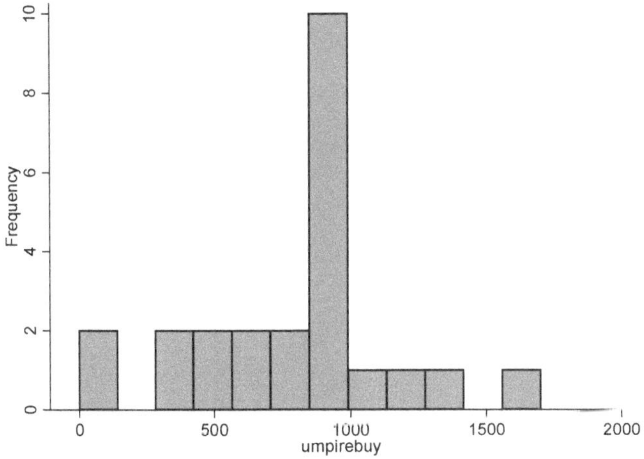

Abbildung 3
Aufteilung durch den Dritten

Wenn es die Regel nicht gibt, fühlen sich die Käufer genötigt, höhere Angebote zu machen.

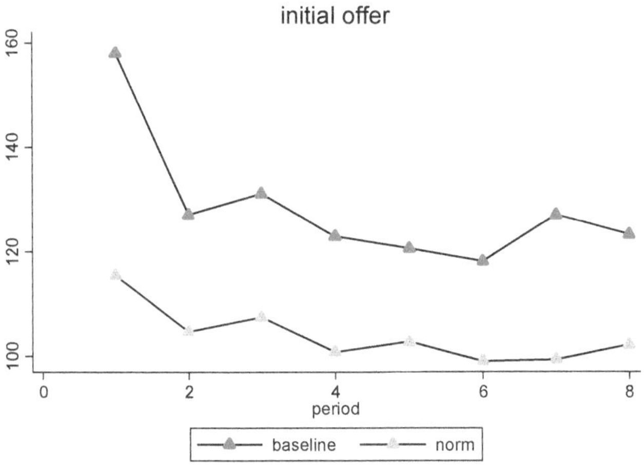

Abbildung 4
Anfängliche Angebote

Obwohl die Angebote höher sind, werden sie häufiger abgelehnt.

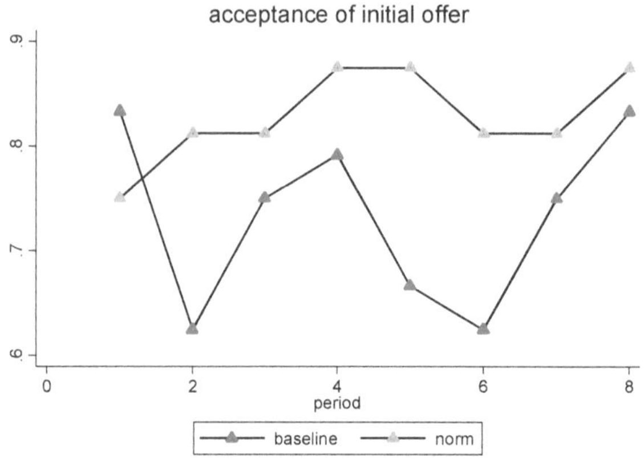

Abbildung 5
Annahme der anfänglichen Angebote

Während das Gesetz und die dogmatische Literatur vor allem auf die faire Behandlung des Verkäufers abstellen, zeigen unsere Daten, dass die faire Behandlung des Käufers genauso wichtig ist. Anders als die Verkäufer machen die Käufer von der Bestrafungsmöglichkeit nämlich durchaus Gebrauch. Sie tun das vor allem dann, wenn der Gegenstand nur 100 Werteinheiten wert ist, sie aber einen höheren Preis bezahlt haben.

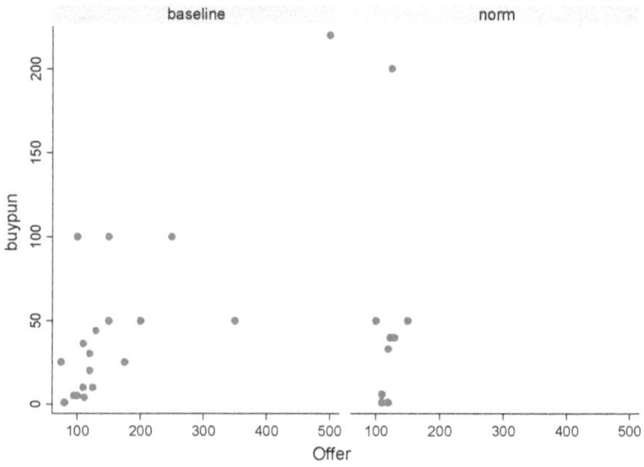

Abbildung 6
Strafverhalten der Käufer
(wenn Wert = 100)

Aus gleich zwei Gründen vermindert die Norm dieses Problem. Die Käufer können niedrigere Angebote machen. Wenn sich der niedrige Wert realisiert, neigen sie weniger zum Strafen. Käufer wie Verkäufer machen mehr Gewinn. Aus normativer Perspektive ist aber vor allem der Effekt auf die aggregierten Gewinne von Käufern und Verkäufern relevant, in ökonomischer Terminologie also der Wohlfahrtseffekt.

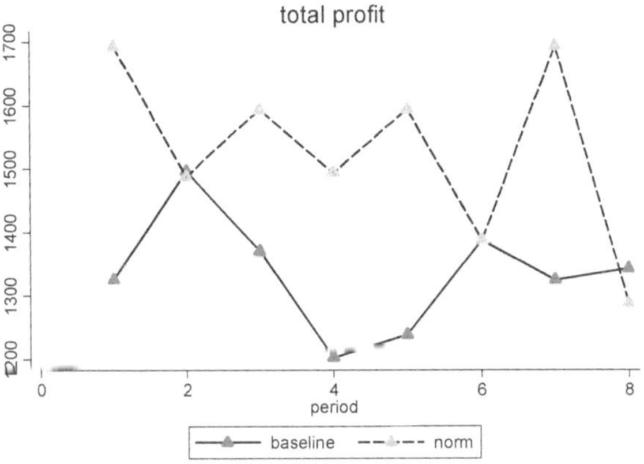

Abbildung 7
Wohlfahrt

Abbildung 7 macht verständlich, warum man an dieser Stelle auf die statistische Überprüfung besonderen Wert legen wird. Während die Wohlfahrt in manchen Perioden weit voneinander abweicht, liegt sie in der zweiten, sechsten und letzten Periode nahe beieinander. Der einfachste und zugleich am wenigsten voraussetzungsvolle Test nutzt den Umstand aus, dass jede Versuchsperson zunächst ohne, dann mit Norm gehandelt hat. Deshalb kann man untersuchen, wie häufig der gemeinsame Gewinn von Käufer und Verkäufer größer war, wenn es die Norm gab. Der sparsamste Test beschränkt sich auf je eine, gemittelte Beobachtung für jede Versuchsperson und Phase. Obwohl man dann nur 16 Beobachtungen nutzt,[34] ist der Effekt signifikant.[35]

34 Ein perfekter Vergleich ist nur für die 2 mal 8 Versuchspersonen möglich, die in beiden Phasen dieselbe Rolle hatten. In der ersten Phase gibt es noch je 4 Käufer und Verkäufer mehr. Aber in der zweiten Phase werden sie zu neutralen Dritten.

35 Technischer: ein Wilcoxon-Test hat einen p-Wert von 0,0245, liegt also deutlich unter dem Signifikanzniveau von 5%.

VI. Normative Folgen

Wer sich als Jurist auf die Sozialwissenschaften einlässt, der fühlt sich oft an die Geschichte vom Hasen und vom Igel erinnert. Was immer er mit viel Aufwand herausarbeitet: Immer wird es einen Juristen geben, der mit Grund einwenden kann: das haben wir schon immer gewusst. Oft wird dieser juristische Skeptiker dann noch hinzufügen: darauf wäre meine Großmutter auch gekommen. In beiden Einwänden steckt meistens ein Körnchen Wahrheit. Juristerei ist die Kunst der Bewältigung von Konflikten. Manche Konflikte verändern sich so wenig, dass man noch heute von Erfahrungen lernen kann, die das Recht vor Jahrhunderten gemacht hat. Wenige Konflikte ändern sich so schnell, dass Erfahrungen schon nach Jahren wertlos würden. Der Prozess, der Instanzenzug, das Wechselspiel zwischen Regelanwendung und Regelbildung, das symbiotische Verhältnis zwischen Rechtspraxis und Rechtswissenschaft sind außerordentlich leistungsfähige Instrumente, um diese Erfahrungen produktiv zu nutzen. Zu diesen Erfahrungen gehört auch, wie Verhaltensdispositionen zu Konflikten führen.

Wer sich im Alltag bewähren will, kann gar nicht anders, als Erwartungen über das Verhalten seiner Mitmenschen zu bilden. Dass die meisten Menschen darin ziemlich gut sind, liegt an einem sehr leistungsfähigen mentalen Mechanismus. Sie brauchen dafür keine exakten Modelle, ja nicht einmal unbedingt Sprache. Sie erfassen intuitiv, was sie ihrem Gegenüber zutrauen und vor wem sie sich in Acht nehmen sollen.[36]

Weder Erfahrung noch Intuition sind aber unfehlbar. *„Hard cases make bad law“*, hat *Oliver Wendell Holmes* so eindrucksvoll formuliert. Die Rechtsentwicklung wird von den Erfahrungen getrieben, die die Rechtsordnung wirklich gemacht hat. Sie kann zufällig mit atypischen Fällen konfrontiert gewesen sein. Oder interessierte Kreise haben nachgeholfen, zum Beispiel indem sie Fälle in aller Stille verglichen haben, die eine Rechtsfrage in weniger günstigem Licht erscheinen lassen würden. Und Intuition soll Handlungsfähigkeit herstellen, obwohl die Tatsachen unsicher und ihre Zusammenhänge unverstanden sind.[37] Das macht zwar lebenstüchtig, ist aber unvermeidlich mit Fehlern behaftet.

---

36 Näher *Engel/Singer (Hrsg.)*, Better Than Conscious? (2008).

37 Näher *Engel*, Institutions for Intuitive Man, in: Engel/Singer (Hrsg.), Better Than Conscious? (2008), S. 391–410.

Deshalb stehen Juristerei und exakte Wissenschaft in einem komplementären Verhältnis. Exakte Wissenschaft hilft den Juristen vor allem, um ihre Erwartungen auf die Probe zu stellen. So liegt es auch mit § 32a UrhG. Unser Experiment bestätigt, dass der deutsche Gesetzgeber eine kluge Entscheidung getroffen hat. Es gibt wirklich ein Fairnessproblem zwischen Urheber und Verleger. Es entsteht aus der hohen Unsicherheit über den Erfolg des Werks am Markt. Man kann die Wirkung der Vorschrift so interpretieren: wenn die Urheber darauf vertrauen, dass sie an einem Erfolg angemessen beteiligt werden, lassen sie sich darauf ein, zu relativ günstigen Konditionen Lizenzen zu vergeben. Letztlich führt die Vorschrift in die Nähe eines gespaltenen Preises. Zu Beginn der Zusammenarbeit erhält der Urheber ein Fixum. Ist das Werk sehr erfolgreich, wird er am Erfolg beteiligt. Diese Lösung könnten die Vertragsparteien in der Rechtswirklichkeit natürlich auch offen wählen. Dann müssten sie aber im Vorhinein die Bedingungen festlegen, unter denen sich die Lizenzgebühr erhöht. § 32a UrhG ersetzt schwierige bedingte Entscheidungen durch Verfahren.

In unserem Experiment wird der wohlfahrtsmehrende Effekt der Vorschrift von zwei Dingen getrieben. Die Urheber akzeptieren eingangs niedrigere Preise. Die Verleger bestrafen weniger. Man kann sich fragen, wie groß die Bedeutung dieser Effekte in der Rechtswirklichkeit ist. Je mehr Verhandlungsmacht die Verleger haben, desto eher könnten sie auch ohne § 32a UrhG eingangs niedrigere Preise durchsetzen. Wenn es ihnen gelingt, die Preise so niedrig zu halten, dass sie *ex post* so gut wie nie Verluste machen, entstünde auch kein Konfliktpotenzial. Um diese Frage zu beantworten, bräuchte man Felddaten, die wir nicht haben. Gegen diese Vermutung spricht allerdings, dass wir durch die Rollenverteilung dem Käufer sogar die gesamte Verhandlungsmacht gegeben haben. Wir können aber nicht dafür kontrollieren, dass die Verkäufer nicht nur durch die Teilnahme an unserem Experiment ein Einkommen erzielen. Auch wenn die Verhandlungsmacht der Verleger typischerweise so groß wäre, würde § 32a UrhG aber nicht sinnlos. Die Vorschrift wäre dann allerdings wirklich vornehmlich verteilungspolitisch begründet, nicht allokativ.

Diskussionsbericht zu § 2

Klöhn lobte eingangs, *Engel* habe es geschafft, Möglichkeiten und Grenzen des methodischen Instrumentariums des *Behavioral Law and Economics* an einem konkreten Fallbeispiel aufzuzeigen. Er habe dabei „die Abenteuerseite" eines empirischen Blicks auf das Urhebervertragsrecht verdeutlichen können.

Dr. Martin *Schäfer* (Rechtsanwalt, Berlin) wies darauf hin, dass bei der Produktion urheberrechtlich geschützter Gegenstände regelmäßig eine besondere Verhandlungssituation vorliege. Die Einkünfte der wenigen sehr erfolgreichen Projekte würden verwendet, um die vielen anderen zu bezahlen und so zu ermöglichen. Hier habe also einer der Verhandlungspartner nicht nur die konkrete, zu verhandelnde Produktion im Auge, sondern auch viele weitere Projekte, die er im Erfolgsfalle aus dem Ertrag dieser Produktion fördern könnte. Die „Fairness" des Verhandlungsergebnisses würde möglicherweise anders beurteilt, wenn die Parteien wüssten, dass die Investitionen im Kontext weiterer Produktionen erfolgen.

Engel stellte klar, dass dies keine Rolle bei der Ausarbeitung des Modells gespielt habe. Konfrontiere man die Probanden mit einem solch umfangreichen Kontext, könne nicht mehr nachvollzogen werden, welche Information welche Wirkungen ausgelöst hat. Kausalbeziehungen wären dann nicht mehr kontrollierbar. Der von ihm gewählte Versuchsaufbau begünstige aber, dass diese Frage in den Köpfen der Probanden durchaus mitspielte, vermutete *Engel*. Die Urheber hätten schließlich insgesamt acht Verhandlungen geführt. Wenn dies auch mit unterschiedlichen Partnern geschehen sei, so hätten sie doch von der statistischen Wahrscheinlichkeit gewusst, zwei von acht Mal in der erfolgreichen und die anderen sechs Mal in der erfolglosen Situation sein zu werden. Er könne sich gut vorstellen, dass dies eine treibende Kraft bei der Entscheidung gewesen sei. So ließe sich erklären, warum die Urheber praktisch keine Bestrafung vorgenommen hätten.

Nach *Engels* Ansicht sollte die Bedeutung dieser besonderen Verhandlungssituation normativ nicht überschätzt werden. Würden die Parteien immer zu Erwartungswerten kontrahieren, entstünde das Problem schließlich gar nicht. Auch seien die Verleger nicht besonders schutzwürdig. Unter dem Schleier des Nichtwissens müssten diese sich an den 50 Millionen Dollar[1] orientieren und entsprechende Vergütungen vereinbaren. Sie könnten dann letztlich eine Lotterie spielen, bei der sie auch nicht schlecht aussähen, denn sie wären ja häufig genug beteiligt.

Empirisch interessant sei noch ein anderer Aspekt. Das Problem einer *ex post* unangemessenen Vergütung entfiele, wenn alle Verträge Gewinnbeteiligungen der Urheber enthielten. Dann würde ein niedriges oder Nullfixum vereinbart, die Vereinbarung an der Gewinnbeteiligung ausgerichtet und so die Unsicherheit antizipiert. Seines Wissens erhalten jedoch nur die Stars der jeweiligen Branchen solche Verträge.

Kirchner merkte an, das Urheberrechtsgesetz enthalte mit dem Folgerecht nach § 26 eine Regelung über eine Gewinnbeteiligung. Das Folgerecht biete dem Urheber die Möglichkeit, an den späteren Wertsteigerungen des Werks zu partizipieren. Es lasse sich jedoch nachweisen, dass das Folgerecht bei der Bestimmung des Erstverkaufspreises erlösmindernd Berücksichtigung finde, also eingepreist werde. Er werde in seinem Referat (in diesem Band, § 11 S. 211 ff.) noch darlegen, dass durch das nicht abdingbare Folgerecht der Nutzen des Urhebers gesenkt und nicht gesteigert werde.

Man könne selbstverständlich mit unterschiedlichen Instrumenten versuchen, ein normatives Problem zu lösen, so *Engel*. Biete man Möglichkeiten einer Vertragsanpassung oder Gewinnbeteiligung nach Durchführung des Vertrages, so mache dies eine vertragliche Antizipation unter Umständen hinfällig. Hier bestehe durchaus ein Wettbewerb der Lösungsmöglichkeiten.

Klöhn warf die Frage auf, warum die Parteien nicht selbst Gewinnbeteiligungen oder dem § 32a Urheberrechtsgesetz entsprechende Regeln in ihre Verträge aufnehmen. Wenn nur mit Stars solche Bedingungen vereinbart würden, sei doch letztlich die Frage der ungleichen Verhandlungsmacht angesprochen. Dann bewege man sich wieder in Bildern von bösen, mächtigen Verlagen oder Filmstudios und kleinen, schwachen Urhebern. Er halte es für prüfenswert, ob den Verhandlungssituationen nicht kognitive Verzerrungen oder Urteilsfehler zu Grunde liegen. Als solche kämen zum Beispiel das Unterschätzen der Bedeutung geringer Wahrscheinlichkeiten oder übermäßiger Optimismus in Betracht.

---

[1] Der Erwartungswert. Siehe *Engel*, in diesem Band, § 2 (S. 22).

Dies habe er, so *Engel*, nicht mitgetestet, sondern sich auf die motivationale Seite konzentriert. Ziel sei gewesen, herauszufinden, ob die Fairnesseinschätzungen der Probanden sich im Laufe des Experiments änderten. Selbstverständlich könne man – zum Beispiel mittels *belief elicitation* – versuchen abzubilden, wie die Probanden die Verhandlungssituation in der ersten oder auf beiden Stufen einschätzten. Dabei hätte man die Probanden fragen können, für wie wahrscheinlich sie den Eintritt eines bestimmten Ereignisses halten. Gleichzeitig würde man den Versuchspersonen ein Entgelt dafür versprechen, dass sie die Erwartungen richtig eingeschätzt haben. So ließe sich ein hinreichender Anreiz schaffen, sich um ein richtiges Ergebnis zu bemühen. Im vorliegenden Experiment, so *Engel*, hätten die Probanden jedoch sicherlich nur die vorher gezeigten Wahrscheinlichkeiten wiedergegeben. Es sei unwahrscheinlich, dass schon auf dieser Stufe Verständnisprobleme aufgetaucht wären.

Man müsse daher die Intuition der Versuchspersonen ergründen. Im Prinzip wisse die Verhaltensforschung, wie so etwas durchzuführen sei. Erprobt sei dies unter anderem für den Bereich der richterlichen Entscheidungsfindung, wo die Untersuchung intuitiven Verhaltens ausgesprochen interessant sei. *Engel* sei jedoch nicht sicher, ob es darüber hinaus eine Möglichkeit gebe, den Prozess der Intuitionsbildung selbst aufzuhellen und dessen Elemente herauszuarbeiten.

Frank Rosenkranz

§ 3 Die Zweckübertragungsregel des § 31 Abs. 5 UrhG

Markus Rehberg

Übersicht

Betrachtet man die Vorschriften des Urhebervertragsrechts aus einer „klassisch" zivilrechtlichen oder einer ökonomischen Perspektive, so wird man in den §§ 31 ff. UrhG geradezu Unerhörtes finden. Während sonst die Vorstellung eines gerechten Preises als illusionär gebrandmarkt und einer umfassenden Inhaltskontrolle äußerst skeptisch begegnet wird, findet sich in den genannten Vorschriften genau dies. Auch ausweislich der einschlägigen Gesetzesbegründung,[1] ja sogar der amtlichen Überschrift des § 32 UrhG, soll dem Urheber eine angemessene Vergütung zukommen. Weiterhin sollen die §§ 31 ff. UrhG den Urheber davor schützen, „zu viel" an Nutzungsrechten an andere zu verlieren.[2] § 31 Abs. 5 S. 1 UrhG, um den

---

1 BT-Drs. 14/6433, S. 7 ff., 12 ff.

2 Dieser Gedanke einer Tendenz des Urheberrechts, möglichst weitgehend beim Urheber zu verbleiben (vgl. nur *Ulmer*, Urheber- und Verlagsrecht (2. Aufl. 1960), S. 292 ff., (3. Aufl. 1980), S. 353 f.; *Riesenhuber*, Die Auslegung des Wahrnehmungsvertrags, GRUR 2005, 712, 713; *Schack*, Urheber- und Urhebervertragsrecht (2007), S. 284; Schricker-*Schricker*, Urheberrecht (3. Aufl. 2006), Vor §§ 28 ff. UrhG Rn. 65, § 31 UrhG Rn. 31 f.; Wandtke/Bullinger-*Wandtke/Grunert*, Praxiskommentar zum Urheberrecht (3. Aufl. 2009), § 31 UrhG Rn. 39), liegt gerade der Zweckübertragungsregel zu Grunde.

es hier gehen soll und der eine Ausprägung[3] der Zweckübertragungsregel[4] darstellt, fügt sich in dieses Bild: „Sind bei der Einräumung eines Nutzungsrechts die Nutzungsarten nicht ausdrücklich einzeln bezeichnet, bestimmt sich nach dem von beiden Partnern zugrunde gelegten Vertragszweck, auf welche Nutzungsarten es sich erstreckt." Diese Norm verfolgt mindestens drei Ziele, von denen zwei bereits genannt wurden: Zum einen sollen „möglichst viele" Nutzungsrechte beim Urheber verbleiben, zum anderen soll diesem ein angemessenes Entgelt gesichert werden. Unmittelbar scheint es in § 31 Abs. 5 S. 1 UrhG vor allem um eine informierte Entscheidung zu gehen, was wiederum die Verwirklichung der vorgenannten Ziele unterstützen könnte.[5]

Diese sehr deutliche Ausrichtung des Urhebergesetzes an Anliegen materieller Vertragsgerechtigkeit ist wissenschaftlich betrachtet durchaus reizvoll, beruht diese Rechtslage doch auf ausgeprägten, über einen sehr langen Zeitraum gesammelten praktischen Erfahrungen mitsamt einer umfassenden begleitenden Diskussion.[6] Es wäre daher gerade aus theoretischer Sicht leichtfertig, diese Besonderheiten von vornherein, d.h. ohne genaue Prüfung und der Berücksichtigung der praktischen Erfahrungen sowie Besonderheiten des Urheberrechts als überholt, illiberal oder öko-

---

3 Dreier/Schulze-*Schulze*, Urheberrechtsgesetz (3. Aufl. 2008), § 31 UrhG Rn. 118 spricht eingängig von § 31 Abs. 5 UrhG als dem „Paradebeispiel der Zweckübertragungslehre", deren Leitgedanken das gesamte Urheberrecht beherrschen.

4 Grundlegend zu dieser Zweckübertragungsregel bzw. -theorie *Goldbaum*, Urheberrecht und Urhebervertragsrecht (3. Aufl. 1961), S. 73 ff., (1. Aufl. 1922), S. 47 ff., vgl. monographisch etwa *Donle*, Die Bedeutung des § 31 Abs. 5 UrhG für das Urhebervertragsrecht (1993); *Genthe*, Der Umfang der Zweckübertragungstheorie im Urheberrecht (1981) oder *Schweyer*, Die Zweckübertragungstheorie im Urheberrecht (1982) mitsamt Nachweisen zu Rechtsprechung und Entstehungsgeschichte. Kritisch zu dieser Begrifflichkeit etwa *Riesenhuber*, GRUR 2005, 712, 712 Fn. 15 oder *Schack* (Fn. 2), S. 284 Fn. 75 m. w. N.

5 Vgl. zu diesen Zielen speziell des § 31 Abs. 5 UrhG nur *Riesenhuber*, GRUR 2005, 712, 714; Schricker-*Schricker* (Fn. 2), § 31 UrhG Rn. 35; *Schweyer* (Fn. 4), S. 119; *Ulmer*, Urhebervertragsrecht (1977), S. 9. Ob diese Hoffnung berechtigt ist, wird unter IV. 1. näher untersucht.

6 Zur Geschichte der Zweckübertragungsregel vgl. etwa die unter Fn. 4 genannten Werke sowie den kurzen Überblick zur politischen Diskussion der letzten Jahrzehnte bei *Dietz/Loewenheim/Nordemann/Schricker/Vogel*, Entwurf eines Gesetzes zur Stärkung der vertraglichen Stellung von Urhebern und ausübenden Künstlern (Stand: 22. Mai 2000), GRUR 2000, 765, 768 ff.

nomisch unvernünftig zu brandmarken. Sehr viel reizvoller erscheint es vielmehr, zu fragen, inwieweit es nicht an der jeweils propagierten Theorie liegt, dass deren Anspruch und die Rechtswirklichkeit bisweilen weit auseinander klaffen.

Von dieser Erkenntnis ausgehend ist der Weg speziell zu *Behavioral (Law and) Economics*[7] als dem Thema dieser Tagung nicht mehr weit: Schon der Schritt von der Neoklassik hin zur (Neuen) Institutionenökonomik war von der Sorge um einen zu hohen Abstraktionsgrad ökonomischer Modelle und einer damit verbundenen Realitätsferne getragen.[8] Über die Berücksichtigung auch von Transaktionskosten (vor allem Informationskosten) sollte dem abgeholfen und die Welt so beschrieben werden, wie sie sich tatsächlich im wirklichen Leben darstellt. Diese Ausdifferenzierung führte dazu, dass man staatlichen Eingriffen tendenziell weniger skeptisch als noch unter der Neoklassik begegnete. Damit wurde insbesondere Verbraucherschutz nunmehr auch für Ökonomen zu einem ernstzunehmenden Thema. *Behavioral Economics* ist in diesem Prozess „nur" ein nächster Schritt, der um den Preis weiterer zu berücksichtigender Variablen noch mehr Realitätsnähe anstrebt, um so noch besser praktisch verwertbare und glaubwürdigere Ergebnisse präsentieren zu können. Diesmal geht es darum, die Annahme durchgängig rationalen Individualverhaltens aufzuweichen, indem bestimmte „Anomalien" des menschlichen Verhaltens unter Hinzunahme gesicherter Erkenntnisse insbesondere der kognitiven und der Sozialpsychologie berücksichtigt werden. Wiederum lässt sich dabei konstatieren, dass – grob gesprochen – damit auch die Skepsis gegenüber staatlichen Interventionen noch mehr an Rigorosität verliert.

Im Folgenden soll mit der Methode von *Behavioral Economics* untersucht werden, inwieweit § 31 Abs. 5 UrhG die vom Gesetzgeber angestrebten Ziele überhaupt verwirklichen kann und welche Schlussfolgerungen sich hieraus für die Anwendung oder aber Reform dieser Vorschrift ergeben. Dazu werden zunächst die ganz praktischen Auswirkungen der Zweck-

---

7 Vgl. hier nur *Jolls/Sunstein/Thaler*, A Behavioral Approach to Law and Economics, Stan.L.Rev. 50 (1998), 1471 oder *Klöhn*, Kapitalmarkt, Spekulation und Behavioral Finance (2006), S. 136–153.

8 Eingehend zu dieser Entwicklung etwa *Rehberg*, Der staatliche Umgang mit Information, in: Eger/Schäfer (Hrsg.), Ökonomische Analyse der europäischen Zivilrechtsentwicklung (2007), S. 284, 294 ff. m. w. N.

übertragungsregel in der Form des § 31 Abs. 5 UrhG illustriert (I.). Anschließend soll in ökonomischen Kategorien beschrieben werden, welche substanziellen Ziele das Vertragsrecht überhaupt verfolgen kann – und welche nicht (II.). Konkret geht es einerseits um die Maximierung und andererseits die Verteilung der bei einem Vertrag entstehenden Kooperationsrente, während es hingegen illusionär wäre, über vertragsrechtliche Vorschriften einen geringen Marktwert künstlerischer Leistungen überwinden zu wollen. Auf dieser Basis kann dann gefragt werden, ob der Markt diese Ziele nicht bereits allein[9] gewährleistet oder aber für das Urheberrecht ein spezieller Regelungsbedarf besteht, d. h. ob Marktstörungen vorliegen, die einen staatlichen Eingriff rechtfertigen (III.). Angesichts des Themas *Behavioral Economics* ist es dabei von besonderem Interesse, ob die Probleme des Urhebers überhaupt auf ein Entscheidungsproblem und damit Gesichtspunkte von Unwissenheit und/oder Irrationalität zurückzuführen sind, oder aber andere Ursachen wie etwa Marktmacht ein Marktversagen nahelegen. Wurden diese Probleme identifiziert, kann in einem letzten Schritt beantwortet werden, ob § 31 Abs. 5 UrhG überhaupt ein nachvollziehbares Anliegen verfolgt, um dann zu prüfen, ob und in welcher Auslegung diese Norm auch tatsächlich zur Verwirklichung dieses Anliegens beitragen kann (IV.).

I. Praktische Auswirkungen

Um die Zweckübertragungsregel angemessen würdigen zu können, bietet es sich an, in einem ersten Schritt getreu einer ökonomischen Analyse zu fragen, was diese Vorschrift praktisch bewirkt. Diese Folgen können dann mit dem verglichen werden, was der Gesetzgeber bezweckt. Direkt betrifft § 31 Abs. 5 UrhG vor allem die Einräumung von Nutzungsrechten. So kann sich der Vertragspartner des Urhebers (im Folgenden als Verwerter bezeichnet) angesichts des klaren Wortlauts dieser Vorschrift nur dann einer solchen Einräumung sicher sein, wenn der Vertrag die Nutzungsarten „ausdrücklich einzeln“ bezeichnet. Dies erzwingt zweierlei: Erstens werden sehr viel detailliertere und enger umgrenzte anstatt allgemein gehaltene Klauseln Eingang in den Vertrag finden. Zweitens ist aber auch zu erwarten, dass damit eine sehr viel größere Fülle an derartig detaillierten Übertragungsklauseln aufgenommen wird, also dies

[9] „Allein“ ist hier sehr vorsichtig zu interpretieren, näher dazu bei Fn. 26.

ohne § 31 Abs. 5 UrhG der Fall gewesen wäre. Denn die den Vertragsinhalt bestimmende(n) Partei(en) werden die Entscheidung darüber, welchen Vertragszweck sie verfolgen und wie viele Nutzungsrechte insgesamt eingeräumt werden, wie bisher treffen. § 31 Abs. 5 UrhG hindert sie daran nicht, sondern zwingt lediglich zu einer umfangreicheren vertraglichen Umsetzung ihrer Ziele.[10]

Ein weiterer wichtiger Effekt der genannten Vorschrift ist, dass der Vertragszweck augenscheinlich bedeutsamer wird. Denn in Ermangelung einer ausdrücklichen einzelnen Festlegung bestimmt sich der Umfang der Einräumung von Nutzungsrechten nach eben diesem Vertragszweck. Darüber hinaus liegt es nahe, dass eine mögliche Inhaltskontrolle (etwa über §§ 305 ff. BGB – dazu näher unten IV. 2.) sich ebenfalls hieran orientiert. Soll also eine umfangreiche Rechteeinräumung gewährleistet werden, bietet es sich an, den Vertragszweck möglichst genau und umfassend festzulegen.[11]

Für die Einräumung von Nutzungsrechten wie die Definition des Vertragszwecks gilt dabei, dass sich schon aus Beweisgründen eine schriftliche Festlegung empfiehlt.[12] Insgesamt führen die beschriebenen Effekte dazu, dass eine professionelle Vertragsgestaltung wichtiger wird und sich damit die Kosten einer vertraglichen Einigung erhöhen. Weiterhin wird es sich gerade für den Verwerter nahezu immer empfehlen, auf einen schriftlichen Vertrag zu bestehen, so dass § 31 Abs. 5 UrhG faktisch auch die Wirkung einer Formschrift hat.[13]

---

10 Die mit § 31 Abs. 5 UrhG gesammelten, praktischen Erfahrungen bestätigen diese Vermutung, vgl. nur *Dietz/Loewenheim/Nordemann/Schricker/Vogel*, GRUR 2000, 765, 771; Schricker-*Schricker* (Fn. 2), § 31 UrhG Rn. 35; Dreier/Schulze-*Schulze* (Fn. 3), § 31 UrhG Rn. 113, *Ulmer* (Fn. 5), S. 40 f.; Wandtke/Bullinger-*Wandtke/Grunert* (Fn. 2), § 31 UrhG Rn. 42. Denn bei einer exakten Bezeichnung des Nutzungsrechts gibt es auch keine Abgrenzungsfragen, so zutr. Dreier/Schulze-*Schulze* (Fn. 3), § 31 UrhG Rn. 105, 120.

11 Zu dieser Wirkung stellv. Schricker-*Schricker* (Fn. 2), § 31 UrhG Rn. 35. Auf die dogmatische Diskussion, ob der Zweck Teil des Vertrags ist bzw. sein kann oder außerhalb dessen steht, soll hier nicht eingegangen werden.

12 Vgl. zu dieser Tendenz nur Schricker-*Schricker* (Fn. 2), § 31 UrhG Rn. 34.

13 Stellv. Schricker-*Schricker* (Fn. 2), § 31 UrhG Rn. 34; Dreier/Schulze-*Schulze* (Fn. 3), § 31 UrhG Rn. 112.

II. Zielgrößen der Vertragsgerechtigkeit

Wie eingangs bereits angedeutet strebt der Gesetzgeber mit den §§ 31 ff. UrhG einen gerechten[14] Vertragsinhalt an, d. h. einerseits ein nicht unangemessen hohes Maß an Einräumung von Nutzungsrechten und andererseits eine gerechte Vergütung. Auch die in § 31 Abs. 5 UrhG angeordnete Auslegungsregel soll dazu beitragen. Ebenso ist hier der zuvor beschriebene Effekt zu berücksichtigen, dass die Zweckübertragungsregel einen sehr viel größeren Detailreichtum erzwingt. Positiv zu bewerten ist dies allerdings nur, wenn sich so die Entscheidungsfindung des Urhebers etwa im Sinne einer Informations- und Warnfunktion auch tatsächlich verbessert. Bevor jedoch einzelne Effekte aufgezeigt und im Einzelnen gewürdigt werden, soll zuvor eine gewisse Vorstellung darüber formuliert werden, was unter einem gerechten Vertrag überhaupt zu verstehen ist und dementsprechend als Maßstab staatlicher Maßnahmen dienen könnte. Dies ist bekanntlich keineswegs leicht, vielmehr wird oft schon im Ansatz bestritten, dass Derartiges überhaupt möglich sei, um stattdessen auf rein formal-prozedurale Gesichtspunkte zu verweisen. Andererseits verdeutlichen selbst ganz klassische Normen wie etwa § 138 BGB, dass man ganz ohne substanzielle Kriterien nicht auskommt.

1. Maximierung der Kooperationsrente

In verhandlungstheoretischer Terminologie lassen sich zumindest zwei zentrale Aspekte unterscheiden. Zum einen liegt es im Interesse beider Parteien, die sich durch einen Vertragsschluss ergebende gemeinsame Kooperationsrente zu maximieren: Nicht nur aus ökonomischer Sicht macht ein Vertrag nur dann Sinn und wird von den Parteien auch nur dann angestrebt, wenn er zu einer individuellen Verbesserung führt. Dabei entsteht regelmäßig jeweils ein Nutzengewinn, der beim Urheber der Differenz zwischen dem Betrag entspricht, den er tatsächlich erhält, und jenem Preis, den er gerade noch für einen Abschluss akzeptiert hätte (sog. Produzentenrente). Umgekehrt liegt der Nutzengewinn des Verwerters in dem Unterschied zwischen dem Preis, den er maximal zu zahlen bereit

---

14 Unter Gerechtigkeit wird hier keine absolut-gültige Rechtsidee verstanden – eine solche gibt es nicht. Vielmehr sind persönliche Gerechtigkeitsvorstellungen gemeint, die in Gesetzen, Urteilen oder privaten Stellungnahmen Ausdruck finden.

gewesen wäre, und jenem, den er tatsächlich für die Einräumung der Nutzungsrechte zahlen musste (sog. Konsumentenrente). Wäre also etwa der Käufer eines Automobils bereit gewesen, maximal EUR 20.000 zu bezahlen, während der Marktpreis hingegen bei EUR 15.000 liegt, beträgt der durch diese Transaktion erzielte, persönliche „Gewinn" EUR 5.000. Der Hersteller mag hingegen angesichts niedriger Produktionskosten bereit gewesen sein, notfalls schon für EUR 10.000 zu verkaufen, so dass dessen Vorteil aus dem Vertrag ebenfalls EUR 5.000 beträgt.

Die Addition dieser Gewinne ergibt die sogenannte Kooperationsrente, also den durch den Vertrag insgesamt erzielten Zugewinn. Solange eine solche Rente erzielbar ist, wird bei rationalen Akteuren ein Vertrag zustande kommen. Dabei gibt es zahlreiche Techniken, die Kooperationsrente zu maximieren.[15] Verhandeln ist kein Nullsummenspiel. So sollten sich die Parteien nicht auf bestimmte (rechtliche) Positionen fixieren, sondern fragen, welche Zwecke (Interessen) sie letztlich verfolgen. Weiterhin lassen sich gleichermaßen Unterschiede (etwa mit Blick auf Interessen oder Erwartungen) wie Gemeinsamkeiten (etwa bei nur gemeinsam durchführbaren Zielen) nutzen. Besonders hilfreich kann es dabei sein, die Verhandlungen entgegen mancher Intuition auf einen möglichst weiten Bereich von Gegenständen zu erstrecken. Dies wiederum verlangt Offenheit und vertrauensvolles Verhandeln.[16] Schließlich ist auch in diesem Zusammenhang die Berücksichtigung psychologischer Erkenntnisse hilfreich, will professionelles Verhandeln gelernt sein und kann dieses etwa durch diverse Kreativitätstechniken signifikant verbessert werden.

---

15 Vgl. zum Folgenden nur die Darstellungen zur Verhandlungstheorie, etwa *Bazerman/Neale*, Negotiating Rationally (1994); *Fisher/Ury/Patton*, Getting to Yes (2. Aufl. 1991); *Fisher/Shapiro*, Beyond Reason (2005); *Raiffa*, The Art and Science of Negotiation (1982); *Schelling*, The Strategy of Conflict (1960) sowie aus dem deutschsprachigen Raum *Bühring-Uhle/Eidenmüller/Nelle*, Verhandlungsmanagement (2009); *Haft*, Verhandlung und Mediation (2. Aufl. 2000); *Hager*, Konflikt und Konsens (2001) oder *Risse*, Wirtschaftsmediation (2003).

16 Wobei dieses Anliegen allerdings mit dem zweiten Ziel der Parteien kollidieren kann, für sich einen möglichst großen Anteil an der gemeinsamen Kooperationsrente zu erhalten (dazu gleich). Siehe zu diesem sog. Verhandlungsdilemma nur *Duve*, Alternativen zur traditionellen Konfliktbeilegung erkennen, in: Duve/Eidenmüller/Hacke (Hrsg.), Mediation in der Wirtschaft (2003), S. 41, 55 ff.

§ 31 Abs. 5 UrhG ist im Zusammenhang der Maximierung der Kooperationsrente besonders wichtig. Denn während die Vergütungshöhe eher die Verteilung betrifft (dazu gleich II. 2.), beeinflusst die Zweckübertragungsregel die genaue inhaltliche Ausgestaltung des Vertrags. Zwar wird auch die Vergütung berührt, dies aber eher indirekt über eine durch die hohe Informationsdichte erzielte Informations- und Warnfunktion, deren Wirksamkeit allerdings zweifelhaft ist (näher unten III. 2.). Die kluge inhaltliche Ausgestaltung des Vertrags ist hingegen notwendig, um die zuvor beschriebenen Wertschöpfungspotenziale auszunutzen. Dies spricht übrigens dafür, bei der rechtlichen Anerkennung selbständiger Nutzungsarten Großzügigkeit walten zu lassen.[17]

2. Verteilung des Kooperationsgewinns

Den einzelnen Parteien geht es keineswegs nur um gemeinsame Wertschöpfung. Vielmehr wollen sie vom – möglichst großen – gemeinsamen Kuchen auch ein möglichst großes Stück für sich. Bei dieser Frage verlaufen die Interessen gegenläufig und ist der Vorteil einer Seite der Nachteil der anderen. Verteilung ist die zweite entscheidende Größe des Verhandlungsprozesses. So ist etwa das regelmäßig wichtigste Anliegen jeder professionellen Verhandlungs- und Marketingstrategie, möglichst viel von der gemeinsamen Kooperationsrente für sich zu vereinnahmen. Die Liste entsprechender Taktiken und Strategien ist entsprechend lang.[18] Ein Produzent möchte von seinen Kunden jeweils genau den Preis erzielen, den diese maximal zu zahlen bereit sind (sog. Abschöpfung der Konsumentenrente[19]). Der Kunde wird seinerseits genauso versuchen, die Produzentenrente abzuschöpfen. Dabei stehen diese Möglichkeiten in engem Zusammenhang mit diversen Marktstörungen (siehe daher näher unten III.). Wegen dieser Gefahren können die Vorschriften des Urhebervertragsrechts auch dahingehend befragt werden, ob sie verhindern, dass

---

17 Zutr. Schricker-*Schricker* (Fn. 2), § 31 UrhG Rn. 38.

18 Siehe daher zum Folgenden nur die klassischen Lehrbücher zu Marketing-Theorie oder Mikroökonomik, etwa *Nieschlag/Dichtl/Hörschgen*, Marketing (19. Aufl. 2002) oder *Pindyck/Rubinfeld*, Mikroökonomie (6. Aufl. 2005).

19 Klassische Mittel hierzu sind die Preisdiskriminierung (Studenten- versus Geschäftstarife, Wochenendtarife uvm.) oder die Bündelung verschiedener Produktangebote. Besonders ausgefeilt sind diese Strategien im Flugverkehr. Oft wird auch ganz einfach bewusst irregeführt.

ein Verwerter die Produzentenrente des Urhebers abschöpft und damit nur eine Partei von dem Vertragsschluss profitiert.

Zivilrechtlich fällt es nicht leicht, tragfähige Kriterien für eine faire Verteilung der Kooperationsrente zu liefern.[20] Der Gedanke einer objektiven Äquivalenz von Leistung und Gegenleistung bzw. einer hälftigen Aufteilung der Kooperationsrente scheitert spätestens dort, wo eine unausgeglichene Verteilung notwendig ist, um die Leistungen einer Seite zu honorieren. Am einfachsten erscheint es, für jede Partei zu prüfen, ob der Verlust einer rechtlich gesicherten Position (etwa Eigentum an Geld) notwendig war, um sich individuell zu verbessern (etwa durch Erhalt einer Gegenleistung oder auch rein immaterielle Freuden).[21] Allerdings muss sich dieser Beitrag darauf beschränken, lediglich typisierend für einzelne Marktstörungen zu fragen, wie sich diese auf die Maximierung und Verteilung der Kooperationsrente auswirken.

3. Grenzen

Bevor näher auf die Verwirklichung von Vertragsgerechtigkeit im Sinne der hier erwähnten Ziele und speziell mit Blick auf § 31 Abs. 5 UrhG und mögliche Marktstörungen eingegangen wird, sei darauf hingewiesen, dass diese beiden Aspekte (Maximierung der Kooperationsrente und Sicherung eines angemessenen Anteils am Kooperationsgewinn) auch schon das Maximum dessen darstellen, was ein noch so ausgeklügeltes Vertragsrecht erreichen kann. Insbesondere kann das Vertragsrecht nicht dafür sorgen, dass ein Urheber mehr an Vergütung erhält, als die von ihm eingeräumten Nutzungsrechte am Markt tatsächlich wert sind.[22] Das Vertrags-

20 Die Wohlfahrtsökonomik hat hiermit allerdings noch größere Schwierigkeiten, da sie Verteilungsfragen regelmäßig ausklammert, d. h. eine bestimmte Ausgangsverteilung bereits voraussetzt. Vgl. zu diesem Problem nur *Nath*, A perspective of welfare economics (1973), S. 37; *Richter/Furubotn*, Neue Institutionenökonomik (3. Aufl. 2003), S. 362; *Veljanovski*, Wealth Maximization, Law and Ethics, Int'l Rev.L. & Econ. 1 (1981), 5, 19 f.

21 Bei dieser Prüfung können dann auch vergangene Investitionen berücksichtigt werden, sofern diese praktisch notwendig waren, um den Vertragsschluss und damit die individuelle Verbesserung zu ermöglichen.

22 Derartige Vorstellungen klingen bisweilen an, etwa wenn BT-Drs. 14/6433, S. 10 darauf verweist, dass das Eigentum (hier das Urheberrecht) dem Eigentümer finanziell eine eigenverantwortliche Lebensgestaltung ermöglichen

recht kann also von vornherein nicht die missliche Situation beheben, dass künstlerische Angebote, etwa wegen zahlreicher Anbieter, begrenzter Markteintrittsschranken, einer hohen Substituierbarkeit wie auch einer oftmals leichten Kopierbarkeit häufig einen geringen Marktwert aufweisen. Wollte man die Verwerter gar zwingen, so viel zu zahlen, dass sie sich durch einen Vertragsschluss letztlich verschlechtern,[23] wäre dies schlichtweg eine Enteignung und hätte jedenfalls mit Vertragsrecht wenig zu tun. Realistisch gesehen muss einem Verwerter zudem die Möglichkeit zugestanden werden, über seine (Konsumenten-) Rente eine dem eingegangenen unternehmerischen Risiko entsprechende Kapitalrendite zu erzielen. Für Sozialpolitik ist das Vertragsrecht also wenig geeignet, vielmehr sind für Umverteilungsziele andere Instrumente wie etwa Zuschüsse zu Renten-, Kranken- und Pflegeversicherung („Künstlerkasse" etc.), Steuererleichterungen oder Subventionen denkbar und unter ganz anderen Gesichtspunkten zu diskutieren als das hier interessierende Vertragsrecht.[24]

III. Marktstörungen

Im Ergebnis kann das Vertragsrecht also zweierlei beeinflussen, nämlich einerseits die insgesamt erzielte Kooperationsrente und andererseits deren Verteilung zwischen den Parteien. Da ein staatliches Eingreifen allen-

---

soll. Auch die bei *Dietz/Loewenheim/Nordemann/Schricker/Vogel*, GRUR 2000, 765, 770 durchaus zutreffend beschriebenen Schwierigkeiten kreativen Schaffens, die sozial unterprivilegierte Stellung freischaffender Urheber und ausübender Künstler sowie das dort formulierte Anliegen, auch solchen Werken eine realistische Chance zu eröffnen, die sich an Minderheiten richten oder für den demokratischen Meinungsbildungsprozess unerlässlich sind, lassen sich speziell durch das Vertragsrecht kaum honorieren. Gleiches gilt für die ebenso bemühten wirtschaftlichen Bedürfnisse von Urhebern und ausübenden Künstlern.

23 Theoretisch könnte man den Urhebern auch erlauben, ihre Vertragspartner zu betrügen – eine offensichtlich wenig sinnvolle Variante.

24 Aus ökonomischer Sicht vgl. dazu nur *Shavell*, A Note on Efficiency vs. Distributional Equity in Legal Rulemaking, Am.Econ.Rev. 71 (1981), 414; *Kaplow/Shavell*, Why the Legal System Is Less Efficient than the Income Tax in Redistributing Income, J.Legal Stud. 23 (1994), 667.

falls[25] dann sinnvoll ist, wenn nicht schon der Markt „von allein"[26] die gewünschten Ergebnisse erzielt, erfordert eine Würdigung des § 31 Abs. 5 UrhG eine Untersuchung, ob beim Urhebervertrag typischerweise solche Marktstörungen[27] auftreten, welche die genannten Ziele einer Maximierung wie auch gerechten Verteilung der Kooperationsrente gefährden und so möglicherweise den staatlichen Eingriff rechtfertigen.[28]

1. Marktmacht

Eine klassische Markstörung ist das Vorliegen von Marktmacht, etwa in Form eines Monopols oder einer zumindest dominanten Marktposition. Für das Vertragsrecht ist diese Variante schon deshalb wichtig, weil sie die Verteilung des Kooperationsgewinns entscheidend beeinflussen kann. Dies lässt sich leicht anhand eines Schulfalls illustrieren: Trifft ein Spaziergänger zufällig auf einen Ertrinkenden, und bietet er diesem großzügig

---

25 Vor der Befürwortung eines staatlichen Eingriffs ist als weitere Voraussetzung zu prüfen, ob nicht die hiermit verbundenen Nachteile den erhofften Vorteil zunichte machen, vgl. *Coase*, The Problem of Social Cost, J.L. & Econ. 3 (1960), 43 oder *Demsetz*, Information and Efficiency: Another Viewpoint, J.L. & Econ. 12 (1969), 1.

26 „Markt" beinhaltet hier allerdings bereits zahlreiche rechtliche Vorgaben, die weit über die klassischen Garantien von Eigentum, Vertrags-, Gewerbe- und Wettbewerbsfreiheit hinausgehen. Tatsächlich erfordert nahezu jeder Markt zahlreiche kollektiv-zwingende Eingriffe, eingehend dazu *Rehberg*, Wettbewerb und Intervention, in: Zetzsche/Neefs/Makoski/Beurskens (Hrsg.), Jahrbuch Junger Zivilrechtswissenschaftler 2007 (2008), S. 49, 53 ff. m. w. N.

27 Einführend *Fritsch/Wein/Ewers*, Marktversagen und Wirtschaftspolitik (7. Aufl. 2007). In der juristischen Diskussion werden demgegenüber eher Begriffe wie (strukturelles) Ungleichgewicht, stark/schwach, Parität o. Ä. verwendet, vgl. nur BT-Drs. 14/6433, S. 7, 9; *Dietz/Loewenheim/Nordemann/Schricker/Vogel*, GRUR 2000, 765, 768; Schricker-*Schricker* (Fn. 2), Vor §§ 28 ff. UrhG Rn. 3 d; Dreier/Schulze-*Schulze* (Fn. 3), Vor § 31 Rn. 2 jeweils m. w. N. *Ulmer* (Fn. 5), S. 12 verweist treffend auf Monopolstellungen und die einseitige Stellung von Geschäftsbedingungen.

28 Was eine Marktstörung darstellt, kann letztlich immer nur mit Blick auf ein bestimmtes Ziel, das ein „funktionierender" Markt erreichen soll, definiert werden. Die von Ökonomen üblicherweise verwandten, wohlfahrtsökonomischen Kriterien der Pareto- bzw. Kaldor/Hicks-Effizienz harmonisieren mit dem Ziel einer Maximierung der Kooperationsrente, sind gegenüber Fragen der (Ausgangs-) Verteilung jedoch neutral (vgl. dazu bereits bei Fn. 20).

an, ihm gegen dessen gesamtes Vermögen die rettende Hand zu reichen, so wird unser Opfer auch bei noch so rationalem und voll informiertem Handeln bereitwillig einschlagen. Schließlich verbessert er sich durch diese Option deutlich gegenüber der Alternative eines Ertrinkens. Eine Kooperation ist hier sinnvoll, profitieren doch beide Parteien davon, nur eben sehr unterschiedlich. Wir haben also von vornherein kein Entscheidungsproblem, sondern ein solches der Ausgangslage. Ökonomisch formuliert kommt hier dem Spaziergänger ein situatives Monopol zu Gute, da er der einzige Anbieter der rettenden Leistung ist und damit den Preis so lange hochschrauben kann, wie sich sein Gegenüber durch die Annahme des Angebots gerade noch persönlich verbessert.[29]

So bedenklich sich Marktmacht damit auf die Verteilung der Kooperationsrente auswirkt, so unbedenklich ist sie aber für deren Maximierung. Denn auch ein Monopolist ist daran interessiert, die Kooperationsrente (gewissermaßen den zu verteilenden Kuchen) so groß wie möglich werden zu lassen, gerade weil er einen besonders großen Anteil daran erhalten kann. Viel von „mehr" zu haben ist besser als viel von „weniger".

Die theoretische Relevanz von Marktmacht zumindest für Verteilungsfragen wirft die Frage auf, ob sich auf Seiten der Verwerter – unabhängig von möglichen Informationsproblemen – eine solche dominante Position feststellen lässt. Diese Frage ist auch insofern relevant, als dann die theoretische Berücksichtigung von Irrationalitäten *(Behavioral Economics)* uninteressant wäre, geht es bei Marktmacht wie dargelegt von vornherein nicht um ein Entscheidungsproblem. Eine pauschale Antwort ist jedenfalls nicht möglich: In manchen Industrien wie etwa der Filmbranche, wo nur wenige Vertragspartner verfügbar sind, ist es keineswegs auszuschließen, dass monopolartige Stellungen entstehen. Dabei ist zu berücksichtigen, dass auch ein uniformes, koordiniertes Verhalten einer noch überschaubaren Anzahl von Anbietern, etwa in Form von Boykotten, dazu beitragen kann.[30] Umgekehrt fällt eine Koordination gemeinsamer

---

29 Eine ansprechende Diskussion hierzu findet sich etwa bei *Trebilcock*, The Limits of Freedom of Contract (1993), S. 85 ff.

30 So verweist etwa *Ulmer* (Fn. 5), S. 12 darauf, dass Autoren, welche die Honorarbedingungen einer Rundfunkanstalt beanstanden, befürchten müssen, in Zukunft von der Erteilung von Aufträgen ausgeschlossen zu werden. Die Dominanz einiger weniger Großunternehmen in vielen Bereichen betont *Nordemann*, Vorschlag für ein Urhebervertragsgesetz, GRUR 1991, 1, 1 f., der auch auf die Gefahr eines Boykotts hinweist.

Interessen durch eine bestimmte Gruppe umso schwerer, je weniger angesichts der Größe dieser Gruppe Beiträge einzelner Mitglieder wahrnehmbar sind.[31] Es liegt hier durchaus nahe, dass eine effektive Koordination auf Seiten der Urheber sehr viel schlechter gelingt als bei den Verwertern.

2. Unwissenheit und Irrationalität

Eine weitere zentrale Marktstörung ist die Unwissenheit einzelner oder auch aller Beteiligten,[32] die spätestens mit dem Aufkommen der Neuen Institutionenökonomik zum theoretischen Standardrepertoire der Ökonomik gehört. Damit ist nunmehr ein Entscheidungsproblem angesprochen, das sich dadurch verschärfen oder überhaupt entstehen kann, berücksichtigt man zusätzlich, dass der Mensch keineswegs immer rational agiert.

Auf Seiten des Urhebers ist dabei zu berücksichtigen, dass die umfassende Bewertung einzelner Vertragsbedingungen für ihn regelmäßig unmöglich oder jedenfalls nicht lohnend sein wird.[33] Denn die Kosten einer aufwändigen Prüfung übersteigen schnell deren Nutzen. Bei dieser Kalkulation ist auch zu berücksichtigen, dass die Rechtsordnung über eine Inhaltskontrolle die Gefahren einer solchen Missachtung verringert und sie daher attraktiver macht. Weiterhin wird der Urheber wenige Kenntnisse über die Kosten und Ertragschancen des Verwerters haben, die mit der Verwertung der eingeräumten Nutzungsrechte verbunden sind. Er kann also den gerechten Preis nur schwer einschätzen und ist deshalb auf den Vergleich mit anderen Angeboten angewiesen (dazu gleich). Aus psychologischer Sicht sind viele Anomalien denkbar,[34] angefangen von einer nur begrenzten Aufmerksamkeit, einer fehlerhaften oder sehr langsamen Informationsverarbeitung über Zeitinkonsistenzen bis hin zu Überoptimismus, was etwa die ökonomische Werthaltigkeit einer geistigen Leis-

---

31 In den Wirtschaftswissenschaften ist dieser Gedanke vor allem von *Olson*, Die Logik des kollektiven Handelns (5. Aufl. 2004) formuliert worden.

32 Da auch die gemeinsame Unwissenheit eine Marktstörung darstellen kann, empfiehlt es sich hier also, Unwissenheit und nicht lediglich Informationsasymmetrien zu problematisieren.

33 Stellv. *Nordemann*, GRUR 1991, 1, 2.

34 Guter Überblick über die von *Behavioral Finance* typischerweise berücksichtigten Anomalien bei *Klöhn* (Fn. 7), S. 90ff.

tung anbelangt.[35] Aber auch der Verwerter stößt an Grenzen, etwa wenn er seinen Vertragspartner und dessen Leistungsfähigkeit nur eingeschränkt kennt.

Was sind nun die Auswirkungen dieser vielfältigen Beeinträchtigungen der Entscheidungsfindung beider Vertragsparteien, vor allem aber der des Urhebers? Zunächst stellen sich jene Mechanismen ein, die in der Wissenschaft bereits umfassend mit Blick auf den Sinn und Zweck allgemeiner Geschäftsbedingungen sowie deren staatlichen Inhaltskontrolle diskutiert wurden:[36] So wird es regelmäßig der Verwerter sein, der die Vertragsbedingungen stellt.[37] Ist er es doch, der diese angesichts einer sehr viel höheren Anzahl von Vertragsschlüssen günstiger und professioneller ausformulieren kann als der einzelne Urheber, der vielleicht nur einmal jährlich über die Einräumung von Nutzungsrechten verhandelt. Weiterhin ist angesichts der Komplexität typischer Vertragsbedingungen selbst bei vollständiger Rationalität nicht zu erwarten, dass der Urheber sämtliche Vertragsdetails wahrnimmt und dann auch bei der Vergütung einpreist, d.h. in ihren finanziellen Auswirkungen zutreffend einschätzt und in die Gesamtbewertung korrekt einfließen lässt. Ein rationaler und eigennütziger Verwerter wird dies bei der Vertragsgestaltung berücksichtigen und überall dort, wo diese – rationale oder irrationale – Ignoranz zu erwarten ist, Vertragsbedingungen allein zu seinen Gunsten formulieren. Das aber gefährdet zumindest das Ziel einer Maximierung der Kooperationsrente, entspricht „das Kleingedruckte" dann nicht mehr dem, was eigentlich sinnvoll wäre. Vielmehr setzt sich dann die Logik durch, überall dort eine den Verwerter begünstigende Regelung zu treffen, wo dies vom Urheber nicht eingepreist wird.

---

35 Über die künstliche Qualität oder Schöpfungshöhe ist damit nichts gesagt, mag anspruchsvolle Lyrik sehr viel weniger Erlös versprechen als die Übersetzung einer technischen Bedienungsanleitung. Vertragsrechtlich sollten diese Aspekte möglichst ausgeblendet bleiben, vgl. etwa auch die Skepsis bei Schricker-*Schricker* (Fn. 2), § 32 UrhG Rn. 38.

36 *Priest*, A Theory of the Consumer Product Warranty, Yale L.J. 90 (1981), 1297, 1299 ff.; *Dewees/Trebilcock*, Judicial Control of Standard Form Contracts, in: Burrows/Veljanovski (Hrsg.), An Economic Approach to Law (1981), S. 93, 99 ff.

37 Stellv. Schricker-*Schricker* (Fn. 2), Vor §§ 28 ff. Rn. 10 ff.; *Ulmer* (Fn. 5), S. 40 f.

Was die Verteilung der Kooperationsrente anbelangt, sind die Auswirkungen von Unwissenheit und Irrationalität vielschichtig.[38] Rein theoretisch könnte diese Zielgröße dann unbeeinträchtigt bleiben, gäbe es genug andere Verwerter, die zwar allesamt gleichermaßen einseitige Vertragsbedingungen stellen, dafür aber mit Blick auf die angemessene Vergütung den Vergleich verschiedener Verwertungsangebote ermöglichen. Der Markt würde dann zwar keine optimalen Vertragsinhalte hervorbringen, wohl aber ein gerechtes Entgelt. Tatsächlich ist diese Hoffnung unrealistisch: Zum einen gibt es zahllose Möglichkeiten, die Vergleichbarkeit verschiedener Verwertungsangebote zu erschweren (sofern es ein Urheber überhaupt schafft, mehrere Angebote zu erhalten). Weiterhin ist zu berücksichtigen, dass gerade § 31 Abs. 5 UrhG einen Wettbewerb um möglichst einfache Vertragsbedingungen erschwert: Während sich etwa im Telekommunikationssektor Marktteilnehmer dadurch von ihren Konkurrenten absetzen können, dass sie besonders einfache Tarife („10 Cent pro Minute in alle Netze zu jeder Zeit") anbieten, erzwingt die Zweckübertragungsregel geradezu einen sehr detaillierten und damit eben auch unübersichtlichen Katalog von Vertragsbedingungen.[39] Damit gefährdet die Informationsasymmetrie zwischen Verwerter und Urheber eine gerechte Aufteilung der Kooperationsrente. Der Urheber kann weder direkt noch über den Vergleich mit anderen Angeboten treffsicher einschätzen, was die Einräumung seiner Nutzungsrechte tatsächlich wert ist und welche Kosten der Verwerter wirklich auf sich nimmt.

Nur am Rande sei erwähnt, dass auch die klassische Zivilrechtsdogmatik gut daran täte, das Phänomen begrenzter kognitiver Fähigkeiten und damit wenigstens grundlegende Erkenntnisse der Psychologie zu berücksichtigen. Sieht man etwa im Willen oder dem Vertrauen der Parteien den Grund für die Geltung einer bestimmten Rechtsfolge, so sollte dabei zu denken geben, dass die menschliche Aufmerksamkeit äußerst begrenzt

---

38 Ein Unterschied zur Marktmacht besteht darin, dass diese „nur" zur einseitigen Verteilung der Kooperationsrente, eine fehlerhafte Entscheidung hingegen auch zur individuellen Verschlechterung einer Partei führen kann.

39 Vgl. zu einem ähnlichen Effekt bei Versicherungen, bei denen eine genaue Umschreibung des versicherten Risikos praktisch unabdingbar ist, *Rehberg*, Der Versicherungsabschluss als Informationsproblem (2003), S. 40 f.

ist.[40] Das wiederum bedeutet nichts anderes, als dass sich die Parteien – realistisch betrachtet – im Zeitpunkt des Vertragsschlusses[41] allenfalls darauf konzentrieren können, einander ordnungsgemäß die Hände zu schütteln. Dies jedoch reicht kaum aus, um tatsächlich all die vielen, teilweise äußerst komplexen Inhalte zu begründen, die aus Verträgen regelmäßig abgeleitet werden und abgeleitet werden müssen. Mit Begründungsmustern wie „Fahrlässigkeit", „Zurechenbarkeit" oder „Verantwortung"[42] kommt man hier ebenso wenig weiter, kann man damit die zu begründende Rechtsfolge nicht einmal aussprechen.[43] Vielmehr verdeutlicht gerade eine Norm wie § 31 Abs. 5 UrhG, dass kein tragfähiges dogmatisches Konzept umhinkommt, auch den von den Parteien mit dem Vertrag verfolgten Zweck zu berücksichtigen, mag dieser zum Inhalt des Vertrags gehören oder auch nicht. Denn regelmäßig geht es den Vertragsschließenden nicht um das Ausleben einer Willensbetätigung, sondern sind Gesichtspunkte wie Wille oder Erklärung deshalb relevant,

---

40 Siehe etwa *Miller*, The magical number seven, plus or minus two, Psychol. Rev. 63 (1956), 81, wonach der Mensch seine Aufmerksamkeit regelmäßig nur auf sieben Informationseinheiten (*chunks*) richten kann.

41 Und nur darauf, d. h. auf die logische Sekunde einer Willenserklärung, soll es etwa nach der Willenstheorie ankommen.

42 Vgl. nur *Schlossmann*, Zur Lehre vom Zwange (1874), S. 127 f.; *ders.*, Der Vertrag (1876), S. 201 f., 205 f., 325 f., 335, 340, 347, *passim*; *Zitelmann*, Irrtum und Rechtsgeschäft (1879), S. 152; *Windscheid*, Wille und Willenserklärung, AcP 63 (1880), 72, 102 ff.; *Flume*, Allgemeiner Teil des Bürgerlichen Rechts, Bd. 2 (4. Aufl. 1992), S. 61 f., 131; *ders.*, Rechtsgeschäft und Privatautonomie, in: Festschrift für den Deutschen Juristentag, Bd. 1 (1960), S. 135, 159 f., 174 ff., 199; *Larenz*, Die Methode der Auslegung des Rechtsgeschäfts (1930/1966), S. 48, 62, 71 f., 102, *passim; ders.*, Allgemeiner Teil des Deutschen Bürgerlichen Rechts (7. Aufl. 1989), S. 336; *Canaris*, Die Vertrauenshaftung im deutschen Privatrecht (1971), S. 413, 422, 433.

43 Vielmehr muss diese aus irgendeinem anderen Grund bereits im Raum stehen, um dann darauf befragt werden zu können, ob hinsichtlich dieses Gesichtspunktes Fahrlässigkeit o. Ä. in Betracht kommt. Zudem bleibt offen, warum ein Vertragsinhalt überhaupt (insbesondere im Interesse des Gläubigers) Geltung beanspruchen sollte, da nur ein Kriterium dafür geliefert wird, warum dies dem Schuldner zuzumuten sein mag. Vgl. auch die Kritik bei *Lobinger*, Rechtsgeschäftliche Verpflichtung und autonome Bindung (1999), S. 79 sowie speziell zu *Flume* auch *Bydlinski*, Privatautonomie und objektive Grundlagen des verpflichtenden Rechtsgeschäfts (1967), S. 56 ff.; *Hübner*, Zurechnung statt Fiktion einer Willenserklärung, in: Festschrift für Nipperdey Bd. 1 (1965), S. 373, 380.

weil sie Ausdruck dessen sind, dass Menschen mit Verträgen Ziele verfolgen. Zwar tut die Rechtsordnung gut daran, wo immer möglich auf die Entscheidungen der betroffenen und regelmäßig kundigeren Parteien selbst abzustellen, doch gibt es eben reichlich Situationen, in denen diese Entscheidung wenig besagt.[44]

IV. § 31 Abs. 5 UrhG

Angesichts der beschriebenen Gefahren für ein ordnungsgemäßes Funktionieren des Marktes bei Urheberverträgen lässt sich nunmehr auch würdigen, inwieweit § 31 Abs. 5 UrhG rechtspolitisch sinnvoll, zu korrigieren oder aber ganz aufzuheben ist. Dabei soll diese Vorschrift in einem ersten Schritt als bloße Auslegungsregel aufgefasst werden, um dann zu fragen, ob nicht eine hierüber praktizierte Inhaltskontrolle sinnvoller und mit dem geltenden Recht vereinbar wäre.

1. Auslegungsregel

Hält man sich Wortlaut wie Entstehungsgeschichte des § 31 Abs. 5 UrhG vor Augen, so kann wenig Zweifel daran bestehen, dass diese Norm *de lege lata* als Auslegungsregel zu verstehen ist. Verlangt wird hier nicht ein bestimmter Vertragsinhalt, sondern „lediglich" die detaillierte Aufzählung einzelner Einräumungen von Nutzungsrechten. Der Gesetzgeber geht also von einem Entscheidungsproblem aus und praktiziert dabei im Ergebnis das auch sonst so populäre Informationsmodell, wonach Schutzzwecke nicht durch inhaltliche Vorgaben, sondern durch mehr Information verfolgt werden.

Allerdings lässt sich gerade unter dem Blickwinkel von *Behavioral Economics* hinterfragen, ob dem Urheber mit der durch § 31 Abs. 5 UrhG provozierten Detailfülle wirklich geholfen ist. So liegt es auch ohne aufwändiges Studium der kognitiven Psychologie nahe, dass zu viel Information angesichts der begrenzten geistigen Fähigkeiten des Menschen wenig hilfreich oder

44 An dieser Stelle sei nur an mangelnde Reife (etwa bei Kindern), Unwissenheit/Irrtum/Täuschung (einschließlich des bereits bei Fn. 40 erwähnten, ganz grundlegenden Problems begrenzter Aufmerksamkeit) oder die Konstellationen von Zwang, Drohung und Ausbeutung erinnert.

gar kontraproduktiv sein kann.[45] Sie wird dann keineswegs eine informierte Entscheidung fördern, sondern eher dazu führen, dass der Urheber von der Fülle dieser Regelungen abgeschreckt wird und die Vertragsbedingungen somit erst gar nicht studiert. Da ein Adressat einseitig gestellter Vertragsbedingungen keineswegs all die detaillierten und rechtlich komplizierten Regelungen wahrnehmen und einpreisen wird (vgl. bereits oben III. 2.), hat der Verwerter einen Anreiz, seine Bedingungen sogar besonders detailliert und damit unverständlich zu gestalten. Während aber für normale Geschäftsbedingungen immerhin in § 307 Abs. 1 S. 2 BGB das Transparenzgebot gesetzlich verankert ist, kann sich der Verwerter auf § 31 Abs. 5 UrhG stützen, wo diese Intransparenz geradezu vorgeschrieben wird. Im Ergebnis erscheint es daher sehr zweifelhaft, ob § 31 Abs. 5 UrhG dem Urheber wirklich im Sinne einer aufgeklärten Entscheidung hilft oder ob sie dessen Interessen nicht geradezu unterminiert.

2. Inhaltskontrolle

Angesichts der offensichtlichen Grenzen des Informationsmodells selbst dort, wo tatsächlich ein Entscheidungsproblem vorliegt, liegt es nahe, zumindest auch auf eine Inhaltskontrolle zu setzen, möchte man dem Urheber effektiv helfen.[46] Denn hier wird der Kern des Problems, nämlich das Anliegen von mehr Vertragsgerechtigkeit im Sinne einer die Kooperationsrente maximierenden Vertragsgestaltung und einer fairen Aufteilung des Kooperationsgewinns, direkt staatlicherseits erzwungen.

---

45 Vgl. zu den Grenzen dieses Informationsmodells nur *Grunewald*, Aufklärungspflichten ohne Grenzen?, AcP 190 (1990), 609, 612 ff.; *Kind*, Die Grenzen des Verbraucherschutzes durch Information – aufgezeigt am Teilzeitwohnrechtegesetz (1998), S. 466 ff.; *Rehberg* (Fn. 39), S. 58 ff.; *ders.* (Fn. 8); *Eidenmüller*, Der homo oeconomicus und das Schuldrecht, JZ 2005, 216; *Klöhn*, Alternativer Verbraucherschutz für Internet-Auktionen, CR 2006, 260, 266 oder *Schön*, Zwingendes Recht oder informierte Entscheidung, in: Festschrift für Canaris Bd. 1 (2007), S. 1191. Zum Phänomen der Informationsüberlastung aus psychologischer Sicht vgl. *Jacoby/Speller/Kohn*, Brand Choice Behavior as a Function of Information Load, J.Mark.Res. 11 (1974), 63; *dies.*, Brand Choice Behavior as a Function of Information Load: Replication and Extension, J.Cons.Res. 1 (1974), 33.

46 In eine ähnliche Richtung geht *Ulmer* (Fn. 5), S. 40 ff. Allgemein zur Bedeutung von Inhaltskontrolle angesichts der Grenzen des Informationsmodells etwa *Rehberg* (Fn. 8), S. 342 f.; *Schön*, FS Canaris Bd.1 (2007), S. 1191.

Die Gefahren von Marktmacht wie Unwissenheit werden hier unmittelbar korrigiert und der Verwerter kann dieser Inhaltskontrolle nicht dadurch ausweichen, dass er einfach die Detailfülle seines Klauselwerks erhöht.

Andererseits ist eine solche Inhaltskontrolle bekanntermaßen nicht unproblematisch. *De lege lata* stellt sich bei § 31 Abs. 5 UrhG schon die Frage nach der Vereinbarkeit mit dem Gesetz. So ist diese Norm nun einmal als Auslegungsvorschrift ausgestaltet, gibt jedoch keine zwingenden Inhalte vor. Andererseits erscheint es sinnvoll, sich über §§ 138, 242 BGB und insbesondere § 307 BGB, also dem Recht der Allgemeinen Geschäftsbedingungen,[47] behutsam vorzutasten.[48] So kann § 31 Abs. 5 UrhG weder nach dessen Wortlaut noch der historischen Absicht des Gesetzgebers eine Sperre dahingehend entnommen werden, dass eine inhaltliche Überprüfung

---

47 Ähnlich etwa Wandtke/Bullinger-*Wandtke/Grunert* (Fn. 2), Vor §§ 31 ff. UrhG Rn. 108 f., § 31 UrhG Rn. 40; *Donle* (Fn. 4), S. 90 ff.; Dreier/Schulze-*Schulze* (Fn. 3), § 31 UrhG Rn. 116; Schricker-*Schricker* (Fn. 2), Vor §§ 28 ff. UrhG Rn. 14, § 31 UrhG Rn. 35, wobei in mancher Stellungnahme nicht immer ganz deutlich wird, ob auch – wie hier vertreten – die Vereinbarung eines Zwecks in gewisser Hinsicht (dazu gleich) dieser Inhaltskontrolle unterliegen soll. Teilweise wird wohl unterstellt, dass der Zweck nicht vereinbart werden könne bzw. objektiv zu bestimmen sei. Einer Inhaltskontrolle skeptisch gegenüber steht insbesondere die Rechtsprechung, vgl. BGH, GRUR 1984, 45, 48; BGH, GRUR 1984, 119, 121. Der Einwand, dass es um eine kontrollfreie Leistungsbeschreibung gehe, greift insofern nicht, wie die Leistungsbeschreibung kognitiv nicht mehr leicht wahrnehmbar ist. Denn dann greift nämlich nicht mehr die diese Einschränkung legitimierende ratio.

48 Methodisch geht es hier darum, wie weit die Kompetenz der Rechtsprechung reicht, selbst voranzuschreiten und ggf. auch demokratisch verabschiedete Gesetze zu korrigieren. Dass die Rechtsprechung (wie auch sogar Vertragsparteien) Recht schafft, ist nicht ernsthaft zu bestreiten. Besonders klar beschreibt dies *Kelsen*, Reine Rechtslehre (1. Aufl. 1934), S. 79 f. Der Wille der am Gesetzgebungsprozess Beteiligten ist für diese Kompetenzabgrenzung vor allem insofern relevant, als eine Gesetzeskorrektur durch die Rechtsprechung umso eher politisch legitim ist, als sie diese Vorstellungen verwirklicht. Weitere Kriterien, die die Legitimation der Gerichte zur Rechtsetzung beeinflussen, sind etwa, ob ein Gesetz Ausdruck eines im Parlament hart umkämpften, politischen Kompromisses war, wie alt die jeweilige Vorschrift ist, wie stark sich zwischenzeitlich Wertvorstellungen und politische Auffassungen gewandelt haben usw. Einen „Willen des Gesetzes“ gibt es demgegenüber nicht – nur Menschen haben einen Willen.

anhand der erwähnten Generalklauseln ausgeschlossen sein soll.[49] Vielmehr wird etwa bei § 307 BGB auch für andere Vertragstypen auf derartige materielle Aspekte zurückgegriffen.

Diese Zulässigkeit einer gewissen Inhaltskontrolle ändert allerdings nichts an den grundsätzlichen Problemen, die auch dieses rechtliche Gestaltungsinstrument aufweist und gerade deshalb im Zivilrecht auf viel Skepsis stoßen lässt. So können die Parten regelmäßig sehr viel besser als der Staat – sei es der Gesetzgeber oder Richter – beurteilen, welche genaue inhaltliche Ausgestaltung sachgerecht (d.h. insbesondere die Kooperationsrente maximierend) ist. Dass die klassische Vertragsrechtsdogmatik auf das Verhalten und die Vorstellungen der Parteien abstellt (etwa in Form eines Rechtsfolgewillens oder einer Erklärung) und nicht direkt ein bestimmtes Ideal von Vertragsgerechtigkeit durchsetzt, ist Ausdruck des Subsidiaritätsprinzips:[50] Ein staatliches Eingreifen macht nur dort Sinn, wo dies mehr Erfolg verspricht als ein privates (Ver-) Handeln.[51] Weiterhin muss überhaupt erst einmal geklärt werden, was genau der Maßstab einer Inhaltskontrolle sein soll, wurden auch in diesem Beitrag mit der „Maximierung" und „gerechten Verteilung" der Kooperationsrente Zielgrößen genannt, die einer weiteren Konkretisierung durchaus bedürftig sind.

Ein naheliegender Lösungsansatz für dieses Dilemma besteht darin, die Einräumung von Nutzungsrechten anhand des von den Parteien verfolgten Vertragszwecks zu bemessen.[52] Denn es liegt auf der Hand, dass solche Einräumungen, die zu dessen Verfolgung nicht beitragen, beim Urheber verbleiben können.[53] Diese Prüfung wäre allerdings für sich genommen wenig wirksam. Denn regelmäßig kann hier die stärkere Vertragspartei –

---

49 In den Materialien zur Reform von 2002 (dort wurde § 31 Abs. 5 S. 2 ergänzt) wird beklagt, dass § 31 Abs. 5 UrhG den Umfang der Rechteeinräumung nicht wirksam beschränkt (BT-Drs. 14/6433, S. 11, dort unter 5. a)). Dass die Rechtsprechung einer AGB-Kontrolle skeptisch gegenüber steht und dafür von *Schricker* kritisiert wird, nimmt die Drucksache unter 5b) zur Kenntnis, verzichtet jedoch auf eine bewertende Stellungnahme.

50 Wobei hier das Subsidiaritätsprinzip im traditionellen Sinne und nicht speziell des Art. 5 Abs. 2 EGV gemeint ist.

51 Vgl. dazu aus ökonomischer Sicht bereits oben Fn. 25.

52 In dieser Orientierung oder gar Bindung an den Vertragszweck liegt geradezu der gedankliche Kern der Zweckübertragungsregel (vgl. bereits bei Fn. 2 ff.).

53 Stellv. *Nordemann*, GRUR 1991, 1, 2.

meistens der Verwerter – die Formulierung eines entsprechend weit gefassten Vertragszwecks durchsetzen und vertraglich verankern. Dies wiederum führt lediglich dazu, die ganze rechtliche Diskussion, die sich bisher um die Einräumung von Nutzungsrechten rankte, nunmehr auf die Kontrolle der Vereinbarung eines bestimmten Vertragszweckes zu verlagern. Jetzt wäre zu fragen, ob die Vereinbarung eines Vertragszwecks ähnlichen Marktstörungen unterliegt wie die vertragliche Einräumung von Nutzungsrechten. Dies kann nicht pauschal beantwortet werden. Grob gesprochen wird jedoch ein marktmächtiger Verwerter den Vertragszweck genauso diktieren können, wie er dies hinsichtlich des Umfangs eingeräumter Nutzungsrechte tun kann. Mit Blick auf Informationsdefizite und die Grenzen menschlicher Informationsverarbeitung besteht zwar die Hoffnung, dass sich der Vertragszweck leichter erfassen lässt als die umfangreiche Einräumung detailliert beschriebener Nutzungsrechte, doch sollte die Euphorie hier nicht zu groß sein.

Vor diesem Hintergrund reicht es nicht aus, jeden im Vertrag niedergelegten Vertragszweck ausreichen zu lassen, um die Einräumung eines Nutzungsrechts zu rechtfertigen. Vielmehr sollte es den Parteien zwar unbenommen bleiben, in den üblichen Grenzen insbesondere der §§ 134, 138, 242 BGB jeden gewünschten Vertragszweck zu vereinbaren.[54] Allerdings ist zu verlangen, dass dieser Zweck dann auch tatsächlich konkret umgesetzt wird.[55] Hat etwa ein Urheber die Geschichte des schönen Städtchens Eppstein im Taunus verfasst, so mag ein Verwerter, der sich die Nutzungsrechte für das Merchandising in Südostasien übertragen lassen will, als Vertragszweck die weltweite und umfassende Vermarktung dieser Stadtchronik aufnehmen. Doch darf man dann auch von ihm verlangen, dass er tatsächlich konkrete Schritte unternimmt, um genau diesen Vertragszweck in der Realität umzusetzen. Die Schwierigkeit die-

54 Nach Schricker-*Schricker* (Fn. 2), § 31 UrhG Rn. 39 sind solche Vertragszweckdeklarationen dort unbeachtlich bzw. zurückzuführen, wo sie als bloße „Lippenbekenntnisse“ erscheinen, die dem gemeinsamen Vertragswillen nicht entsprechen. Doch ist nun einmal der objektive Vertragswortlaut, bei dem sich die stärkere Partei durchsetzt, kein bloßes Lippenbekenntnis, sondern Ausdruck der – möglicherweise unbilligen – vertraglichen Einigung. Genau deshalb geht es hier um eine Inhaltskontrolle, d.h. die Durchsetzung objektiver Maßstäbe unabhängig von dieser Einigung.

55 Diese Forderung ist nicht neu. Vgl. neben *Schricker* (a.a.O.) auch bereits *Goldbaum* (Fn. 4), S. 74.

ser Forderung besteht allerdings darin, Fallgruppen herauszuarbeiten, in denen es legitim ist, dass sich ein Verwerter bei Vertragsschluss Nutzungsrechte einräumen lässt, die er erst später oder vielleicht gar nicht praktisch nutzen wird. Hierzu mag etwa gehören, dass spätere Neuverhandlungen nur schwer möglich sind – etwa bei aufwändigen Filmproduktionen mit einer dreistelligen Anzahl an Beteiligten. Auch könnte die umfassende Einräumung von Nutzungsrechten notwendig sein, um selbst vorsichtige Verwertungsversuche überhaupt rentabel zu machen. Doch erscheint bereits dieses Beispiel eher theoretisch. Eine gewisse Herausforderung bestünde zudem darin, die hier skizzierte Vorgehensweise mit anderen Vorschriften wie etwa § 31 a UrhG abzustimmen.

V. Fazit

So begrüßenswert das Anliegen der Zweckübertragungsregel in ihrer Ausprägung des § 31 Abs. 5 UrhG ist, zu mehr Vertragsgerechtigkeit beizutragen, verdeutlicht sie gleichermaßen, wie schwierig dieses Anliegen zu verwirklichen und wie wenig ausgereift unsere Zivilrechtsdogmatik selbst in diesen grundlegenden Fragen ist. Praktisch bewirkt § 31 Abs. 5 UrhG, dass Vertragsbedingungen umfangreicher, detaillierter, technischer, aufwändiger und damit gerade für den Urheber weniger verständlich werden. Es zeigt sich damit auch hier, dass das so populäre Informationsmodell, aber auch die in der Zivilrechtsdogmatik weit verbreitete Auffassung, wonach allein die Sicherung einer autonomen und gegebenenfalls aufgeklärten Entscheidung anzustreben sei, schnell an Grenzen stoßen. Liegt von vornherein überhaupt kein Entscheidungsproblem vor, sondern ein solches von Marktmacht (oder auch von hier nicht einschlägigen Externalitäten), kann Information nichts bewirken. Und selbst Defizite in der Entscheidungsfindung lassen sich nur soweit durch Information beheben, wie diese tatsächlich zur Verbesserung der Urteilsfindung beitragen. Völlig aussichtslos ist das Anliegen, über das Vertragsrecht einen geringen Marktwert mancher Nutzungsrechte auszugleichen. Möchte der Staat dem Urheber möglichst viel Kooperationsrente sichern, wird dies allenfalls dann gelingen, wenn er auch die Entscheidung über den Vertragsinhalt ein Stück weit den Parteien entreißt und eine Inhaltskontrolle betreibt. Deren Nebenwirkungen sind allerdings bekannt, so dass die Schwierigkeit darin besteht, einen praktikablen Kompromiss zwischen wirksamer Kontrolle und den Parteien verbleibender Gestaltungsfreiheit zu finden.

Übergreifend betrachtet fragt sich immer drängender, wie gleichermaßen Rechtswissenschaft wie Ökonomik auf die Einsicht reagieren können, dass die menschliche Kognition beschränkt ist. Dabei ist der auch hier beschrittene Weg, im Sinne von *Behavioral Economics* das ohnehin schon komplizierte ökonomische Forschungsprogramm durch die Berücksichtigung von Irrationalitäten zusätzlich anzureichern, nicht die einzige Option. Es sind auch ganz konservative Antworten denkbar. So scheint bereits die – letztlich noch naturrechtliche – Vorstellung, man könne normativ ein bestimmtes Ziel (etwa das der Effizienz) formulieren, um dann dessen Umsetzung in „der Wirklichkeit" anzustreben, reichlich optimistisch.[56] Vielleicht sollten wir demgegenüber besser versuchen, das über Jahrtausende gewachsene kulturelle Erbe der Menschheit, das sich gerade auch im Recht und den darin enthaltenen Denkformen ausprägt, überhaupt erst zu verstehen. Auf dieser Basis, von der wir uns nicht ernsthaft lösen können, gilt es dann, sich in neue Richtungen vorzutasten und die dabei gesammelten, ganz praktischen Erfahrungen zu berücksichtigen. Die hier vorgeschlagene, die tatsächliche Verwirklichung vereinbarter Zwecke einfordernde und damit noch relativ milde Inhaltskontrolle ist vielleicht ein denkbarer Ansatz für eine solche behutsame Fortentwicklung.

56 So sind bereits unsere Sinnesorgane und Denkformen wie Raum und Zeit auf Erfahrung beruhende Annäherungen an eine hochgradig komplexe Umwelt (instruktiv *Lorenz*, Kants Lehre vom Apriorischen im Lichte gegenwärtiger Biologie, Blätter für Deutsche Philosophie 15 (1941), 94). Diese Einbettung an verschiedenste Vorgaben setzt sich dann auf kultureller Ebene fort.

§ 4 Die Zweckübertragungslehre als Grundsatz des Urheberrechts – Kommentar

Gernot Schulze

Übersicht

Herr *Rehberg* hat die Zweckübertragungslehre ausführlich analysiert. Mit meinem Kommentar möchte ich einzelne Aspekte aus urheberrechtlicher Sicht ansprechen. Sie ließen sich in der Diskussion erweitern und vertiefen.

I. Gesetzliche Regelung der Zweckübertragungslehre

Erlauben Sie mir vorweg noch eine Klarstellung. Die Zweckübertragungslehre mit dem Grundsatz, die Rechte tendenziell beim Urheber zu belassen und für eine angemessene Vergütung an sämtlichen Nutzungen zu sorgen, ist im Urheberrechtsgesetz nicht ausdrücklich geregelt. Sie kommt in § 31 Abs. 5 UrhG nur am stärksten zum Ausdruck, zeigt sich aber auch in diversen weiteren Vorschriften. Beispielsweise erhält der Erwerber eines Werkexemplars grundsätzlich keinerlei Nutzungsrechte (§ 44 UrhG). Die Weitereinräumung oder Weiterübertragung von Nutzungsrechten bedarf der gesonderten Zustimmung des Urhebers (§§ 34, 35 UrhG). Räumt der Urheber einem anderen ein Nutzungsrecht am Werk ein, so verbleibt ihm im Zweifel das Recht der Einwilligung zur Veröffentlichung oder Verwertung einer Bearbeitung des Werkes (§ 37 Abs. 1 UrhG). Übt der Inhaber eines ausschließlichen Nutzungsrechts das Recht nicht aus, kann es vom Urheber wegen Nichtausübung zurückgerufen werden. Dieses Rückrufsrecht ist im Voraus unverzichtbar (§ 41 UrhG). Auch die besonderen Regelungen zur Rechtseinräumung unbekannter Nutzungsarten – sowohl nach alter wie auch nach neuer Gesetzeslage – entsprechen dem Grundsatz, die Rechte tendenziell beim Urheber zu belassen (§ 31

Abs. 4 UrhG a. F.; § 31a UrhG). Schließlich wird man auch die Vorschriften zur angemessenen Vergütung (§ 32 UrhG) und zur weiteren Beteiligung des Urhebers (§ 32a UrhG) dem der Zweckübertragungslehre zugrunde liegenden Gedanken zurechnen müssen, den Urheber an allen Erlösen aus der Nutzung seiner Werke angemessen zu beteiligen. Ich will es bei diesen Beispielen belassen.

II. Sach- und Interessenlage

Bei der Zweckübertragungsregel geht es in erster Linie – aber nicht ausschließlich – um Verträge zwischen Urheber und Verwerter. Die Sach- und Interessenlage lässt sich wie folgt zusammenfassen:

1. Beide Seiten – Urheber und Verwerter – sind aufeinander angewiesen; denn jeder braucht den anderen, um Werke verwerten zu können. Je stärker die Angewiesenheit des einen gegenüber dem anderen ist, desto schwächer ist seine Vertragsposition. Urheber lassen sich durch andere Urheber ersetzen, wenn deren Werke substituierbar sind. Umgekehrt hat der Verwerter eine schwächere Position, wenn an einem nicht ersetzbaren Werk auch andere Verwerter interessiert sind.

   Die Ausgangslage kann sich im Laufe der Zeit ändern. Häufig ist zu Beginn der Verwertung unklar, ob sie erfolgreich sein wird. Damit sind wirtschaftliche Risiken verbunden. Der Verwerter will deshalb für wenig Geld möglichst viele Rechte erwerben, um sich für den Fall des Erfolgs die spätere umfangreichere Verwertung zu sichern. Andernfalls muss er befürchten, dass er die mühselige Aufbauarbeit leistet und Dritte den Urheber mit viel Geld weglocken, wenn der Erfolg bereits gesichert ist. Außerdem lassen sich Folgekosten, z. B. für die Formulierung komplexer Verträge und für die künftige Abrechnung, vermeiden, wenn der Verwerter sämtliche Rechte gegen eine einmalige, möglichst geringe Pauschalzahlung erhalten kann. Der Urheber hat zu Beginn der Verwertung (also bei Vertragsschluss) oft keine andere Wahl und muss auf die Konditionen des Verwerters eingehen. Bleibt er auf Dauer an die anfänglichen ungünstigen Bedingungen gebunden, hat er das Nachsehen.

   Ein Gleichgewicht ließe sich erreichen, wenn zum einen für jede Nutzung ein fairer Ausgleich geleistet wird und zum anderen die einzelnen Rechte auch ausgeübt werden oder im Falle der Nichtausübung an den Urheber zurückfallen.

2. Diese Interessenlage kehrt auch bei der von Herrn Rehberg im Einzelnen dargestellten Kooperationsrente wieder. Sie soll maximal ausfallen, und zwar nicht nur zu Gunsten des Verwerters, sondern auch zu Gunsten des Urhebers. Allerdings könnte ein Maximum der Kooperationsrente auch erreicht werden, wenn sie beim Urheber gegen Null geht und beim Verwerter entsprechend anwächst. Mancher Urheber könnte sich hierauf einlassen, weil beispielsweise die Publikation eines Manuskripts besser ist als keine Publikation, insbesondere wenn durch die Publikation mittelbar ein Nutzen entsteht. Mitunter werden sogar Druckkostenzuschüsse vom Urheber geleistet, weil ansonsten niemand sein Werk publizieren würde. Auch hier stellt sich die Frage, ob eine faire Verteilung insbesondere dann noch gegeben sein kann, wenn sich später ein wirtschaftlicher Erfolg einstellt, weitere Nutzungsarten in Frage kommen und das Werk auf Dauer genutzt werden kann.

3. Wie Herr Rehberg zutreffend geschildert hat, lässt sich ein Gleichgewicht auch durch gesetzliche Vorgaben nicht ohne weiteres schaffen. Wenn Rechte wegen § 31 Abs. 5 UrhG ausdrücklich einzeln bezeichnet werden müssen, um von einer wirksamen Rechtseinräumung ausgehen zu können, dann werden sie eben ggf. sehr umfangreich im Einzelnen aufgelistet. Wenn der Vertragszweck die Rechtseinräumung begrenzen könnte, dann wird er eben entsprechend weit formuliert. Wird die Vertragsgestaltung vom Gesetz vorgegeben, dann wird versucht, diese Vorgaben zu erfüllen oder ggf. zum eigenen Vorteil zu umgehen. Sollte diese Prozedur zu einer ansonsten nicht vorgesehenen Schriftform führen, dann nimmt man dies in Kauf.

III. Vertragsautonomie

Grundsätzlich herrscht Vertragsfreiheit. Die Parteien können selbst bestimmen, was sie vereinbaren wollen. Grenzen bilden die guten Sitten (§ 138 BGB) und die AGB-rechtlichen Vorschriften (§§ 305 ff. BGB), soweit sie anwendbar sind. Einerseits trifft es zu, dass das Vertragsrecht, wie Herr *Rehberg* ausführt, für Sozialpolitik wenig geeignet ist. Andererseits gibt es durchaus Gründe, die Vertragsautonomie beim Urhebervertragsrecht anders zu gewichten als sonst.

Die Besonderheit des Urheberrechts liegt darin, dass der dort geregelte Schutz des geistigen Eigentums eng mit der Person des Urhebers (Schöpfers) nicht nur anfänglich verbunden ist, sondern auch auf Dauer verbunden bleibt. Werke der Literatur, Wissenschaft und Kunst sind jeweils so lang geschützt, wie der Urheber lebt und sich mit seinem Tod die 70-jährige Schutzdauer berechnet. Ist die Schutzdauer abgelaufen, haben grundsätzlich auch die Verwerter nichts mehr von diesem Schutzgut. Für sie bleibt es also bedeutsam, wie lang der Urheber lebt. Deshalb rechtfertigt sich der lange Urheberrechtsschutz in den Händen der Verwerter nur dadurch, dass diese besondere Bindung des Schutzes an die Person des Urhebers auf Dauer gewahrt bleibt und sich auch wirtschaftlich zu seinen Gunsten – in einem fairen Ausgleich – auswirkt.[1] Andernfalls müsste man daran denken, den Urheberrechtsschutz wie z.B. den Patentschutz und den Leistungsschutz auf einen Zeitraum zu beschränken, der unabhängig von der Lebensdauer des Urhebers berechnet wird.

Außerdem steht die Nutzung von urheberrechtlich geschützten Werken meistens unter dem Risiko des Erfolgs. Häufig lässt er sich nicht abschätzen und tritt erst nach geraumer Zeit ein, z.B. weil sich der Publikumsgeschmack geändert hat oder neue Nutzungsarten zusätzliche Verwertungsmöglichkeiten eröffnen. Was bei Vertragsschluss noch angemessen war, kann im Laufe der Zeit unangemessen werden. Wurden die Rechte jedoch zeitlich, räumlich und inhaltlich unbeschränkt eingeräumt, kann nachträglich ein Ungleichgewicht entstehen. Das rechtfertigt ebenfalls einen Eingriff in die Vertragsautonomie, sei es in zeitlicher Hinsicht oder sei es in inhaltlicher Hinsicht.

IV. Auswirkung gesetzlicher Vorgaben

Lassen sich gesetzliche Vorgaben, wie sie in § 31 Abs. 5 UrhG vorgesehen sind, durch entsprechend ausführliche Vertragstexte weitgehend einhalten, ohne die Position des Urhebers zu verbessern, stellt sich die Frage, ob die mit der Zweckübertragungslehre verfolgten Ziele tatsächlich erreicht werden.

1. Es mag sein, dass durch langatmige Aufzählungen von einzelnen Nutzungsrechten weitere Probleme auftauchen, weil hierdurch auf der einen Seite nur zusätzliche Kosten entstehen, um entsprechend lange Ver-

[1] Vgl. G. *Schulze*, Mehr Urheberschutz oder mehr Leistungsschutz?, in: Festschrift für Schricker (2005), S. 523, 536.

tragstexte auszuarbeiten, und auf der anderen Seite die Urheber dicke Vertragspakete ohnehin nicht lesen, weil ihnen dies zu kompliziert und zu zeitraubend ist. Auf diese Weise erhält der Aufsteller solcher Regelwerke eher noch mehr Rechte; denn häufig wird der Urheber nicht herangehen, einzelne Passagen dieser Vertragstexte zu streichen. Es kommt noch hinzu, dass jedenfalls bei Vertragsschluss beide Seiten eine gemeinsame Verwertung anstreben und zunächst positiv aufeinander gestimmt sind. Mancher Urheber ist froh, sein Werk überhaupt unterzubringen. Es besteht eine gewisse Scheu, im vorgelegten Vertragstext herumzustreichen. Häufig weiß der Urheber, worauf er sich einlässt. Er handelt nicht unbedingt irrational, sondern er erkennt seine Lage, nämlich ersetzbar zu sein und eine Zusammenarbeit oder einen Auftrag zu gefährden, wenn er nicht akzeptiert, was ihm zur Unterschrift vorgelegt wird.

Dennoch ließe sich ein umfangreicher Vertragstext wie ein Angebot verstehen, welches nicht vollständig angenommen werden muss. Geht es um eine überschaubare Nutzung insbesondere im Massengeschäft, wie z. B. die Nutzung eines Fotos in einer Werbeanzeige, dann muss sich ein Verwerter, der ein umfangreiches Vertragswerk vorlegt, fragen lassen, wozu ein solcher Aufwand betrieben wird. Wegen der damit verbundenen Kosten wird mancher Verwerter diesen Aufwand nicht bei jeder Gelegenheit betreiben wollen und an Erweiterungen der Nutzungsbefugnis erst denken, wenn sie für ihn aktuell werden. Jede gesetzliche Vorgabe bildet eine auch moralische Hürde, die zusätzlich genommen werden muss. Meines Erachtens können sich die gesetzlichen Vorgaben in manchen Fällen und zumindest indirekt zu Gunsten einer angemessenen Regelung auswirken.

Hin und wieder bestätigt dies die Rechtsprechung. Beispielsweise ist der Anwendungsbereich der Zweckübertragungslehre sehr weit. Sie gilt auch bei Wahrnehmungsverträgen mit Verwertungsgesellschaften, bei den verwandten Schutzrechten des Urheberrechts, bei der Abtretung gesetzlicher Vergütungsansprüche und z. B. auch bei der Frage, ob dem Nutzer Eigentum an dem Werkexemplar überlassen wird.[2] Im Zweifel bleibt das Eigentum beim Urheber, z. B. wenn ein Fotograf Abzüge seiner Fotos den Bildredaktionen von Zeitungen über-

2 Vgl. Dreier/Schulze-*Schulze*, Urheberrechtsgesetz (3. Aufl. 2008), § 31 UrhG Rn. 118.

lässt.[3] Für die Auslegung des Vertragszwecks sind auch die Begleitumstände heranzuziehen. Beispielsweise kann die Höhe der Vergütung ein Indiz dafür sein, ob und in welchem Umfang Rechte eingeräumt worden sind.[4] Desgleichen kann der künstlerische Gehalt des betroffenen Werkes bedeutsam sein. Liegt er an der unteren Grenze der Schutzfähigkeit und ist ersichtlich, dass das Werk für eine dauernde Nutzung in Betracht kommt, kann ein beliebiger Nachdruck auch dann zulässig sein, wenn ursprünglich lediglich eine Auflagenzahl von 100.000 erwähnt wurde.[5] Im umgekehrten Fall, bei einem hohen künstlerischen Gehalt, wird eine weitergehende Nutzung nicht ohne Weiteres zulässig sein. Die Formulierung „für alle Auflagen" erfasst zwar beliebig viele gleichartige Auflagen des Buchs, nicht aber Auflagen in abgeänderter Qualität.[6] Ein Übersetzervertrag zu Comic-Übersetzungen erstreckt sich nicht ohne Weiteres auf Folgeauflagen.[7] Vielmehr müsste die Rechtseinräumung für Nachauflagen unzweideutig zum Ausdruck kommen.[8] An einem Werk der Baukunst wird das Nachbaurecht im Zweifel nicht eingeräumt.[9]

2. Gesetzliche Vorgaben sind die eine, deren Durchsetzbarkeit die andere Seite der Medaille. Die Rechtsprechung zur Zweckübertragungslehre hat gezeigt, dass nachträglich zu Gunsten der Urheber entschieden werden konnte. Die Fälle halten sich jedoch durchaus in Grenzen; denn die Rechte durchzusetzen, ist mitunter schwierig. Häufig können es sich die Urheber nicht leisten, einen kostspieligen und (über mehrere Instanzen) langdauernden Prozess zu führen, insbesondere wenn, wie so oft, der Ausgang ungewiss ist. Außerdem muss mancher Urheber damit rechnen, auf eine schwarze Liste gesetzt zu werden, wenn er gegen seinen Vertragspartner prozessiert.[10] Das kann

---

3 BGH, GRUR 2007, 693 Rn. 31 – Archivfotos.

4 Vgl. BGH, GRUR 1986, 885, 886 – METAXA; vgl. auch BGH, GRUR 1985, 378, 380 – Illustrationsvertrag.

5 Vgl. BGH, GRUR 1988, 300, 301 – Fremdenverkehrsbroschüre.

6 Vgl. BGH, GRUR 1960, 443, 445 – Orientteppich.

7 BGH, ZUM 1998, 497, 500 – Comic-Übersetzung.

8 BGH, ZUM 2000, 160, 162 – Comic-Übersetzungen II; BGH, GRUR 2004, 938, 939 – Comic-Übersetzungen III.

9 LG München I, ZUM-RD 2008, 158, 166, nicht rechtskräftig.

10 Vgl. *Seibold*, Neue Nutzungsarten – Neue Organisation der Rechteverwaltung? Diskussionsbericht des gleichlautenden Symposiums zum Film- und Medienrecht am 29. Juni 2007, ZUM 2007, 702, 704.

er sich nicht leisten, wenn er künftig auf eine weitere Zusammenarbeit mit ihm oder mit anderen Verwertern angewiesen ist. Hier wirkt sich eine Regelung häufig nur dann zu Gunsten des Urhebers aus, wenn er die erforderlichen Schritte nicht selbst unternehmen muss, sondern sein Recht z. B. über eine Verwertungsgesellschaft gewahrt wird.

V. Zwingende Regelungen

Mit gesetzlichen Regelungen soll dort korrigierend eingegriffen werden, wo sonst nicht hinnehmbare Ungleichgewichte entstehen.

1. Herr *Rehberg* stellt zu Recht die Frage, inwieweit die Zweckübertragungsregel gem. § 31 Abs. 5 UrhG geeignet ist, Optimierungsdefizite zu kompensieren, insbesondere einen fairen Ausgleich zu bewirken. Es genügt nicht, in § 31 Abs. 5 UrhG lediglich eine Auslegungsregel ohne die Möglichkeit einer Inhaltskontrolle zu sehen. Vielmehr müsse ihr über die Möglichkeit der Inhaltskontrolle ein zwingender Charakter beigemessen werden. Eine dahingehende Tendenz deutet meines Erachtens das BGH-Urteil „Pauschale Rechtseinräumung" vom 27. September 1995 an. Wörtlich heißt es dort:

   > „Bei pauschalen Vereinbarungen über die Einräumung von Nutzungsrechten wird danach der Umfang des Nutzungsrechts durch den Vertragszweck bestimmt und im allgemeinen beschränkt, selbst wenn der Wortlaut der vertraglichen Regelung eindeutig ist (...)."[11]

   Das kommt einer Inhaltskontrolle der AGB nach den hierfür einschlägigen Vorschriften (z. B. § 307 BGB) zumindest sehr nahe.[12]

   Außerdem enthält § 11 UrhG seit dem Gesetz zum Urhebervertragsrecht vom 22. März 2002 folgenden Grundsatz:

   > „Es (*das Urheberrecht*) dient zugleich der Sicherung einer angemessenen Vergütung für die Nutzung des Werkes."

---

11 Vgl. BGH, GRUR 1996, 121, 122 – Pauschale Rechtseinräumung.

12 Vgl. auch *Donle*, Anmerkung zu BGH v. 27.9.1995 – Pauschale Rechteeinräumung, in: Schulze (Hrsg.), Rechtsprechung zum Urheberrecht, BGHZ Nr. 446, S. 10 f.

Nach der amtlichen Begründung hat das Prinzip der angemessenen Vergütung Leitbildfunktion, die auch im Rahmen der AGB-Kontrolle als wesentlicher Grundgedanke zu beachten ist.[13] Der Zweckübertragungsgrundsatz fließt deshalb in die Inhaltskontrolle ein.[14] Es wurde auch von einer Doppelfunktion der Zweckübertragungslehre gesprochen.[15] Mit den Grundsätzen der Zweckübertragungslehre wird gleichzeitig geprüft und festgestellt, worauf sich zum einen der Hauptgegenstand des Vertrags beschränkt und was deshalb keiner weiteren Inhaltskontrolle unterliegt und was zum anderen nicht zum Hauptgegenstand des Vertrags zählt und deshalb inhaltlich kontrolliert werden kann.[16]

2. Mit dem Gesetz zum Urhebervertragsrecht vom 22. März 2002 wurde ausdrücklich geregelt, dass der Urheber angemessen zu vergüten ist. Es stellt sich jedoch als schwierig heraus, die angemessene Vergütung durchzusetzen. Hierfür könnte es hilfreich sein, eine Regelung zu treffen oder die Zweckübertragungslehre so anzuwenden, dass ein Vertrag, der die Einräumung zahlreicher Nutzungsrechte vorsieht, nur insoweit wirksam ist, als auch für jede einzelne Nutzung eine entsprechende Vergütungsregelung tatsächlich getroffen wurde. Je länger und je mehr Rechte eingeräumt werden, desto eindeutiger müsste eine auf Dauer ausgerichtete Beteiligung ausfallen. Ohne Absatzhonorar, Wiederholungshonorar oder eine vergleichbare Beteiligungsregel müsste die Rechtseinräumung – zwingend – zeitlich beschränkt bleiben. Möglicherweise wäre dies ein effektiver Beitrag, den Verlust bestimmter Nutzungsrechte entsprechend „einzupreisen", also für einen fairen Ausgleich.

3. Allein mit einer Vergütungsregel wäre dem Urheber nicht gedient, wenn der Verwerter das Werk auf die dazugehörige Nutzungsart nicht verwertet. Insoweit sieht § 41 UrhG bereits ein unverzichtbares Rück-

---

[13] BT-Drs. 14/8085, S. 18; LG Berlin, ZUM-RD 2008, 18, 19 – AGB Zeitungen/Zeitschriften, nicht rechtskräftig; Schricker-*Schricker*, Urheberrecht (3. Aufl. 2006), § 11 UrhG Rn. 4; Dreier/Schulze-*Schulze* (Fn. 2), Vor § 31 UrhG Rn. 16 und § 31 UrhG Rn. 116.

[14] Vgl. OLG Düsseldorf, GRUR-RR 2002, 121, 124 – Das weite Land.

[15] So *Berberich*, Die Doppelfunktion der Zweckübertragungslehre bei der AGB-Kontrolle, ZUM 2006, 205, 210.

[16] Vgl. auch Dreier/Schulze-*Schulze* (Fn. 2), § 31 UrhG Rn. 116.

rufsrecht wegen Nichtausübung vor. Es kann auch hinsichtlich einzelner Rechte ausgesprochen werden.[17]

Hiermit ließe sich die von der Kommission im Zuge des Vorschlags zur Verlängerung der Schutzdauer für ausübende Künstler und Tonträgerhersteller vorgesehene use-it-or-lose-it-Klausel (Art. 10a Abs. 6 des Vorschlags) vergleichen.[18] Macht der Tonträgerhersteller von der Verlängerung der Schutzdauer keinen Gebrauch und bringt er die Aufnahme nicht auf den Markt, verliert er das Recht zu Gunsten des Künstlers oder, falls dieser hiervon ebenfalls keinen Gebrauch machen sollte, zu Gunsten der Allgemeinheit. Untätigkeit oder Blockaden sollen auf diese Weise vermieden bleiben.

Eine derartige Regelung hätte den Vorteil, dass sie EU-weit gälte. Bislang ist das Urhebervertragsrecht weder harmonisiert noch international geregelt. Abschließend kann nur die Frage gestellt werden, ob jedenfalls eine Harmonisierung angestrebt werden sollte; denn das Verhalten der Beteiligten dürfte überall ähnlich sein und einer ausgleichenden Korrektur durch das Gesetz bedürfen.

17 Vgl. Dreier/Schulze-*Schulze* (Fn. 2), § 41 UrhG Rn. 10.

18 Vgl. *Pakuscher*, Der Richtlinienvorschlag der EU-Kommission zur Schutzfristenverlängerung für ausübende Künstler und Tonträgerhersteller, ZUM 2009, 89, 91 f.

Diskussionsbericht zu §§ 3 und 4

Riesenhuber dankte den Referenten. Der Wirkmechanismus des § 31 Abs. 5 UrhG sei in schöner Weise erörtert worden; *Schulze* habe das Gesamtbild vor Augen geführt und die wichtige Tendenz dargestellt, dass § 31 Abs. 5 UrhG, der die Interessen der Urheber vorgäbe, vor allem auch im Hinblick auf die Bestimmung des Vertragszwecks und die Auslegung der Rechteübertragung Bedeutung erlange. Er wies darauf hin, dass sich, wie in den Vorträgen deutlich geworden sei, die verhaltensökonomische Untersuchung nicht von der Frage der Marktmacht trennen lasse, so dass auch in der Diskussion keine künstliche Trennung beachtet werden müsse.

Leistner führte aus, dass der durch Bezeichnung der einzelnen Nutzungsarten dispositive Teil des § 31 Abs. 5 UrhG die grundsätzliche Skepsis gegenüber dem Versuch bestätige, Gerechtigkeit durch qualifiziert dispositive Normen zu erreichen. Dies könne unter Umständen lediglich zu höheren Kosten führen. Andererseits habe § 31 Abs. 5 UrhG durchaus noch eine andere, positivere Seite: Man dürfe nicht vergessen, dass es neben den von den großen Verwertern beherrschten Bereichen auch solche gebe, in denen vertragliche Regelungen über die Nutzungsrechte ganz fehlten. Als Beispiel nannte er den Fotographie-Markt. In diesen Bereichen böte § 31 Abs. 5 UrhG eine Alternative zu einer Auslegung nach Treu und Glauben mit Rücksicht auf die Verkehrssitte. § 31 Abs. 5 UrhG und somit die Berücksichtigung des Vertragszwecks sei für die Urheber im Zweifel günstiger als ein Abstellen auf die Verkehrssitte, die im Einzelfall doch zu Lasten des Urhebers gehen könne.

Hinsichtlich des Beitrags von *Schulze* befürwortete *Leistner* einer Lösung über eine Befristung. Hierbei müsse natürlich eine Regelung auf europäischer Ebene erfolgen. Eine rein deutsche Regelung würde zu Wettbewerbsnachteilen für die deutschen Verwerter und letztlich auch zu einer Binnenmarktverzerrung führen. Diese Binnenmarktverzerrung sei – auch wenn die Kommission das anders sähe – das Argument für eine Regelungskompetenz der Gemeinschaft auf diesem Gebiet.

Schulze stimmte dem Bedürfnis nach einer europäischen Regelung zu. Auch wenn eine solche nicht verhindern könne, dass die Parteien gänzlich andere Rechtsordnungen (wie zum Beispiel die amerikanische) wählten, so wäre hiermit doch ein großer Schritt getan. Allerdings wies er darauf hin, dass eine Einigung auf europäischer Ebene – nicht zuletzt aufgrund der ganz anderen Grundvorstellungen z. B. der Briten – voraussichtlich äußerst schwierig werden würde.

Kirchner wies hinsichtlich der Informationspflichten darauf hin, dass Rationalität keine vollständige Information voraussetze, vielmehr könne man auch uninformiert rational handeln. Man müsse also aufpassen, nicht zu versuchen, Probleme der beschränkten Rationalität durch Informationsverteilung zu lösen. Insofern müsse zunächst ausgetestet werden, wie weit man mit der „normalen Ökonomik" komme. Hierbei sei zwischen der Untersuchung von Informationsasymmetrien und der von Risikoaversionen zu unterscheiden. Verwerter und Urheber hätten sowohl andere Informationen, als auch eine andere Risikoaversion. Der Verwerter werde einen besseren Überblick über die Marktverhältnisse als der Urheber und somit einen Informationsvorteil haben. Auch die Risikoaversion sei bei Urheber und Verwerter unterschiedlich, da sich die Möglichkeit, mit Risiko umzugehen, bei Urheber und Verwerter unterscheide. Bei näherer Betrachtung zeige sich, dass man bei der Frage nach der Vertragsgerechtigkeit im Einzelfall an Grenzen stoße, da der Verwerter in der Regel im Rahmen seines Umgangs mit dem Risiko eine Mischkalkulation durchführe, also die weniger erfolgreichen Werke mit den Einnahmen der erfolgreichen auffange. Eine Vertragsgerechtigkeit für jeden einzelnen der Verträge würde dies unterbinden.

Rehberg stimmte *Kirchner* insoweit zu, als dass es sich bei der Abgrenzung von Unwissenheit und Irrationalität um ein sensibles Thema handele. Zum Teil werde grundsätzlich nur von beschränkter Rationalität gesprochen. Seiner Ansicht nach sei es jedoch am ehrlichsten, dann von Irrationalität zu sprechen, wenn z. B. ein Mensch zu dem Ergebnis käme, zwei mal zwei sei fünf. Man könne hier natürlich auch von beschränkter Rationalität sprechen, wenn man davon ausginge, dass der Mensch in seiner Rationalität dem Wesen nach beschränkt sei und es im Einzelfall nicht besser könne. In der Ökonomik arbeite man jedoch mit Annahmen. Diese seien natürlich widerlegbar. Insofern sei es auch unproblematisch, die Rationalitätsannahme in gewissen Fällen als nicht anwendbar zu akzeptieren.

Um eine gemeinsame terminologische Grundlage zu schaffen, führte *Klöhn* aus, dass die verschiedenen Begriffe nach wohl herrschender Meinung wie folgt definiert würden: Perfekte Rationalität sei dann gegeben, wenn ein Mensch alles wisse, was man wissen könne. Dies werde grundsätzlich nur im Aggregat angenommen, also nur Märkte könnten perfekt rational sein. Von Rationalität unter Beschränkungen spreche man, wenn Informationen kostspielig sind. Beschränkte Rationalität werde angenommen, wenn man Urteilsheuristiken nutze, und Irrationalität liege vor, wenn Menschen gegen ihre eigenen Präferenzen handelten.

Engel wies weiter darauf hin, dass eine klare Verortung des Problems im Rahmen der Ökonomik auch für die Frage wichtig sei, ob es sich um einen Fall der Unsicherheit oder der Ambiguität handele. Unsicherheit liege vor, wenn im Grunde alles wohldefiniert sei und *ex ante* eigentlich alles ausrechenbar sei. Von Ambiguität spreche man, wenn man wisse, dass man etwas (noch) nicht wisse. So läge es im Fall des § 31 Abs. 5 UrhG, da die Beteiligten aufgrund historischer Erfahrung wissen, dass in Zukunft noch Nutzungsarten entstehen können, die sie zum Zeitpunkt des Vertragsschlusses noch nicht kennen. Das Problem werde wegdefiniert, wenn man die Parteien darauf verweise, sie sollten sich an Erwartungswerte halten. In dem kleinen Teil, in dem sich Parteien über etwas nicht einigen, über dass sie sich hätten einigen können, könne man eigentlich das Experiment der *double oral auction*[1] anwenden. Aber auch dies funktioniere nur, wenn man eine wohldefinierte *commodity* (Handelsware) habe. In den erläuterten Fällen sei das jedoch in der Regel nicht gegeben, da alles transaktionsspezifisch sei. So handele es sich bei urheberrechtlichen Werken häufig um komplexe Konstruktionen, bei denen viele Urheber miteinander verbunden seien. Hier käme es zu bilateralen Monopolen zwischen den Beteiligten. Insofern müsse man zu dem Ergebnis kommen, dass der Bedarf nach institutioneller Intervention in diesen Bereichen deutlich größer sei als auf anderen Märkten.

Schulze vertrat die Ansicht, dass es letztlich nur auf einen fairen Ausgleich ankomme. Ob nun die Verwerter einen Informationsvorsprung hätten oder nicht, sei letztlich unerheblich, da es nur auf die Marktmacht ankomme, die dahinter stehe. Seiner Ansicht nach sind Beteiligungsregelungen die einzige Möglichkeit, einen fairen Ausgleich herzustellen. Das Problem, dass hierdurch ggf. Mischkalkulationen unterbunden würden, stelle sich dann nicht, wenn die Beteiligungsregeln derart gestaffelt seien, dass Querfinanzierungen möglich blieben.

1 *Smith*, An Experimental Study of Competitive Market Behavior, J.Pol.Econ. 70 (1967), 111–137.

Spindler widersprach *Engels* Annahme, dass die Verwerter den Urhebern gegenüber einen Informationsvorsprung hätten. Dies sei in vielen Fällen nicht richtig. Als Beispiel führte er an, dass viele mittelständische Verlage keinerlei Kenntnisse über die Internet-Verwertung und die dazugehörigen Märkte hätten. Die verschiedenen Märkte müssten also individuell betrachtet werden. Er schlug vor, auf der Suche nach Lösungen für urheberrechtsspezifische Probleme auch parallele Rechtsgebiete zu betrachten. Insbesondere das Versicherungsrecht und das Gesellschaftsrecht könnten insofern herangezogen werden. So könne man z.B. die Rechtsprechung zur AGB-Kontrolle im Versicherungsrecht und die Entwicklung des Bestimmtheitsgrundsatzes zur Kernbereichslehre aus dem Gesellschaftsrecht heranziehen. Auch könne man erwägen, Treuepflichten, wie sie im Versicherungs- und Gesellschaftsrecht bestünden, für das Urheberrecht fruchtbar zu machen, die z.B. die Verwerter verpflichten würden, nicht ausgeübte Rechte nach einer gewissen Zeit zurück an den Urheber zu übertragen. Zuletzt forderte er dazu auf, die sekundären Märkte, also die Beratungsmärkte, in die Betrachtung und die ökonomische Analyse mit einzubeziehen, da diese die Praxis widerspiegelten.

Auch Dr. Martin *Schäfer* (Rechtsanwalt, Berlin) wies darauf hin, dass die Verwertung in der Praxis viel komplexer sei, als es in der Modellbildung zum Ausdruck komme. In der Filmbranche z.B. kämen aufgrund der vielen Urheber, die durch das eine Werk „Film“ miteinander verbunden seien, sehr komplexe Rechtsbeziehungen zustande. Hier könne keiner der Urheber ohne den anderen verwerten. Zudem müsse beachtet werden, dass die Marktmacht in den Unterhaltungsbranchen nicht stabil sei. So frage man sich in der Praxis oftmals, wozu überhaupt Verträge geschlossen würden – so z.B. wenn der Künstler plötzlich erfolgreich geworden sei. In diesen Fällen werde der Verwerter häufig vor die Wahl gestellt, ob er den Vertrag anpassen oder ob er den Künstler nicht mehr weiter betreuen wolle. Zum Teil dränge sich der Verdacht auf, dass alle Parteien ein Interesse daran hätten, dass es kompliziert bleibe.

Rehberg stimmte *Schäfer* und *Spindler* insofern zu, als dass die Modellbildung der Komplexität nicht gerecht werden könne. Allerdings wies er darauf hin, dass zunächst Grundlagen geschaffen werden müssten, auf deren Basis Einzelfälle betrachtet werden könnten. Hierzu sei eine sachlogisch pauschale, modellhafte Betrachtung notwendig.

Claas *Oehler* (Rechtsanwalt, Berlin) widersprach *Schäfer* darin, die Parteien hätten ein Interesse daran, Verträge kompliziert zu gestalten. Umgekehrt stelle sich die Frage, ob zu lange Kataloge, in denen alle möglichen Nutzungsarten aufgeführt werden, nicht eher gefährlich seien, da sich die angemessene Vergütung nach § 32 UrhG nach den aufgeführten Nutzungsarten richte. Anzuerkennen sei aber das Bedürfnis nach Typenbildung, da nicht alle Arten von Urhebern gleich behandelt werden könnten. Er wies darüber hinaus darauf hin, dass die Zweckübertragungslehre bei komplexen Werken auch unter den verschiedenen Urhebern Anwendung finde, so dass eine mögliche Befristung insofern nicht vorteilhaft wäre.

Egon *Frauenberger* (Verleger, Mitglied des Aufsichtsrats der GEMA) schilderte seine Erfahrungen aus der Praxis und betonte, dass es keine sicheren Verträge gebe. Er stelle sich die Frage, ob die Kompliziertheit der Verträge letztlich der Sinn der Juristen sei.

Schäfer betonte, dass er seine Aussage hinsichtlich des Interesses der Parteien an der Kompliziertheit der Verträge selbstverständlich bewusst überspitzt formuliert habe. Man müsse natürlich beachten, dass die Verwertungsverträge und ihre Komplexität historisch gewachsen seien und sich nun keiner traue, sie wieder zu ändern bzw. keiner die Notwendigkeit hierfür sähe. Dies läge daran, dass die damit Befassten sich ja darin zurechtfänden, so dass eine administrative Zwischenebene, die man nicht richtig zuordnen könne, entstanden sei.

Abschließend führte *Schulze* aus, dass auch von ökonomischer Seite keine Antwort auf die Frage gefunden worden sei, ob die Gesetzgebung weiter Vorschriften wie § 31 Abs. 5 UrhG erlassen sollte. Er wies nochmals darauf hin, dass Normen wie § 31 Abs. 5 UrhG auch eine moralische Wirkung haben könnten, die in die richtige Richtung wiesen.

Julia Jacobs

§ 5 Verträge über unbekannte Nutzungsarten – §§ 31a, 32c UrhG

Eine *Behavioral Law and Economics-Perspektive*

Lars Klöhn

Übersicht

I. Einleitung*

Zu den angenehmen Seiten des technischen Fortschritts gehört, dass wir zeitlose Kunst in immer neuen Formen genießen können. Viele Menschen lernen bestimmte Werke überhaupt erst in neuen Medien kennen – der Markt für Hörbücher legt hierüber Zeugnis ab. Niemand bezweifelt, dass die Gesellschaft davon profitiert, wenn alte Werke in neuen Medien erscheinen. Gleichwohl sind die rechtlichen Implikationen alles andere als klar. Das Urheberrecht steht vor einem Balanceakt: Einerseits muss es den Verwertern optimale Anreize schaffen, in die Entwicklung neuer Medien zu investieren. Andererseits muss es die Urheber angemessen an der Verwertung ihrer Werke beteiligen, damit diese optimale Anreize haben, ihre Schaffenskraft in die Kunst zu stecken.

II. Der „harte Paternalismus" des § 31 Abs. 4 a.F. UrhG

Das Urhebergesetz löste diesen Zielkonflikt seit jeher durch § 31 Abs. 4 UrhG. Dieser bestimmte:

> „Die Einräumung von Nutzungsrechten für noch nicht bekannte Nutzungsarten sowie Verpflichtungen hierzu sind unwirksam".

In der Nomenklatur von *Behavioral Law and Economics* handelte es sich um eine „hart-paternalistische" Norm.[1] Selbst wenn der Urheber dem Verwerter alle Nutzungsrechte an seinen Werken in Kenntnis aller verfügbaren

---

* Die Vortragsform wurde weitgehend beibehalten. Ich danke den Teilnehmern der INTERGU-Tagung, vor allem *Christoph Engel*, *Tilo Gerlach* und *Karl Riesenhuber*, für wertvolle Kommentare. Verbleibende Fehler und Unvollständigkeiten sind selbstverständlich die des Verfassers.

1 Zur Paternalismus-Diskussion aus dem Blickwinkel von *Behavioral Law and Economics: van Aaken*, Begrenzte Rationalität und Paternalismusgefahr: Das Prinzip des schonendsten Paternalismus, in: Seelmann/Heinig/Anderhein (Hrsg.), Paternalismus und Recht (2005), S. 109; *van Aaken*, "Rational Choice" in der Rechtswissenschaft (2003); *Camerer/Issacharoff/Loewenstein/O'Donoghue/Rabin*, Regulation for Conservatives: Behavioral Economics and the Case for "Asymmetric Paternalism", U.Pa.L.Rev. 151 (2003), 1211; *Klöhn*, Kapitalmarkt, Spekulation und Behavioral Finance (2006), S. 119 ff.; *Sunstein/Thaler*, Libertarian Paternalism Is not an Oxymoron, U.Chi.L.Rev. 70 (2003), 1159; *Thaler/Sunstein*, Libertarian Paternalism, Am.Econ.Rev. 93 (2003), 175.

Informationen und bei Verhandlung auf Augenhöhe einräumen wollte – er konnte es nicht. Das Gesetz schützte den Urheber vor sich selbst.

Das Zweite Gesetz zur Regelung des Urheberrechts in der Informationsgesellschaft („Zweiter Korb der Urheberrechtsreform“)[2] hat § 31 Abs. 4 UrhG bekanntlich gestrichen. Verträge über unbekannte Nutzungsarten – auch und gerade in Form pauschaler Rechtseinräumungen – sind mittlerweile zulässig. Geschützt wird der Urheber nunmehr durch die detaillierte Regelung der §§ 31a, 32c UrhG.[3]

Ich werde im Folgenden die wichtigsten Inhalte dieser Neuregelung vorstellen (s. u. III.).[4] Diese Regeln werde ich sodann einer Rechtsfolgenanalyse im Lichte von *Behavioral Law and Economics* unterziehen (s. u. IV.). Es wird sich ein Schutzbedürfnis des Urhebers zeigen, das in der bisherigen Diskussion nicht hinreichend beachtet worden ist (s. u. V.). Zu dessen Abhilfe möchte ich schließlich verschiedene Lösungen diskutieren (s. u. VI.).

III. Die Neuregelung der §§ 31a, 32c UrhG

1. Schriftformerfordernis

Zum Schutz vor Übereilung bedarf die Einräumung der Nutzungsrechte bzw. die Verpflichtung hierzu grundsätzlich der Schriftform (§ 31a

---

2 BGBl. I 2007, 2513.

3 Hierzu etwa *Haupt*, Der Abschluss von Verträgen über unbekannte Nutzungsarten, MR-Int 2008, 1; *Hoeren*, Der Zweite Korb – Eine Übersicht zu den geplanten Änderungen im Urheberrechtsgesetz, MMR 2007, 615; *Klett*, Das zweite Gesetz zur Regelung des Urheberrechts in der Informationsgesellschaft (zweiter Korb), K&R 2008, 1; *Klöhn*, Unbekannte Nutzungsarten nach dem „Zweiten Korb“ der Urheberrechtsreform, K&R 2008, 77; *Meinke*, Der 2. Korb der Urheberrechtsreform, ZAP Fach 16, 341; G. *Schulze*, Die Einräumung unbekannter Nutzungsrechte nach neuem Urheberrecht, UFITA 2007/III, 641; *Spindler*, Reform des Urheberrechts im Zweiten Korb, NJW 2008, 9; *Verweyen*, Pacta sunt servanda? Anmerkungen zu § 31 a UrhG n. F., ZUM 2008, 217.

4 Die Regeln über mehrere Werke und Sammelwerke (§ 31 a Abs. 3 UrhG) sowie die Sonderregeln für Filmwerke (§§ 88, 89 UrhG) müssen dabei außer Betracht bleiben.

Abs. 1 S. 1 UrhG; Ausnahme in § 31a Abs. 1 S. 2 UrhG mit Rücksicht auf *Open-Content*-Projekte[5])

2. Widerrufsrecht

Nach Vertragsschluss wird der Urheber durch ein Widerrufsrecht geschützt, das weder an ein besonderes Interesse noch einen sonstigen wichtigen Grund gebunden ist (§ 31a Abs. 1 S. 3 UrhG). Das Widerrufsrecht ist unverzichtbar, kann also selbst durch Individualvereinbarung nicht abbedungen werden (§ 31a Abs. 4 UrhG). Es erlischt in vier Fällen:

- *Wenn sich die Parteien nach Bekanntwerden der neuen Nutzungsart auf eine Vergütung für die Nutzung einigen (§ 31a Abs. 2 S. 1 UrhG).* Diese Regel versteht sich von selbst, denn in diesem Fall hatte der Urheber Gelegenheit, mit dem Verwerter über die Nutzungseinräumung zu verhandeln und bedarf keines weiteren Schutzes.
- *Wenn die Parteien eine Vergütung aufgrund einer gemeinsamen Vergütungsregel i.S.d. § 36 UrhG vereinbart haben (§ 31a Abs. 2 S. 2 UrhG).*[6] Diese Regelung erklärt sich aus demselben Grund. Hier wird die individuelle Vergütungsvereinbarung durch die gemeinsame Vergütungsregel ersetzt. Solche Regeln können grundsätzlich schon vor dem Bekanntwerden der neuen Nutzungsart existieren. Dies dürfte in praxi jedoch kaum vorkommen, da die Parteien der gemeinsamen Vergütungsregel keinen Grund haben, sich an den Verhandlungstisch zu setzen.[7]
- *Nach Ablauf von drei Monaten, nachdem der Verwerter die Mitteilung über die beabsichtigte Aufnahme der neuen Art der Werknutzung an den Urheber unter der ihm zuletzt bekannten Anschrift abgesendet hat (§ 31a Abs. 1 S. 4 UrhG).* Diese Regel ist zum Schluss des Gesetzgebungsverfahrens auf Empfehlung des Rechtsausschusses in das Gesetz eingeführt worden. Der Regierungsentwurf sah vor, dass das Widerrufsrecht des Urhebers erlischt, sobald der Verwerter begonnen hat, das Werk in der neuen Nutzungsart zu nutzen; über die bevorstehende Nutzung musste der Verwerter

---

5 Vgl. Beschlussempfehlung und Bericht des Rechtsausschusses, BT-Drs. 16/5939, S. 77.

6 Begr. RegE, BT-Drs. 16/1828, S. 24.

7 *Berger*, Verträge über unbekannte Nutzungsarten nach dem Zweiten Korb, GRUR 2005, 907, 910; *Klöhn*, K&R 2008, 77, 78.

den Urheber nicht informieren.[8] Diese Regelung wurde als nicht ausreichend angesehen, da der Urheber ohne Informationen über die bevorstehende Nutzung häufig nicht alarmiert gewesen wäre, sein Widerrufsrecht auszuüben.

- Schließlich: *durch den Tod des Urhebers (§ 31a Abs. 2 S. 3 UrhG)*. Diese Regelung sorgt für die von den Verwertern ersehnte Transaktionskostensenkung in den Fällen, in denen der Urheber verstirbt. Verwerter brauchen die Erben des Urhebers nicht zu ermitteln und müssen keine möglicherweise langwierige Nachverhandlungen mit ihnen führen.

3. Vergütungsanspruch

Widerruft der Urheber die Einräumung des Nutzungsrechts nicht oder ist sein Widerrufsrecht erloschen, so hat er gem. § 32c Abs. 1 S. 1 UrhG Anspruch auf angemessene Vergütung, sobald der Verwerter die neue Nutzung aufnimmt.[9] Von der Aufnahme muss der Verwerter den Urheber unverzüglich unterrichten (§ 32c Abs. 1 S. 3 UrhG).

Die Beurteilung der Angemessenheit richtet sich nach denselben Grundsätzen, die für § 32 UrhG anerkannt sind: Eine nach einer gemeinsamen Vergütungsregel ermittelte Vergütung gilt als angemessen (§ 32 Abs. 2 i. V. m. § 32c Abs. 1 S. 2 UrhG). Im Übrigen kommt es darauf an, was zum Zeitpunkt der Nutzungsaufnahme im Geschäftsverkehr nach Art und Umfang der eingeräumten Nutzungsmöglichkeit, insbesondere nach Dauer und Zeitpunkt der Nutzung üblicher- und redlicherweise zu leisten ist (§ 32 Abs. 2 i. V. m. § 32c Abs. 1 S. 2 UrhG). Erweist sich die neue Nutzungsart später als so profitabel, dass die ursprünglich erhaltene Vergütung in einem auffälligen Missverhältnis zu den Erträgen und Vorteilen aus der Nutzung steht, so steht dem Urheber ein Vergütungsergänzungsanspruch zu.[10] Auch das Vergütungsrecht ist unverzichtbar (§ 32c Abs. 3 S. 1 UrhG).

---

8 § 31a Abs. 1 S. 2 UrhG-E lautete: „Der Urheber kann diese Rechtseinräumung oder die Verpflichtung hierzu widerrufen, es sei denn, der andere hat bereits begonnen, das Werk in der neuen Nutzungsart zu nutzen".

9 Um die Kooperation bei *Open Content*-Projekten nicht zu behindern, stellen §§ 32c Abs. 1 S. 2, 32 Abs. 3 S. 3 UrhG klar, dass es dem Urheber freisteht, unentgeltlich ein einfaches Nutzungsrecht für jedermann einzuräumen.

10 Streiten kann man allenfalls darüber, ob sich dieser aus einer direkten Anwendung des § 32a UrhG ergibt (so *Kreile*, Neue Nutzungsarten – Neue Or-

IV. Rechtsfolgenanalyse

1. Unterschiede zur bisherigen Rechtslage

Die praktischen Auswirkungen der Neuregelung erscheinen auf den ersten Blick als Einschnitt in Grundprinzipien des bisherigen Urhebervertragsrechts. Ein zweiter Blick mahnt jedoch zur Vorsicht vor übereilten Schlüssen:

Nach bisherigem Recht war grundsätzlich erforderlich, dass der Verwerter nach Bekanntwerden der neuen Nutzungsart i.S.v. § 31 Abs. 4 UrhG mit dem Urheber über die Rechtseinräumung verhandelte. Hierauf konnte der Urheber nicht verzichten.

Nach neuem Recht kann der Urheber zwar Nutzungsrechte für unbekannte Nutzungsarten einräumen, er kann diese Einräumung jedoch frei widerrufen. Hierauf muss der Verwerter den Urheber vor der Aufnahme der neuen Nutzung – in der Regel also nach dem Vertragsschluss – hinweisen. Dieses Widerrufsrecht ist unverzichtbar. Droht der Urheber mit dem Widerruf, sind daher *auch nach neuem Recht Nachverhandlungen erforderlich.* Diese Nachverhandlungen stehen nur insofern unter anderem Vorzeichen, als (a) nach neuem Recht der Urheber die Initiative ergreifen muss (nach altem Recht musste dies der Verwerter) und (b) das Widerrufsrecht unter den Voraussetzungen des § 31a Abs. 1 S. 4 u. Abs. 2 UrhG erlischt – vor allem beim Tod des Urhebers.[11]

2. Modell mit perfekt rationalen Akteuren

Wie wirkt sich die Neuregelung aus? Unterstellt man zunächst, dass sowohl Urheber als auch Verwerter perfekt rational handeln, dürften die Unterschiede marginal sein:[12]

---

ganisation der Rechteverwaltung?, ZUM 2007, 682, 684) oder aus einer analogen Anwendung dieser Vorschrift (hierzu tendierend *Klöhn*, K&R 2008, 77, 78f.).

11 S. bereits *Klöhn*, K&R 2008, 77, 79.

12 Die in diesem Modell beschriebenen Verhandlungen werden in der Praxis durch Formen der kollektiven Rechts- und Interessenwahrnehmung überlagert. Das Modell abstrahiert hiervon, um die Wirkung der veränderten Rationalitätsannahmen freizulegen. Welche Modifikationen sich ergeben, wenn

Nach dem alten Recht mussten Urheber und Verwerter über die Einräumung des Nutzungsrechts verhandeln, nachdem die Nutzungsart bekannt wurde. Diese Verhandlungen fanden „im Schatten" der Vergütungsregelung des § 32 UrhG statt.[13] Der Urheber stimmte der Nutzungseinräumung zu, wenn er meinte, der vom Verwerter angebotene Preis läge über der angemessenen Vergütung des § 32 UrhG (ansonsten riskierte der Urheber, dass er seinen Vergütungsanspruch wegen der Vermutung des § 32 Abs. 1 S. 1 UrhG nicht würde durchsetzen können).[14]

Nach der neuen Rechtslage kann der Urheber dem Verwerter zu jedem Zeitpunkt damit drohen, sein Widerrufsrecht auszuüben, und hierdurch Neuverhandlungen initiieren. Dies wird er tun, wenn er erwartet, in diesen Verhandlungen eine höhere Vergütung erzielen zu können als nach § 32c UrhG. Widerruft der Urheber, müssen die Parteien wieder verhandeln. Der Urheber räumt dem Verwerter ein Nutzungsrecht ein (bzw. verzichtet auf den Widerruf), wenn er meint, der vom Verwerter angebotene Preis liege über der angemessenen Vergütung des § 32 UrhG.

Im Ergebnis finden in beiden Fällen Verhandlungen statt, die unter denselben Bedingungen zur Einräumung des Nutzungsrechts an den Verwerter führen. Einen Allokationseffekt hat die Neuregelung daher nur in dem Fall, in dem der Urheber vor der Aufnahme der neuen Nutzung verstirbt. Da § 31a Abs. 2 S. 3 UrhG das Widerrufsrecht in diesem Fall erlöschen lässt, braucht der Verwerter nicht mit den Erben nachzuverhandeln.

---

anstelle des Urhebers die Angestellten der Verwertungsgesellschaften handeln, sollte Gegenstand weiterer Forschung sein.

13 Zum *bargaining in the shadow of the law* grundlegend *Kornhauser/Mnookin*, Bargaining in the Shadow of the Law: The Case of Divorce, Yale L.J. 88 (1979), 950; *Cooter/Marks/Mnookin*, Bargaining in the Shadow of the Law: A Testable Model of Strategic Behavior, J. Legal Stud. 11 (1982), 225.

14 Man kann hiergegen einwenden, der Urheber würde dann zustimmen, wenn die vom Verwerter angebotene Vergütung über dem liegt, was der Urheber entweder selbst mit der Verwertung des Werkes verdienen könnte oder ihm von Dritten angeboten wird. Dies sind jedoch auch die Faktoren, die die angemessene Vergütung i. S. v. § 32 UrhG beeinflussen.

3. Modell mit begrenzt rationalen Akteuren

a) Verfahrensregeln und menschliches Verhalten

Ersetzt man die Akteure dieses Modells durch begrenzt rationale Menschen, ändert sich dieses Ergebnis. Um dies zu verstehen, muss man sich vor Augen führen, welch hohen Einfluss Verfahrensregeln auf das Resultat interaktiver Prozesse, insbesondere Vertragsverhandlungen, haben kann:[15] Studien haben z.B. ergeben, dass deutlich weniger Organe in Ländern gespendet werden, in denen man – wie in Deutschland – der Organspende ausdrücklich zustimmen muss (*opt-in*), als in Ländern, in denen man als Organspender gilt, wenn man dem nicht ausdrücklich widerspricht (*opt-out*).[16] Diese Zahlen sind so hoch, dass man sie nicht nur mit dem fehlenden Wissen der Bevölkerung über die Möglichkeit der Organspende erklären kann.[17] Ein anderes Beispiel ist die Regelung der betrieblichen Altersvorsorge in den USA. Um die Einsparungen ihrer Arbeitnehmer zu erhöhen verfolgten einige Arbeitgeber eine einfache Strategie. Statt die Arbeitnehmer zu fragen, ob sie dem betrieblichen Altersvorsorgeplan („401(k)-Plan“) beitreten wollten, wurde ihr Beitrittswunsch unterstellt und mit der dispositiven Regel verbunden, aus dem Vorsorgeplan „herauszuoptieren“. Bei diesen Arbeitgebern ist die Einzahlung in die Altersvorsorge deutlich höher als bei den Arbeitgebern, bei denen man sich in solche Pläne „einwählen“ muss.[18]

b) Der Besitztumseffekt

Ein Grund hierfür ist der so genannte *Besitztumseffekt* (engl. *endowment effect*): Klassische ökonomische Theorie unterstellt, dass Menschen den Wert eines Gutes unabhängig davon einschätzen, ob es ihnen bereits zu-

---

15 Etwa *Sunstein/Thaler*, U.Chi.L.Rev. 70 (2003), 1159, 1161.

16 Während bei *opt-out*-Systemen die Spendebereitschaft bei über 90% liegt, tendiert sie bei *opt-in*-Systemen zu unter 20%, *Johnson/Goldstein*, Can Default Rules save Life?, Science 302 (2003), 1338; vgl. auch *van Aaken* (Fn. 1), 109, 127.

17 Vgl. nur die Organspenderate von Deutschland (Zustimmungsregel) mit der von Spanien (Widerspruchsregel). Spanien hat eine dreifach höhere Spenderate, die Raten anderer Länder mit Widerspruchsregelung (Frankreich, Belgien und Österreich) übertreffen Deutschland immerhin noch um das Anderthalbfache, vgl. *Miranda*, Spanien: Rekord bei Organspenden, in: Morris (Hrsg.), Organtransplantation ethisch betrachtet (2006), S. 161.

18 *Sunstein/Thaler*, U.Chi.L.Rev. 70 (2003), 1159, 1160.

geordnet ist oder nicht. Hiernach besteht kein Unterschied zwischen der *willingness to pay (WTP)* und *willingness to accept (WTA)* eines Akteurs. Zahlreiche Experimente zeigen jedoch, dass dies nicht stimmt: Individuen bestehen auf einem Aufschlag für den Verkauf ihrer Güter. Sie verlangen für die Hergabe eines Gutes einen Preis, den sie nicht zahlen würden, wenn sie das Gut kaufen müssten. Der Wert eines Gutes steigt mithin *allein dadurch,* dass er dem Besitzstand eines Menschen zugeordnet ist.[19] Kognitionspsychologisch handelt es sich um eine besondere Version der Verlustaversion.[20]

Ein Beispiel verdeutlicht, was gemeint ist:[21] In einer bekannten Studie an der University of Victoria waren 89% der Studenten nicht bereit, einen Kaffeebecher, den sie zuvor erhalten hatten, gegen 400g Schweizer Schokolade einzutauschen. In einer zweiten Gruppe wollten andererseits 90% der mit einer Schokoladentafel versorgten Studenten diese nicht gegen einen Kaffeebecher einhandeln. In einer dritten Gruppe konnten die Studenten zwischen Schokolade und Kaffeebecher wählen, ohne dass ihnen zuvor ein Gut zugeteilt wurde. Hier entschieden sich 56% für den Kaffeebecher, 46% für die Schweizer Schokolade – nur ihre Entscheidung war erkennbar nicht von dem vorherigen Besitz eines der Güter beeinflusst.

---

19 Grundlegend *Thaler*, Toward a Positive Theory of Consumer Choice, J.Econ. Behav.Org. 1 (1980), 39, 43 ff.; s. danach etwa *Knetsch/Sinden*, Willingness to Pay and Compensation Demanded: Experimental Evidence of an Unexpected Disparity in Measures of Value, Q.J.Econ. 99 (1984), 507; *Knetsch*, The Endowmend Effect and Evidence of Nonreversible Indifference Curves, Am.Econ.Rev. 79 (1989), 1227; *Kahneman/Knetsch/Thaler*, Experimental Tests of the Endowment Effect and the Coase Theorem, J.Pol.Econ. 98 (1990), 1325, 1326. Fundamentale Vorarbeiten finden sich bei *Tversky/Kahneman*, Judgment under Uncertainty: Heuristics and Biases, Science 185 (1974), 1124; *Kahneman/Tversky*, Prospect Theory: An Analysis of Decision under Risk, Econometrica 47 (1979), 263.

20 Allgemein hierzu *Kahneman/Tversky*, Econometrica 47 (1979), 263; *Kahneman/ Tversky*, Choices, Values and Frames, Am.Psychologist 39 (1984), 341; *Tversky/Kahneman*, Loss Aversion in Riskless Choice: A Reference-Dependent Model, Q.J.Econ. 106 (1991), 1039; evolutionstheoretische Erklärung bei *Huck/Kirchsteiger/Oechssler*, Learning to Like What You Have – Explaining the Endowment Effect, Econ.J. 115 (2005), 689.

21 *Knetsch*, Am.Econ.Rev. 79 (1989), 1277, 1278.

c) Coase, dispositives Recht und Vertragsverhandlungen

Auf das Vertragsrecht gewandt bedeuten diese Studien, dass die *Ex-ante*-Zuweisung dispositiver Rechtspositionen einen erheblichen Einfluss auf das Ergebnis von Vertragsverhandlungen haben kann. Sie bestimmt, ob sich der Wert, den die Parteien diesen Positionen zuschreiben, nach der *willingness to pay (WTP)* oder *willingness to accept (WTA)* richtet. Dies gilt auch dann, wenn die Partner ohne Transaktionskosten, mit vollständiger Information und ohne jegliches „Machtgefälle" verhandeln, und ist ein lupenreiner Widerspruch zu dem für die klassische ökonomische Analyse des Rechts zentralen *Coase-Theorem*.[22]

d) Der Einfluss der „Widerrufslösung" des § 31 a UrhG auf die Verhandlungen über die Einräumung von Nutzungsrechten

Legt man die vorgenannten Erkenntnisse unserem Verhandlungsmodell zugrunde, dann ist zu erwarten, dass es nach der neuen Rechtslage zu *signifikant weniger Nachverhandlungen* kommt und dass diese Nachverhandlungen – wenn sie stattfinden – in *niedrigeren Vergütungen* für den Urheber resultieren. Dabei unterstelle ich, dass sich der Verwerter das Nutzungsrecht grundsätzlich schon bei dem erstmaligen Abschluss des *Buy-out*-Vertrags (T_0) einräumen lässt. Kommt es in einem späteren Zeitpunkt (T_1) zur Aufnahme der neuen Nutzung, nimmt der Urheber dies nicht als Verlust oder jedenfalls nicht als ebenso großen Verlust wahr. Er akzeptiert die „rechtliche Normalverteilung" und widerruft entweder gar nicht oder wird im Durchschnitt jedenfalls nicht auf eine ebenso hohe Vergütung bestehen wie unter der alten Rechtslage, in der er das Nutzungsrecht zum ersten Mal übertragen musste.

Man könnte hiergegen einwenden, dass der Urheber zwar zum Zeitpunkt der Nachverhandlungen (T_1) die Aufnahme der neuen Nutzung nicht als (ebenso großen) Verlust wahrnimmt, aber dafür doch bei Abschluss des *Buy-out*-Vertrages (T_0) härter verhandeln müsste, weil er mehr verliere als nach der alten Rechtslage. Zu diesem Zeitpunkt ist die Nutzungsart jedoch unbekannt. Es erscheint daher unwahrscheinlich, dass der Urheber

22 *Kahneman/Knetsch/Thaler*, J.Pol.Econ. 98 (1990), 1325, 1326.

das Nutzungsrecht zu diesem Zeitpunkt ebenso als Teil seines Vermögens betrachtet.

e) Vermeidung kognitiver Dissonanzen

Das soeben formulierte Ergebnis lässt sich durch einen zweiten kognitionspsychologischen Ansatz begründen. Menschen haben ein starkes Bedürfnis nach *Dissonanzfreiheit*. Sie stören sich an Unstimmigkeiten in Wahrnehmung und Denken, versuchen diese Dissonanzen zu vermeiden und verstoßen damit häufig gegen elementare Vorhersagen der Theorie rationaler Erwartungen.[23] Sie zögern etwa, von einmal geformten Erwartungen abzuweichen (*conservatism bias* oder *belief-perserverance*).[24] Sie überbewerten Informationen, die ihre Erwartungen und zuvor gefasste Entscheidungen bestätigen, und sie unterbewerten solche Informationen, die ihren Erwartungen oder Entscheidungen in Frage stellen (*confirmation* oder *confirmatory bias*).[25] In unserem Verhandlungsmodell bedeutet dies, dass Urheber, die bereits zu einem Zeitpunkt T_0 sämtliche Rechte an neuen Nutzungsarten ihres Werkes einem anderen eingeräumt haben, bei der Entscheidung über den Widerruf im Zeitpunkt T_1 ein Bedürfnis haben, sich nicht zu dieser Entscheidung in Widerspruch zu setzen. Sie ignorieren oder unterbewerten daher solche Informationen, die für einen Widerruf sprechen, und überbewerten solche, die dagegen sprechen. Im Zweifel entscheiden sie sich gegen einen Widerruf.

---

23 Grundlegend *Festinger*, A Theory of Cognitive Dissonance (1957); zusf. hierzu *Frey/Gaska*, Die Theorie der kognitiven Dissonanz, in: Frey/Irle (Hrsg.), Theorien der Sozialpsychologie, Band I, (2. Aufl. 1993), S. 275 ff.; *Schulz-Hardt*, Realitätsflucht in Entscheidungsprozessen (1997), S. 57 ff.; instruktiv auch *Aronson/Wilson/Akert*, Sozialpsychologie (4. Aufl. 2004), S. 188 ff.; knapp *Zimbardo/Gerrig*, Psychologie (16. Aufl. 2004), S. 780 f.

24 *Edwards*, Conservatism in human information processing, in: Kahneman/Slovic/Tversky (Hrsg.), Judgment under Uncertainty: Heuristics and Biases (1982), S. 359, 361.

25 Etwa *Lord/Ross/Lepper*, Biased Assimilation and Attitude Polarization – The Effect of Prior Theories on Subsequently Considered Evidence, J.Pers. & Soc. Psychol. 37 (1979), 2098; *Snyder/Cantor*, Testing Hypothesis about other People: The Use of Historical Knowledge, J.Exp.Soc.Psychol. 15 (1979), 330; *Lord/Lepper/Preston*, Considering the opposite: A corrective strategy for social judgment, J.Pers. & Soc.Psychol. 47 (1984), 1231.

V. Reformulierung des Schutzbedürfnisses

All diese Betrachtungen erlauben es, ein Schutzbedürfnis des Urhebers zu definieren, das in der bisherigen rechtswissenschaftlichen Diskussion – aus dem Blickwinkel von *Behavioral Law and Economics* – nicht hinreichend analysiert worden ist: die Möglichkeit, *eine am wohlverstandenen Eigeninteresse ausgerichtete, von der vorigen Rechtseinräumung unbeeinflusste Entscheidung über den Widerruf nach § 31a UrhG zu treffen*. Dem abhelfen kann man durch verschiedene Regelungen.

VI. Rejustierung der Schutzinstrumente

1. Kontrolle des Vergütungsanspruchs

Zunächst kann man auf den Vergütungsanspruch gem. § 32c UrhG verweisen. In der Tat würde sich jeglicher Urheberschutz erübrigen, könnten Gerichte die angemessene Vergütung i.S.d. § 32c UrhG stets zutreffend bestimmen. In diesem Fall wäre die Urhebervergütung *per definitionem* auf dem Durchschnittsniveau, das unverzerrte Verhandlungen auf Augenhöhe zwischen Urheber und Verwerter ergeben würden. Die richterliche Vergütungsbestimmung ist aber mit zahlreichen Schwierigkeiten verbunden: unvollständige Information, das Fehlen eines Referenzmarktes bei Werken mit besonders hoher Gestaltungshöhe, die schwierige Abzinsung zukünftiger Gewinnerwartungen etc.[26] Sie befreit daher nicht von der Aufgabe, nach weiteren Schutzinstrumenten zu suchen.

2. Bestimmtheitsgrundsatz

Ein zweiter Ansatz bestünde darin, die Rechtseinräumung des Urhebers gem. § 31 Abs. 5 UrhG eng auszulegen. *Buy-out*-Verträge würden unbekannte Nutzungsarten dann nur erfassen, wenn sie sie hinreichend be-

---

26 Vgl. zur Problematik etwa *Bartholomeyczik*, Äquivalenzprinzip, Waffengleichheit und Gleichgewichtsprinzip in der modernen Rechtsentwicklung, AcP 166 (1966), 30, 61 f.; *Bydlinski*, Privatautonomie und objektive Grundlagen des verpflichtenden Rechtsgeschäfts (1967), S. 151 ff.; *Voß*, Der Anspruch des Urhebers auf die angemessene Vergütung und die weitere angemessene Beteiligung (2005), S. 199.

stimmen. Es käme also häufiger zu Fällen, in denen der Urheber mit dem Verleger über die erstmalige Einräumung eines Nutzungsrechts verhandelt. *De lege lata* ist umstritten, ob § 31 Abs. 5 UrhG auf Verträge über unbekannte Nutzungsarten anwendbar ist.[27] Unter verhaltensökonomischen Gesichtspunkten erscheint der Bestimmtheitsgrundsatz schon deshalb nicht als Allheilmittel, weil er beim Urheber eine Wachsamkeit und Informationsverarbeitungskapazität voraussetzt, die dieser in der Realität nicht hat.[28]

3. Information über die Widerrufsmöglichkeit

Den vielversprechendsten Regelungszugriff bietet daher die Information über das Widerrufsrecht. Im System der paternalistischen Rechtsbehelfe handelt es sich um eine relativ unverdächtige Form „asymmetrischen"[29] bzw. „libertären"[30] Paternalismus. Information verbessert die Entscheidungsfindung derjenigen, die unter kognitiven Verzerrungen leiden, schränkt aber nicht die Entscheidungsfreiheit derjenigen ein, die den Schutz vor Urteilsverzerrungen nicht brauchen oder ablehnen. Die Informationsobliegenheit des Verwerters könnte verschiedene Formen annehmen.

a) Widerrufsbelehrung nach dem Vorbild des § 355 Abs. 2 BGB

Denkbar wäre zunächst eine Belehrungsobliegenheit des Verwerters über das Widerrufsrecht nach dem Vorbild des § 355 Abs. 2 BGB. Eine solche Obliegenheit hat der Gesetzgeber in § 31a UrhG nicht vorgesehen. Sie

---

[27] Dafür *Hoeren*, MMR 2007, 615, 616; *Frey/Rudolph*, Verfügungen über unbekannte Nutzungsarten: Anmerkungen zum Regierungsentwurf des Zweiten Korbs, ZUM 2007, 13, 15; Wandtke/Bullinger-*Wandtke/Grunert*, Praxiskommentar zum Urheberrecht (3. Aufl. 2009), § 31 UrhG Rn. 39, § 31 a UrhG Rn. 14; Dreier/Schulze-*Schulze*, Urheberrechtsgesetz (3. Aufl. 2008), § 31 a UrhG Rn. 74; Dreyer/Kotthoff/Meckel-*Kotthoff*, Urheberrecht (2. Aufl. 2009), § 31 a UrhG Rn. 7; Fromm/Nordemann-*Nordemann*, Urheberrecht (10. Aufl. 2008), § 31 a UrhG, Rn. 82; a. A. *Klöhn*, K&R 2008, 77, 79 f.

[28] S. hierzu die Beiträge von *Rehberg*, in diesem Band, § 3 (S. 41 ff.), und *Schulze*, § 4 (S. 65 ff.).

[29] *Camerer/Issacharoff/Loewenstein/O'Donoghue/Rabin*, U.Pa.L.Rev. 151 (2003), 1211, 1230.

[30] *Sunstein/Thaler*, U.Chi.L.Rev. 70 (2003), 1159, 1162.

ließe sich auch nicht ohne Verstoß gegen die Regeln richterlicher Rechtsfortbildung in das Gesetz einfügen.[31] Rechtspolitisch sollte man sich von einer Widerrufsbelehrung nach dem Vorbild des § 355 BGB nicht allzu viel versprechen. Sie darf nämlich erfolgen, bevor die neue Nutzungsart bekannt wird (im gesetzlichen Regelfall erfolgt sie vor Vertragsschluss), d.h. zu einem Zeitpunkt, zu dem der Urheber das Nutzungsrecht für die neue Nutzungsart noch nicht seinem Besitzstand einverleibt hat.

b) Information über die beabsichtigte Aufnahme der neuen Nutzung

Als Regelungszugriff bleibt daher die Information über die beabsichtigte Aufnahme der neuen Nutzung, die gem. § 31a Abs. 1 S. 4 UrhG das Widerrufsrecht erlöschen lässt. § 31a UrhG enthält keine Anforderungen an den Inhalt dieser Mitteilung. Höchstrichterliche Rechtsprechung existiert – soweit ersichtlich – noch nicht. In der Literatur wird die Ansicht vertreten, die beabsichtigte neue Art der Werknutzung sei so konkret zu benennen oder zu umschreiben, dass der Urheber sich ein Bild von der Art und Weise der beabsichtigten neuen Werknutzung sowie dessen potentielle wirtschaftliche Bedeutung machen kann. [32]

Im Lichte von *Behavioral Law and Economics* lassen sich diese Vorschläge weiter anreichern und spezifizieren, um dem oben definierten Schutzbedürfnis abzuhelfen. Hierbei kann man die zahlreichen Erkenntnisse verwerten, die die Kognitionspsychologie über die Wahrnehmung und Verarbeitung von Informationen hervorgebracht hat.

- Zunächst ist nicht nur erforderlich, dass der Verwerter den Urheber über die (konkrete) Nutzungsaufnahme informiert, er sollte ihn auch auf das *Widerrufsrecht und die Dreimonatsfrist hinweisen*.[33] Dies ist geboten, weil ansonsten nur der rechtlich vorgebildete oder gut informierte Urheber die Möglichkeit hat, die ursprüngliche Einräumung des Nutzungsrechts zu hinterfragen. Dabei dürfte der Effekt der Widerrufsbelehrung stark davon abhängen, ob man die Konsequenzen des Widerrufs als Verlust (des Anspruchs auf die angemessene Vergütung nach

---

31 S. nur in Wandtke/Bullinger-*Wandtke/Grunert* (Fn. 27), § 31 a UrhG Rn. 73.

32 Wandtke/Bullinger-*Wandtke/Grunert* (Fn. 27), § 31 a UrhG Rn. 84.

33 Dafür schon nach dem geltenden Recht G. *Schulze*, UFITA 2007/III, 641, 665; vorsichtig ablehnend Wandtke/Bullinger-*Wandtke/Grunert* (Fn. 27), § 31 a UrhG Rn. 84 („gesetzlich nicht vorgesehen").

§ 32c UrhG) oder Gewinn (der Nachverhandlungsmöglichkeit) darstellt. Ursache ist eine der Grundaussagen der *Prospect Theory*. Menschen fürchten den Verlust ungleich stärker, als sie sich über einen betragsmäßig identischen Gewinn freuen.[34]

- Weiterhin wäre zu fordern, dass die Widerrufsbelehrung auf den Urheber individualisiert ist und ihn direkt anspricht. Zahlreiche Studien zeigen, dass allgemein gehaltene Information entweder gar nicht oder nicht mit der hinreichenden Aufmerksamkeit wahrgenommen wird. Grund hierfür sind die bereits erwähnten Strategien des Menschen zur Vermeidung kognitiver Dissonanzen: *conservatism, confirmation bias* und *belief perseverance*.[35]

Geht man von übermäßig optimistischen Urhebern aus, die die Höhe der angemessenen Vergütung nach § 32c UrhG systematisch überschätzen, dann bietet sich sogar an, die Belehrung über die Widerrufsmöglichkeit mit statistischem Material über die Höhe des gesetzlichen Vergütungsanspruchs anzureichern, möglicherweise sogar ergänzt um graphische Darstellungen.

VII. Fazit/Thesen

1. Im Lichte von Behavioral Law and Economics ist zu erwarten, dass Urheber und Verwerter unter dem neuen Urheberrecht seltener über die Einräumung von Nutzungsrechten für (zunächst) unbekannte Nutzungsarten (nach-)verhandeln als nach dem alten Recht.
2. Selbst wenn es nach dem neuen Recht zum Widerruf und zur Nachverhandlung kommt, ist zu progostizieren, dass Urheber durchschnittlich eine geringere Vergütung erzielen als bei den Verhandlungen über die erstmalige Einräumung eines Nutzungsrechts nach § 31 Abs. 4 UrhG a. F.
3. Dies erlaubt, ein neues – aus Sicht von Behavioral Law and Economics bisher nicht hinreichend untersuchtes – Schutzbedürfnis des Urhebers zu formulieren: die Möglichkeit, eine am wohlverstandenen Eigeninteresse ausgerichtete, von der vorigen Rechtseinräumung unbeein-

34 Grundlegend *Kahneman/Tversky*, Econometrica 47 (1979), 263, 268.
35 S. o. IV. 3. e).

flusste Entscheidung über den Widerruf nach § 31 a Abs. 1 S. 3 UrhG zu treffen.

4. Es bieten sich verschiedene Regeln an, um diesem Schutzbedürfnis entgegenzukommen. Vorzugswürdig erscheint eine Rejustierung der Anforderungen an die Belehrung über die beabsichtigte Nutzungsaufnahme gem. § 31 a Abs. 1 S. 4 UrhG. Hierbei können einige kognitionspsychologische Erkenntnisse über die Informationswahrnehmung und -verarbeitung von Menschen verwertet werden.

§ 6 Unbekannte Nutzungsarten – Kommentar

Karl Riesenhuber

Übersicht

I. Einführung: Verhaltensanreize des § 31a UrhG und mögliche Remeduren

Lassen Sie mich kurz resümieren, wie sich § 31a UrhG aus der Perspektive der Verhaltensökonomik darstellt. Ausgangspunkt ist, dass Herr *Klöhn* die Vorschrift als einen Bestandteil des rechtlichen Rahmens verstanden hat, vor dem die Verhandlungen der Parteien stattfinden. Lag die Initiativlast nach § 31 Abs. 4 UrhG a.F. beim Nutzer, so liegt sie jetzt beim Urheber, und das macht praktisch einen Unterschied, da Menschen geneigt sind, die, wie Herr *Klöhn* anschaulich formuliert, „rechtliche Normalverteilung" zu akzeptieren. Hinzu kommt, dass man nach dem so genannten Besitzeffekt mehr verlangt, wenn man etwas hergeben muss. Die gewisse „Streckung" des Vorgangs, in dem man die Rechte für anfänglich unbekannte Nutzungsarten hergibt, führt dazu, dass der Urheber den Verlust nicht so sieht und spürt und daher dafür nicht so viel verlangt.

Diese Ausgangsüberlegungen lege ich im Folgenden ohne weiteres zugrunde. Allerdings bestehen schon aus verhaltensökonomischer Perspektive Zweifel, ob Besitzeffekte überhaupt eine Rolle spielen, wenn Urheber Verwertern Nutzungsrechte einräumen. Im jedenfalls praktischen Regelfall schafft der Urheber Werke – und erwirbt er so Urheberrechte – gerade mit dem Ziel, sie zu verwerten und daraus Einnahmen zu erzielen. Es gibt aber Hinweise darauf, dass man die Weggabe von Gegenständen, die für den Austausch bestimmt sind, nicht als Verlust wahrnimmt.[1] Zudem bedarf möglicherweise noch näherer (empirischer) Untersuchung, wie sich auf die Verlustwahrnehmung auswirkt, dass der Urheber die Nutzungsart und damit ihre persönlichkeits- und vermögensrechtliche Relevanz nicht erkennen kann.

Bei den Erwägungen, was man unter diesen rechtlichen Vorzeichen und Verhaltensanreizen tun kann, um den Urheber doch wieder etwas mehr zu schützen, hält Herr *Klöhn* die Vergütungskontrolle nach § 32c UrhG für unzureichend. Hier läge ja auch wiederum die Initiativlast beim Urheber. Die Zweckübertragungsregel ist ebenfalls kein ernsthaftes Hindernis, sondern nur eine Aufforderung an die Kautelarjuristen. Unter geltendem Recht bleibt damit nur die Möglichkeit, auf Information zu setzen, nämlich die nach § 31a Abs. 1 S. 4 UrhG dem Verwerter obliegende Information über die beabsichtigte Aufnahme der Nutzung. Hier würde es helfen, wenn der Nutzer

- auf die Dreimonatsfrist hinweisen,
- die Konsequenzen des Widerrufs als Verlust darstellen,
- den Urheber individualisiert ansprechen und
- die Information mit statistischen Daten unterlegen würde.

Ich möchte im Folgenden zunächst in einem ersten Schritt (II.) die Erwägungen aufzeigen, die Rechtsprechung und Gesetzgebung bei Entwicklung der Regeln über die unbekannten Nutzungsarten angestellt haben. Geht es beim Urhebervertragsrecht gerade darum, den Urheber zu schützen, so könnte der Gesetzgeber die Wirkmechanismen auf der Grundlage menschlicher Verhaltensmuster bereits erörtert und jedenfalls intuitiv

---

1 *Novembsky/Kahnemann*, The Boundaries of Loss Aversion, J.Mark.Res. 62 (2005), 119–128. Diesen Hinweis verdanke ich dem Beitrag von *Engert*, in diesem Band, § 9 (S. 167 ff.).

oder aufgrund eines *common sense* treffend erfasst haben. Anschließend (III.) möchte ich die Erwägungen von Herrn *Klöhn* noch einmal aufgreifen und, auch auf der Grundlage privatrechtstheoretischer Überlegungen zum Widerrufsrecht als Schutzmechanismus, einerseits erweitern, andererseits vertiefen. Erweiternd ist zu erwägen, in welchen Anwendungsfällen der Widerrufsmechanismus sonst als Schutzinstrument verwendet wird. Vertiefend möchte ich der Frage weiter nachgehen, inwieweit sich die verhaltensökonomischen Erwägungen bereits dogmatisch fruchtbar machen lassen.

II. Die Entwicklung der gesetzlichen Regelung

Schauen wir uns zunächst an, wie Gerichte und Gesetzgeber die Schutzbedürfnisse des Urhebers im Hinblick auf unbekannte Nutzungsarten beurteilt haben, insbesondere, wie sie die von Herrn *Klöhn* angesprochenen Verhaltensmuster und Verhaltensanreize bewertet haben.

1. Unbekannte Nutzungsarten – vor der rechtlichen Normierung

Mit nachträglich bekannt gewordenen Nutzungsarten hatte vor der gesetzlichen Normierung zunächst das Reichsgericht umzugehen.[2] Mangels spezieller Regelung behandelt das Gericht die Problematik zunächst mit dem allgemein-zivilrechtlichen Instrumentarium, nämlich den Grundsätzen der Auslegung und der ergänzenden Vertragsauslegung. Die Rechtsgeschäftslehre bietet durchaus Ansätze für einen effektiven Urheberschutz im Hinblick auf anfänglich unbekannte Nutzungsarten. Mit einer nach dem Zweck des Rechtsgeschäfts eingeschränkten Auslegung

2 RGZ 118, 282, 285–287 – Musikantenmädel; RGZ 123, 312, 315–320 – Wilhelm Busch; RGZ 140, 255, 257 – Hampelmann; BGHZ 11, 135, 143f. – Lautsprecher-Übertragung. Dazu *Ulmer,* Urheber- und Verlagsrecht (2. Aufl. 1960), S. 293f. Zur Entwicklung etwa *Donhauser,* Der Begriff der unbekannten Nutzungsart gem. § 31 IV UrhG (2001), S. 88–105; *Drewes,* Neue Nutzungsarten im Urheberrecht (2002), S. 28–35; *Schweyer,* Die Zweckübertragungstheorie im Urheberrecht (1982), S. 18–32; *Wandtke/Holzapfel,* Ist § 31 IV UrhG noch zeitgemäß?, GRUR 2004, 284, 285.

der Rechteübertragung kommt freilich schon die spezifisch urheberrechtliche Zweckübertragungslehre zur Geltung.[3]

Das Reichsgericht stellt dabei – zunächst wiederum allein auf der Grundlage des allgemeinen Zivilrechts – auch die Erwägung an, dass der Urheber sich für neue Nutzungsarten ein gesondertes Entgelt versprechen lassen würde.[4] Es akzeptiert aber im Weiteren auch den Grundsatz:

> „der Urheber solle davor geschützt werden, dass er das ganze Urheberrecht in Unkenntnis der ihm innewohnenden nicht vorhersehbaren künftigen neuen Verwertungsmöglichkeiten aus der Hand gebe, ohne dafür ein angemessen vergütendes Entgelt zu erlangen."[5]

Damit war in den konkreten Fällen ein Schutz des Urhebers gesichert und zeichnete sich auch das Modell einer Beschränkung der Verfügungsmacht bis zum Bekanntwerden der Nutzungsart ab. Indes dürfte mit Hilfe eines Auslegungsgrundsatzes auf lange Sicht kein Schutz des Urhebers zu erreichen sein, da man schlicht spezifisch (und damit „auslegungsfest") anderes vereinbaren kann.[6] Aus verhandlungstheoretischer Sicht kann man dann nur erwägen, ob nicht schon die Warnfunktion der spezifischen Vereinbarung, wie sie in der Sache auch die sogenannte Zweckübertragungsregel des § 31 Abs. 5 UrhG bewirkt, für einen ausreichenden Schutz sorgt. Das dürfte mit guten Gründen zu bezweifeln sein. Jedenfalls hat das der Gesetzgeber von 2007 so gesehen, wenn er bei der Begründung des Widerrufsrechts von § 31a Abs. 1 UrhG davon ausging, der Urheber könne sich dem Ansinnen, auch die Rechte für unbekannte Nutzungsarten einzuräumen, jedenfalls „aus gegebenen Konstellationen heraus" nicht entziehen.[7]

---

3 RGZ 123, 312, 317 f. – Wilhelm Busch.

4 RGZ 123, 312, 318 f. – Wilhelm Busch.

5 RGZ 140, 255, 257 – Hampelmann.

6 Vgl. *Fromm/Nordemann*, Urheberrecht (1. Aufl. 1966), §§ 31, 32 UrhG Rn. 4.

7 Vgl. Gesetzesentwurf der Bundesregierung – Entwurf eines Zweiten Gesetzes zur Regelung des Urheberrechts in der Informationsgesellschaft, BT-Drs. 16/1828, S. 24: „wenn er [der Urheber] ihm [seinem stärkeren Vertragspartner] die Nutzungsrechte seinerzeit aus gegebenen Konstellationen heraus einräumen ‚musste'.

2. Das Verbot des § 31 Abs. 4 UrhG 1965

Eine gesetzliche Regelung über unbekannte Nutzungsarten enthielt zuerst das UrhG von 1965. Sie war – ungeachtet ihrer Wegbereitung durch die Rechtsprechung des RG – keineswegs unumstritten. Man hielt ihr insbesondere entgegen, der Urheber werde bevormundet, das könne auch zu seinem Nachteil ausgehen, der Gesetzgeber verstoße gegen das Subsidiaritätsprinzip des Art. 2 GG.[8]

Zur Begründung des neuen § 31 Abs. 4 hatte der Regierungsentwurf vom 23. März 1962 ausgeführt:

> „Absatz 4 beschränkt die Möglichkeit der Einräumung von Nutzungsrechten auf die zur Zeit der Einräumung bekannten Nutzungsarten und erklärt zugleich die Übernahme einer Verpflichtung zur Einräumung von Nutzungsrechten für unbekannte Nutzungsarten für unwirksam. Diese Bestimmung dient dem Schutz des Urhebers; ihm soll, wenn neue Nutzungsarten entwickelt werden, stets die Entscheidung darüber vorbehalten bleiben, ob und gegen welches Entgelt er mit der Nutzung seines Werkes auch auf die neue erfundene Art einverstanden ist.“[9]

Hier steht das Dispositionsinteresse des Urhebers im Vordergrund, wird aber auch das Vergütungsinteresse angesprochen. Über die „rationale“ oder „informierte“ Entscheidung machen sich die Entwurfsverfasser keine Gedanken: sie ist schon durch den gewählten Mechanismus im Grundsatz gewährleistet, da der Urheber die Entscheidung erst fällt, wenn die Nutzungsart bekannt ist und er ihre – etwa persönlichkeitsrechtliche und wirtschaftliche – Bedeutung absehen kann.

Herr *Klöhn* hatte diesen Schutzmechanismus als einen „harten Paternalismus“ gekennzeichnet.[10] In der Tat handelt es sich ja zuerst um ein

---

8 Zur Kritik aus der Entstehungszeit (Bevormundung, Verfassungswidrigkeit), s. etwa *Möhring/Nicolini,* Urheberrechtsgesetz (1. Aufl. 1970), § 31 Anm. 1.b) dd).

9 Entwurf eines Gesetzes über Urheberrecht und verwandte Schutzrechte (Urheberrechtsgesetz) der Bundesregierung vom 23.3.1962, BT-Drs. IV/270 S. 56, auch abgedruckt in M. *Schulze* (Hrsg.), Materialien zum Urheberrechtsgesetz – Bd. 1 (2. Aufl. 1997), S. 459.

10 Zu verschiedenen Paternalismus-Begriffen *Enderlein,* Rechtspaternalismus und Vertragsrecht (1996), S. 7–14; *Anderheiden/Bürkli/Heinig* (Hrsg.), Paternalismus und Recht (2006), S. 261; *Kirchgässner,* Homo Oeconomicus – Das ökonomische Modell individuellen Verhaltens in den Wirtschafts- und Sozialwissenschaften (3. Aufl. 2008), S. 260–270.

Verbot. Allerdings handelt es sich in der Sache um eine Regelung, die man auch als Verfahrensmechanismus ansehen kann, verbietet sie die Nutzungsrechtseinräumung zwar *für unbekannte Nutzungsarten* umfassend, nicht aber für die einzelne, später bekannt gewordene Nutzungsart. Sieht man auf die einzelnen Nutzungsarten, so handelt es sich also nur um eine *temporäre Beschränkung* der Dispositionsbefugnis.

3. Die Neuregelung durch den 2. Korb

a) Aus der Begründung des Referentenentwurfs

Zur Neuregelung durch den Zweiten Korb und zum Widerrufsrecht als Schutzmechanismus führt der Gesetzgeber aus:

> „Die berechtigten Interessen der Urheber werden dadurch gewahrt, dass eine solche Vereinbarung nur schriftlich getroffen werden kann und es dem Urheber ermöglicht wird, seine Entscheidung, ob er sein Werk in neu hinzutretenden Nutzungsarten ausgewertet haben will, bis zu einem gewissen Grad auch nachträglich zu revidieren.“[11]
>
> „Im Interesse des Urhebers sieht der Entwurf vor, dass der Urheber die Rechtseinräumung und die Verpflichtung hierzu mit Bezug auf die fragliche – zunächst unbekannte – Nutzungsart widerrufen kann. Der Urheber kann seinen Widerruf – uneingeschränkt und folgenlos – bezüglich jeder einzelnen neuen Nutzungsart erklären, solange die Nutzungsart noch nicht bekannt ist. Der Urheber kann seinen Widerruf aber auch umfassend für alle künftig entstehenden Nutzungsarten erklären. Konkret bedeutet dies, dass die pauschale Rechtseinräumung über die bekannten Nutzungsarten hinaus im schriftlichen Vertrag entfällt, der Rest des Vertrags aber Bestand hat. Auch wenn die neue Nutzungsart schon bekannt geworden ist, aber der Verwerter die fragliche Nutzungsart mit Bezug auf das konkrete Werk noch nicht aufgenommen hat, kann der Urheber den Rückruf erklären. (…)
>
> Die Urheberinteressen werden gewahrt, weil der Urheber auf lange Sicht – nämlich bis zum Beginn der Werknutzung in der neuen Nutzungsart – in der Lage ist, seine Entscheidung, die Nutzungsrechte an unbekannten Nutzungsarten einzuräumen, zu revidieren. In diesem Widerrufsrecht liegt denn auch ein nicht unerheblicher Schutz des Urhebers vor seinem stärkeren Vertragspartner, wenn

---

[11] Gesetzesentwurf der Bundesregierung – Entwurf eines Zweiten Gesetzes zur Regelung des Urheberrechts in der Informationsgesellschaft, BT-Drs. 16/1828, S. 22. Im Wesentlichen schon ebenso Referentenentwurf für ein Zweites Gesetz zur Regelung des Urheberrechts in der Informationsgesellschaft, Stand: 27.9.2004, S. 39, abrufbar unter http://www.bmj.bund.de/media/archive/760.pdf.

er ihm die Nutzungsrechte seinerzeit aus gegebenen Konstellationen heraus einräumen ‚musste'. Denn auch wenn der Urheber das Rücktrittsrecht später ausübt, bleibt dies auf die dazwischen liegende Vertragsbeziehung ohne negativen Einfluss. Die vorgeschlagene Regelung, erscheint im Interesse des Urhebers als notwendig, aber auch ausreichend. Dem Vorschlag der öffentlich-rechtlichen Sendeunternehmen, eine Einräumung von Nutzungsrechten in unbekannten Nutzungsarten nur an Verwertungsgesellschaften zu gestatten, wird nicht gefolgt. Dies wäre nicht mit dem Grundgedanken in Einklang zu bringen, dem Verwerter einen umfassenden Rechtserwerb zu ermöglichen."[12]

Der Schutz durch das Widerrufsrecht wird also als „nicht unerheblich" und „ausreichend" erachtet. Erwägungen zu den praktischen Auswirkungen, insbesondere zu den Verhaltens- und Verhandlungsanreizen der Regelung hat der Gesetzgeber nicht angestellt.

b) Die verworfene Verwertungsgesellschaftenlösung

Die Begründung spricht auch die von den öffentlich-rechtlichen Sendeunternehmen angeregte Alternative an, die Verwertungsgesellschaften als Rechtemittler einzuschalten, verwirft sie aber aus prinzipiellen Erwägungen. Auch der sogenannte Professorenentwurf von 2000 hatte eine punktuelle Ergänzung von § 31 Abs. 4 UrhG a.F. erwogen, nach der zum einen der Begriff der neuen Nutzungsart umschrieben werden sollte, zum anderen isoliert nur der Wahrnehmungsvertrag vom Verbot der Rechteeinräumung ausgenommen werden sollte.[13]

Das ist nicht zuletzt deswegen von Interesse, weil sich die Anwendung von § 31 Abs. 4 UrhG auf den Wahrnehmungsvertrag als ein Hemmnis für eine effektive, den Urheber umfassend schützende Wahrnehmungstätigkeit erwiesen hatte.[14] Muss der Wahrnehmungsvertrag immer erst ergänzt werden, wenn eine neue Nutzungsart bekannt wird und Bedeutung erlangt, so entsteht fast unausweichlich eine temporäre Wahrnehmungslücke von mindestens ein bis zwei Jahren, über die sich allein der

---

12 RegE (Fn. 11), BT-Drs. 16/1828, S. 24; im Wesentlichen ebenso schon RefE (Fn. 11), S. 46f.

13 § 31 Abs. 4 S. 3 Professorenentwurf, abgedruckt in GRUR 2000, 765, 766 (Begründung S. 773); krit. *Schack,* Urhebervertragsrecht im Meinungsstreit, GRUR 2002, 853, 854 („kollektivistische Tendenz"). Zur Anwendbarkeit von § 31 Abs. 4 a.F. auf den Wahrnehmungsvertrag nur *Riesenhuber,* Die Auslegung und Kontrolle des Wahrnehmungsvertrags (2004), S. 57–61.

14 BGHZ 95, 27 – GEMA-Vermutung I; BGH, GRUR 1988, 296 – GEMA-Vermutung IV.

Nutzer freuen kann: In den hier interessierenden Fällen ist der einzelne Urheber nicht zur Rechtsverfolgung in der Lage, sei es aus praktischen oder wirtschaftlichen Gründen („es lohnt sich nicht"). Hier war aber offenbar die Lobby der Urheber offenbar nicht stark genug, eine Neuregelung (Ausnahme des Wahrnehmungsvertrags vom Verbot des § 31 Abs. 4 UrhG) zu erreichen. Die Neuregelung wurde erst realisiert, als die *Nutzerinteressen* dafür ins Feld geführt wurden.

Eine Lösung des Problems nachträglich bekannt werdender Nutzungsarten über die Verwertungsgesellschaften hätte im Hinblick auf den Schutz des Urhebers und die Praktikabilität durchaus Vorteile aufweisen können. Die kollektive Wahrnehmung der Rechte wäre besser geeignet, die Interessen der Urheber geltend zu machen. Sie hätte das bekannte Problem gelöst, den Rechteinhaber zu ermitteln.[15] Die wahrnehmungsrechtlichen Bindungen (§§ 6f., 11 UrhWG) hätten sowohl die Rechte der Urheber geschützt[16] als auch sichergestellt, dass Nutzer die Rechte zu angemessenen Bedingungen bekommen können.

III. Die Bedeutung der „rechtlichen Normalverteilung" – Das Widerrufsrecht als Schutzmechanismus

1. Widerruf, Widerspruch und andere Aktionslasten

Der von § 31a UrhG gewählte Mechanismus des Widerrufsrechts begegnet uns auch sonst im Privatrecht. Privatrechtstheoretisch wird er beson-

15 *Schuchardt,* Verträge über unbekannte Nutzungsarten nach dem „Zweiten Korb" (2008), S. 105, schlägt denn auch unter der Neuregelung des § 31a UrhG vor, die Verwertungsgesellschaften als Mittler einzubeziehen (Auskunft über Adressen, Empfangsbevollmächtigung für Urheber).

16 Die Sorge *Schacks,* GRUR 2002, 853, 854, vor einer „kollektivistischen Tendenz" ist zwar durchaus verständlich, ihr lässt sich aber schon über das Angemessenheitsgebot des § 6 Abs. 1 S. 1 UrhG Rechnung tragen, das gerade den Umfang der Rechteübertragung kontrolliert; *Riesenhuber* (Fn. 13), S. 67f. Erweist sich etwa im Nachhinein, dass die Rechte an einer nachträglich bekannt gewordene Nutzungsart ebensogut individuell wahrgenommen werden können oder der einzelne Urheber aufgrund der persönlichkeitsrechtlichen Relevanz darüber individuell entscheiden können sollte, kann die Rechteübertragung an die Verwertungsgesellschaft im Einzelfall „unangemessen" sein.

ders geschätzt, weil er die Privatautonomie des Geschützten nur verhältnismäßig einschränkt.[17] Anders als bei der Inhaltskontrolle nimmt man ihm die Entscheidung nicht aus der Hand, sondern gibt ihm die Möglichkeit einer erneuten Entscheidung. Man verwendet diesen Mechanismus vorzugsweise dort, wo man jemanden vor einer unbedachten Entscheidung schützen will. Das vertragsrechtliche Paradebeispiel ist das Widerrufsrecht bei Haustürgeschäften. Hier befindet sich, nach weithin konsentiertem Befund, der Verbraucher in einer Überrumpelungssituation. Außerdem wird ihm die Möglichkeit eines Marktvergleichs genommen. Wenn der Verkäufer den Fuß wieder aus der Tür genommen hat und der Käufer die Möglichkeit hatte, sich über Marktangebote und -preise zu informieren, kann er durch das Widerrufsrecht erneut entscheiden. Und dass er dabei die Aktionslast trägt, erscheint im Ansatz auch nur billig, denn immerhin hat der dem Vertrag ja bereits einmal zugestimmt.

In der Übergangsvorschrift des § 137l UrhG hat der Gesetzgeber einen ähnlichen Mechanismus genutzt. „Hat der Urheber zwischen dem 1. Januar 1966 und dem 1. Januar 2008 einem anderen alle wesentlichen Nutzungsrechte ausschließlich sowie räumlich und zeitlich unbegrenzt eingeräumt, gelten die zum Zeitpunkt des Vertragsschlusses unbekannten Nutzungsrechte als dem anderen ebenfalls eingeräumt, sofern der Urheber nicht dem anderen gegenüber der Nutzung widerspricht." Hier hat der Urheber nun zwar nicht die Rechte für die anfänglich unbekannten, nachträglich bekannt gewordenen Nutzungsarten dem Nutzer eingeräumt. Aber immerhin hat er ihm so weitgehend Nutzungsrechte übertragen, dass die Annahme gerechtfertigt erscheint: Wenn dem Urheber die Möglichkeit einer Rechteeinräumung für unbekannte Nutzungsarten anfänglich vor Augen gestanden hätte und wenn der Nutzer ihm dafür eine gesonderte angemessene Vergütung versprochen hätte (§ 137l Abs. 4 UrhG), dann hätte sich der Urheber redlicherweise auch auf diese Nutzungsrechtseinräumung für unbekannte Nutzungsarten eingelassen.[18] Sollte

---

17 S. nur *Riesenhuber,* System und Prinzipien des Europäischen Vertragsrechts (2002), S. 343–348; *ders.,* Europäisches Vertragsrecht (2. Aufl. 2006), Rn. 396–404.

18 Der Gesetzgeber hat sich zur materiellen Begründung und dogmatischen Einordnung der Regelung darauf berufen, es handele sich um einen Fall der Zustimmung durch Schweigen; BT-Drs. 16/1828, S. 34. Dogmatisch treffender scheint die Einordnung als gesetzlichen Fall einer (pauschalierenden) er-

das entgegen der Erwartung des Gesetzgebers anders sein, kann er widersprechen.

Ein drittes Beispiel ist ganz aktuell: das Google Books Settlement.[19] Hier liegen die Dinge freilich etwas anders, weil es nicht aufgrund einer vertraglichen Abrede zustande gekommen ist, sondern zur Beilegung eines Prozesses wegen einer Urheberrechtsverletzung durch Google. In unserem Zusammenhang sind verschiedene Aspekte des Verfahrens von Interesse. Ein Bestandteil des Settlements ist, dass es in den nächsten Tagen vom zuständigen Gericht den Segen bekommen könnte, wenn nicht eine erhebliche Anzahl von Urhebern widerspricht. Ein anderer Bestandteil ist, dass dort ein Anspruch auf Zahlung von einmalig USD 60 als Ausgleich für die bereits erfolgte Digitalisierung der Bücher vorgesehen ist, der allerdings voraussetzt, dass sich die betroffenen Urheber melden.

2. Die Ausübung des Widerrufsrechts in der Praxis

a) Die Bedeutung von Information

Was privatrechtstheoretisch beim Widerrufsrecht für Haustürgeschäfte oder Fernabsatzgeschäfte gut aussieht, erweist sich allerdings in der Praxis als nicht unproblematisch.

Mindestvoraussetzung für ein Tätigwerden – hier: des Urhebers – ist, dass er Kenntnis von seiner Aktionslast hat.[20] Darauf hat Herr *Klöhn* mit Recht Gewicht gelegt. Allerdings haben wir auch gelernt, dass die Art und Weise, in der der Aktionsbelastete Kenntnis erlangt, von erheblichem Gewicht ist. Beim Haustür- oder Fernabsatzgeschäften ist der Verbraucher über das Widerrufsrecht selbst zu belehren (§§ 312, 312d, 355 Abs. 2 BGB). Bei § 31a UrhG liegen die Dinge anders. Hier obliegt dem

gänzenden Vertragsauslegung, wobei in dem Widerspruchsrecht des Urhebers ein Ausgleich für die tatbestandlich vorgenommenen Pauschalierung liegt.

19 Informationen finden sich unter http://www.googlebooksettlement.com/r/home. Dort ist auch der Vergleich selbst abrufbar.

20 Im Vertragsrecht lässt sich die (an sich privatrechtsfremde) Belehrungsobliegenheit des Unternehmers auch damit rechtfertigen, dass das Widerrufsrecht ungewöhnlich und daher dem Verbraucher unbekannt ist; *Riesenhuber,* System und Prinzipien (Fn. 17), S. 343–348; *ders.,* Europäisches Vertragsrecht (Fn. 17), Rn. 396–404.

Nutzer nur „die Mitteilung über die beabsichtigte Aufnahme der neuen Art der Werknutzung“ (Abs. 1 S. 4). Das klingt schon dem Gesetzeswortlaut nach geradezu beschwichtigend, zumal eine Belehrung über das Widerrufsrecht jedenfalls nicht *expressis verbis* vorgeschrieben ist.

b) Die Informationsobliegenheit des § 31 Abs. 1 S. 4 UrhG

Daher erscheinen die Hinweise von Herrn *Klöhn,* wie man das Widerrufsrecht besser effektuieren kann, als besonders wichtig. Wenn man das Widerrufsrecht als Instrument zum Schutz der Dispositionsfreiheit verwendet, kommt der Informationsobliegenheit zentrale Bedeutung zu.

aa) Belehrungsobliegenheit?

Wichtig ist zuerst, den Urheber auch über sein Widerrufsrecht zu belehren. Im Gesetz ist das nicht vorgeschrieben. Herr *Klöhn* hat eine Analogie zu § 355 Abs. 2 BGB mit einer im Schrifttum vertretenen Meinung abgelehnt. Sie wird im Wesentlichen darauf gestützt, dass die Sachverhalte in den beiden Fällen nicht wesentlich gleich lägen, insbesondere das von § 355 Abs. 2 BGB vorausgesetzte Unternehmer-Verbraucher-Verhältnis hier nicht vorliege.[21] *Klöhn* weist überdies darauf hin, dass die Belehrung nach § 355 Abs. 2 BGB in unserem Fall zu früh käme, da sie ja schon bei Vertragsschluss gegeben werden kann.

Gernot Schulze hat die Belehrungsobliegenheit indes auf einem anderen methodischen Weg begründet. Er möchte sie auf der Grundlage von § 242 BGB als Nebenpflicht aus der Vereinbarung über die Nutzungsrechtseinräumung selbst ableiten.[22] Damit knüpft *Schulze* an die Interessenlage der Parteien an. Da das Widerrufsrecht aus dem Gesetz folgt, liegt m.E. näher, diese Erwägungen bereits bei der Auslegung des § 31a UrhG

---

21 Wandtke/Bullinger-*Wandtke/Grunert,* Praxiskommentar zum Urheberrecht (3. Aufl. 2009), § 31a UrhG Rn. 73; *Klett,* Das zweite Gesetz zur Regelung des Urheberrechts in der Informationsgesellschaft (zweiter Korb), K&R 2008, 1, 2; dem folgend Fromm/Nordemann-J. B. *Nordemann,* Urheberrecht (10. Aufl. 2008), § 31 UrhG Rn. 64 a. E.; *Schuchardt* (Fn. 15), S. 104. Zur Unternehmereigenschaft von Urhebern beim Abschluss von Verträgen über die Einräumung von Nutzungsrechten *Riesenhuber,* Beim Abschluss des Wahrnehmungsvertrags sind die Berechtigten Unternehmer i. S. v. § 14 BGB, ZUM 2002, 777–781.

22 Dreier/Schulze-*Schulze,* Urheberrechtsgesetz (3. Aufl. 2008), § 31a UrhG Rn. 108.

zu berücksichtigen.[23] Hier lassen sich möglicherweise auch die verhaltensökonomischen Erwägungen, die Herr *Klöhn* angestellt hat, berücksichtigen. Dabei muss man freilich zunächst feststellen, dass Wortlaut und äußere Systematik des Gesetzes eher gegen die Annahme einer Belehrungspflicht sprechen, denn anders als etwa in § 355 Abs. 2 BGB ist eine Belehrungspflicht hier nicht vorgesehen. Zudem ist die Pflicht, den Vertragspartner über seine Rechte zu belehren, dem Privatrecht grundsätzlich fremd.[24] Entscheidend für eine Belehrungspflicht spricht indes die teleologische Auslegung. Wenn der Gesetzgeber das Widerrufsrecht als Schutzinstrument des Urhebers gewählt hat, dieses Recht aber – (auch) nach verhaltenstheoretischer Einsicht – ohne eine Widerrufsbelehrung praktisch leerläuft, so spricht das dafür, dem Nutzer auch eine entsprechende Belehrungsobliegenheit aufzuerlegen.

bb) Gestaltung der Information

Schon teleologisch lassen sich auch Mindestanforderungen an die inhaltliche Gestaltung der Information nach § 31 Abs. 1 S. 4 UrhG begründen. Das betrifft zuerst die Angaben selbst. Aus dem Zweck des Widerrufsrechts leitet man etwa ab, dass der Nutzer konkrete Angaben über die Nutzungsart machen muss.[25]

Wer eine Information schuldet, muss sie zudem klar und verständlich geben. Sie darf also nicht etwa im Kleingedruckten oder in einer Fülle anderer Informationen versteckt werden. „Unverständliche Information“ ist eben keine Information.

De lege lata sind freilich die weiteren von Herrn *Klöhn* begründeten Vorschläge für die inhaltliche Gestaltung, nämlich die Darstellung der Möglichkeiten als Gewinn oder Verlust, nicht wohl zu begründen. An dieser Stelle liefert die Verhaltensökonomik eher Hinweise für den gewieften Nutzer: Er sollte für den Urheber nicht den *Verlust* der Nachverhandlungsmöglichkeit, sondern den *Gewinn* des Vergütungsanspruchs in den Vordergrund stellen.

---

23 Das stellt auch G. *Schulze,* Die Einräumung unbekannter Nutzungsrechte nach neuem Urheberrecht, UFITA 2007/III, 641, 665, in den Vordergrund, der freilich auch hier ergänzend eine vertragliche Nebenpflicht annimmt.

24 *Riesenhuber,* System und Prinzipien (Fn. 17), S. 382 f.

25 Dreier/Schulze-*Dreier* (Fn. 22), § 31 UrhG Rn. 107; Wandtke/Bullinger-*Wandtke/Grunert* (Fn. 21), § 31 UrhG Rn. 84; *Schuchardt* (Fn. 15), S. 103 f.

c) Informationsdefizite in anderen Fällen

Erkennt man die entscheidende Bedeutung der Information über die Tatsachen und der Belehrung über das Widerrufsrecht, so ist noch einmal die Vorschrift des § 137l UrhG von Interesse. Sie sieht nämlich *keine* Informationspflicht vor. Man kann es positiv formulieren und sagen, der Staat habe sich darauf verlassen, dass die Organisationen der Urheber die erforderlichen Informationen an die Urheber geben werde. Wer dem Gesetzgeber weniger wohlgesonnen ist, mag aber auch mutmaßen, der Gesetzgeber habe es darauf angelegt, das Widerspruchsrecht leerlaufen zu lassen.

Als Kontrollüberlegung kann man sich einmal vorstellen, das Widerspruchsrecht des § 137l UrhG wäre durch eine Richtlinie vorgegeben gewesen. Wo eine Richtlinienregelung den Mitgliedstaaten überlässt, die Folgen eines Pflichtverstoßes zu bestimmen, gibt das Gemeinschaftsrecht den Mitgliedstaaten jedenfalls vor, die Bewehrung des gemeinschaftsrechtlich determinierten Rechts so vorzunehmen, dass es nicht im Ergebnis leerläuft (sog. Effektivitätsgrundsatz).[26]

Ähnliche Fragen muss man auch im Hinblick auf das Google Settlement stellen. Setzt der Anspruch auf Zahlung von USD 60 voraus, dass sich die betroffenen Autoren bei Google melden, so kann das breitflächig nur funktionieren, wenn die Urheber auch Kenntnis haben. Die meisten Urheber dürften indes schon von dem Anspruch nichts wissen, darüber hinaus aber auch nicht von der damit abzugeltenden Rechtsverletzung oder dem Erfordernis der Geltendmachung. Darauf, so wird gemutmaßt, scheint auch Google zu zählen, denn das Unternehmen hat für die Zahlungen nur einen verhältnismäßig geringen Betrag angesetzt.[27] Möglicherweise könnte hier eine kollektive Lösung, wie sie die VG Wort jetzt andenkt, immerhin in einem Mindestmaß helfen.[28]

d) Die Effektivität des Widerrufsrechts als Schutzinstrument

Über diese Fragen der Ausgestaltung des Widerrufsrechts hinausgehend muss man aber generell an der Effektivität des Widerrufsrechts als Schutz-

---

26 S. nur *Riesenhuber,* Europäisches Vertragsrecht (Fn. 17), Rn. 223–225 a.

27 *Lindner,* Verleger werfen Google Wildwestmethoden vor, FAZ v. 5.3.2009, abrufbar unter http://www.faz.net/s/RubE2C6E0BCC2F04DD787CDC274993E94C1/Doc~E6D885E1DDC75434F8D4059998AABD41F~ATpl~Ecommon~Scontent.html.

28 VG Wort aktuell, Februar 2009, S. 1–3, abrufbar unter http://www.vgwort.de/files/vg_newsletter_0209_v1.pdf.

mechanismus zweifeln. Auch darauf weist – freilich im Zusammenhang mit dem Widerrufsrecht des Verbrauchers – die Verhaltensökonomik hin. Sogar bei Haustürgeschäften beträgt die Widerrufsquote nach statistischen Untersuchungen nur 0,8–1,8%.[29]

3. Fazit: Auswirkungen auf das Ergebnis

Folgt man der Rechtsfolgenanalyse *Klöhns,* so wirkt sich all das auch unterm Strich, und das heißt im Geldbeutel des Urhebers (und, entsprechend positiv, des Nutzers) aus: es ist „zu erwarten, dass es nach der neuen Rechtslage zu *signifikant weniger Nachverhandlungen* kommt und dass diese Nachverhandlungen ... in *niedrigeren Vergütungen* für den Urheber resultieren".[30]

Das würde die warnendenden Rufe aus Wissenschaft und Praxis bestätigen, die sich gegen die Neuregelung des § 31a UrhG ausgesprochen hatten. Das Verpflichtungs- und Verfügungsverbot war mit guten Gründen als „das unverändert wirkungsvollste Instrument zum Schutz des Urhebers" bezeichnet worden.[31] Auch aus juristischer Sicht hatte man darauf hingewiesen, „dass der Urheber das einzige Druckmittel verliert, über das er in Vergütungsverhandlungen mit einem Verwerter verfügt, wenn er die Nutzung seines Werks nicht mit Unterlassungsansprüchen verhindern und gegebenenfalls einem anderen Verwerter gestatten kann".[32]

4. Nachbemerkung: Analyse von „Machtfragen"

Allerdings sind auch hier bei der vergleichenden Bewertung „Machtfragen" nicht außer Betracht zu lassen. Nach altem Recht hatte der Urheber zwar rechtlich die Zweitentscheidung in der Hand, er mag aber auch hier durch Verhaltensanomalien gebunden gewesen sein. Z.B. erscheint – auch unabhängig von empirischer oder experimenteller Überprüfung – durchaus naheliegend, dass auch hier eine Fehlsteuerung erfolgen könnte durch den Wunsch, kongnitive Dissonanzen zu vermeiden. Zudem

---

29 *Eidenmüller,* Der homo oeconomicus und das Schuldrecht: Herausforderungen durch Behavioral Law and Economics, JZ 2005, 216, 221 f. m.w.N.

30 *Klöhn,* in diesem Band, § 5 (S. 79 ff.).

31 *Schack,* GRUR 2002, 853, 854.

32 *Wandtke/Holzapfel,* GRUR 2004, 284, 292.

mag er sich auch aus anderen Gründen – z. B. einer laufenden Geschäftsbeziehung – dem Wunsch auf Einräumung der nachträglich bekannt gewordenen Nutzungsarten nicht entziehen können. Und schließlich Bestand auch unter dem Modell des § 31 Abs. 4 UrhG a. F. die naheliegende Möglichkeit, dass sich Verwerter nach dem Prinzip verhielten, „erst nutzen, dann fragen", zumal wenn der Urheber nicht zu ermitteln oder nicht erreichbar war. Dann führte auch jenes Modell schon über die Deliktshaftung (§ 97 UrhG) zu einer Verschiebung der Initiativlasten.

Diskussionsbericht zu §§ 5 und 6

Die Moderation der Diskussion nach den Referaten der beiden wissenschaftlichen Leiter der Veranstaltung, *Riesenhuber* und *Klöhn*, übernahm *Spindler*.

Dr. Tilo *Gerlach* (Geschäftsführer der GVL, Berlin) dankte den Referenten für die spannenden Ausführungen. Für ihn sei vor allem die Frage interessant, welche Auswirkungen die neue Rechtslage aus verhaltenstheoretischer Sicht in der Praxis habe. Dazu müsse man aber den Fokus weg vom Einzelvertrag hin zur Gesamtsituation eines Verwerters lenken, der mit tausenden von Verträgen operiert. Hier habe § 31 Abs. 4 UrhG a.F. mit dem Damoklesschwert der Nichtigkeit eine erhebliche Planungsunsicherheit und damit ein hohes Risiko bedeutet. Die Wahrscheinlichkeit eines Konflikts mit dem Rechteinhaber sei freilich nur äußerst gering gewesen, da er von der Aufnahme einer neuen Nutzungsart regelmäßig keine Kenntnis hatte. Aufgrund der Neuregelung könne der Verwerter diese Planungsunsicherheit jetzt durch eine Mitteilung beseitigen. Es sei auch anzunehmen, dass die Mehrzahl der Verwerter davon Gebrauch machen werde, denn die damit zu gewinnende Rechtssicherheit biete wohl einen hinreichenden Anreiz. Durch die Mitteilung werde freilich auch die Unkenntnis der Rechteinhaber beseitigt, diese also gleichsam alarmiert, so dass hiermit eine deutlich höhere Wahrscheinlichkeit von Konflikten einhergehe. Für den Verwerter sei daher am Ende entscheidend, wie hoch die Wahrscheinlichkeit sei, dass die Rechteinhaber auf die Mitteilung nicht reagierten. Dabei sah *Gerlach* auch keinen so eindeutigen Zusammenhang zum Besitzstand wie *Klöhn*. Vielmehr warf er die Frage auf, ob nicht eher Faulheit und Bequemlichkeit dazu führten, dass die Rechteinhaber ihr Widerrufsrecht aufgrund ihrer begrenzten Ressourcen nicht ausüben würden.

Nach Ansicht von *Klöhn* begründe sich die geringe Wahrscheinlichkeit von Nachverhandlungen unter der neuen Rechtslage wie folgt: Nach dem alten Recht hätten die Parteien nach dem Bekanntwerden einer bislang unbekannten Nutzungsart neu verhandeln müssen. Er vermute, Menschen würden dies als Verlust empfinden; übrigens unabhängig davon, ob das Gut zum Austausch bestimmt sei oder nicht. Ganz im Gegenteil sei diese Empfindung bei Urheberrechten wegen der emotionalen Bindung an das

Werk besonders stark. Nach neuem Recht sei – unterstellt, es wurde zu Beginn ein *Buy Out*-Vertrag geschlossen – die Entscheidung über den Widerruf nicht eine Entscheidung über die erstmalige Hergabe einer Rechtsposition. Es gehe um die Entscheidung darüber, diese Rechtsposition zurückzuholen und dann neu zu verhandeln. Glaube man nun an den in der Verhaltensökonomik anerkannten Besitztumseffekt (*Endowment*-Effekt), müssten die Unterschiede zwischen den beiden Entscheidungen ganz erheblich sein.

Gerlach hielt dagegen. Er wies noch einmal darauf hin, dass sich seiner Ansicht nach die große Mehrzahl der Rechteinhaber der Tatsache überhaupt nicht bewusst sei, dass es eine neue Nutzungsart geben könnte, die ihr konkretes Werk betrifft. Soweit unter dem alten Recht überhaupt gerichtlich um neue Nutzungsarten gestritten wurde, habe es sich zumeist um von Verbänden maßgeblich unterstützte Musterklagen gehandelt. Der „normale Urheber“ mache sich bei Vertragsschluss weder darüber Gedanken, was neue Nutzungsarten seien, noch ob diese im Vertrag enthalten seien. Er sei in erster Linie am Preis interessiert und habe womöglich noch seine konkreten Verwertungsmöglichkeiten vor Augen. Deshalb bezweifelte *Gerlach* ausdrücklich, dass das Modell des alten Rechts ohne Informationspflicht im Vergleich zur neuen Rechtslage einen Mehrgewinn für den einzelnen Urheber bedeutet habe. Er sei ein großer Skeptiker des neuen Modells. Vor allem müsse geprüft werden, ob über ein gesetzliches Verbot nicht doch ein für den Urheber besserer Preis erzielt werde. Allerdings werde durch die neu eingeführte Informationspflicht die Wahrscheinlichkeit, dass der Urheber sich über die Möglichkeit einer Nachverhandlung Gedanken mache, deutlich erhöht.

Klöhn entgegnete, man könne nicht ohne Weiteres unterstellen, dass die Urheber durch die Mitteilung stärker alarmiert seien. Hier komme es nicht unerheblich darauf an, wie diese Mitteilung gestaltet sei. Würde man den Preis für die neue Nutzung als entgangenen Gewinn *„framen“* und die Mitteilung als *ad incertas*-Information formulieren, könne es gut sein, dass die Mitteilung ebenso ignoriert werde. Das müsse man aber testen. Letztlich stellten sowohl *Gerlach* als auch er selbst lediglich Vermutungen auf.

An *Gerlach* anschließend wies *Pfennig* auf ein weiteres, schon unter dem alten Recht bekanntes Problem hin: die Definition der unbekannten Nutzungsart. Unter dem neuen Recht sei die Definitionshoheit dem Verwerter gegeben. Dieser könne einfach sagen, die Nutzungsart sei nicht neu und daher vom bereits geschlossenen Vertrag erfasst, und eine Mitteilung über die Nutzungsaufnahme an den Urheber unterlassen. Die Praxis zeige, dass der Verwerter wegen der dann möglicherweise erforderlichen Nachverhandlung und zusätzlichen Vergütung regelmäßig kein Interesse daran habe, eine Nutzungsart als neue zu definieren. Letztlich liege es dann wieder beim Urheber, so er denn von der Nutzungsaufnahme erfährt, einen Klärungsprozess herbeizuführen. Eine solche Klärung könne für den Urheber indes ein erhebliches, u. U. existenzbedrohendes Kostenrisiko darstellen. Dem widersprach *Gerlach* sogleich. Der Verwerter trage sowohl nach alter als auch nach neuer Rechtslage das komplette Risiko, da er kein Recht an dieser neuen Nutzungsart eingeräumt bekommen habe. Ein risikobewusster Verwerter werde sich daher dem neuen Modell nähern und seiner Mitteilungspflicht nachkommen. *Riesenhuber* stimmte dem zu und gab zu bedenken, dass der Verwerter mit der „Definitionshoheit" nicht nur die Chance zu regieren habe. Er trage zugleich die Last damit umzugehen. Eine verhaltenstheoretische Untersuchung dieser Situation wäre sicherlich interessant.

Im Hinblick auf die Frage, wem die neue Regelung unterm Strich nütze, pflichtete *Engel* der Ansicht *Klöhns* bei, die Neuregelung werde sich nicht zu Gunsten des Urhebers auswirken. Zweifel hegte er indes, ob die Begründung mit dem *Endowment*-Effekt (Besitztums-Effekt) treffend sei. Dabei handele es sich freilich um eine *testable proposition.* Seine Zweifel begründete *Engel* mit dem Hinweis, dass es nicht um einen *Endowment*-Effekt am Werk gehe, sondern ein *Endowment*-Effekt an der Verhandlungschance bestehen müsse. Demnach müsse man nachweisen, dass die Verhandlungschance nach der alten Regelung zum Vermögen des Urhebers gehört habe, während er sie sich nach der neuen Regelung erst durch aktives Handeln beschaffen müsse. Dies sei entgegen seiner ersten Einschätzung vielleicht möglich, doch komme es darauf nicht an. *Klöhn* habe nämlich mit den *defaults* (Rückfallpositionen für den Fall der Untätigkeit) eine weitere Begründung angeboten, die nach *Engels* Einschätzung tragfähig sein dürfte. Früher habe man auf die Nachverhandlungsmöglichkeit verzichten müssen, heute müsse man sich die Nachverhandlungsmöglichkeit erst aktiv verschaffen. Dazu müsse man zwei Thesen entkoppeln: *Defaults* wirken. Und *defaults* wirken gerade deshalb, weil es den *Endowment*-Effekt gebe. Vielmehr halte er eine alternative Begründung für viel plausibler: *Defaults* wirkten deshalb, weil qua gesetzgeberischer Handlung gesagt werde, was üblicherweise eine faire Lösung sei. Unter der alten Rechtslage sei suggeriert worden, der Urheber bekomme etwas und das sei fair. Das neue Recht suggeriere als faire Lösung, der Urheber erhalte nichts. Wenn dies in den Köpfen der Menschen ankomme, bewirke das natürlich etwas.

Klöhn zeigte sich mit diesen Ausführungen grundsätzlich einverstanden. Nur sei der *default* sowohl nach alter als auch nach neuer Rechtslage die angemessene Vergütung für den Urheber. § 32c UrhG n.F. sichere dem Urheber diese auch dann, wenn er ursprünglich einen *Buy Out*-Vertrag geschlossen habe. Ein dritter Erklärungsansatz seien die kognitiven Dissonanzen. Die Neuregelung ergebe eine Dissonanz, die der Urheber zu vermeiden suche, indem er meint, er habe damals den *Buy Out*-Vertrag geschlossen und nun passe schon alles.

Prof. Dr. Jan-Bernd *Nordemann,* LL.M. (Rechtsanwalt, Berlin) bemängelte provokant, es werde die ganze Zeit versucht, § 31a UrhG n.F. so zu interpretieren, dass er möglichst genau die gleichen Folgen zeitige wie § 31 Abs. 4 UrhG a.F. So habe er den Eindruck, über die Begründung im Gesetz nicht vorgesehener, zusätzlicher Informationspflichten solle das Widerrufsrecht in der Praxis mit den gleichen Konsequenzen ausgestattet werden, wie sie das gesetzliche Verbot in § 31 Abs. 4 UhrG a.F. gehabt habe. Dabei sei doch allen Anwesenden bekannt, dass der Gesetzgeber mit dem Widerrufsrecht absichtlich eine Lösung habe schaffen wollen, die es gerade unwahrscheinlicher mache, dass der Verwerter nicht über die Rechte an unbekannten Nutzungsarten verfüge. Das Widerrufsrecht sei das schwächere Recht. Im Regelfall solle das Nutzungsrecht beim Verwerter bleiben. Der Urheber bleibe mit seinem Vergütungsanspruch zurück. Im Mittelpunkt müsse daher die Überlegung stehen, die Möglichkeiten des Urhebers zu verbessern, den Vergütungsanspruch in eine wirklich angemessene Vergütung umzuwandeln.

Auch *Schulze* sah in der praktischen Durchsetzbarkeit ein Problem. Hier spiele bei der Neuregelung wie schon im alten Recht sicherlich die von *Pfennig* angesprochene Frage der Definition einer unbekannten Nutzungsart eine Rolle. Das Widerrufsrecht sei dann aber praktisch nicht so schwach wie von *Nordemann* dargestellt. Verweigere der Verwerter die Vergütung mit dem Hinweis, es handele sich nicht um eine neue Nutzungsart, schaffe der Widerruf mit der dann möglichen Urheberrechtsverletzung und ihren Folgen wie Schadensersatzansprüche usw. für den

Verwerter ein weiteres Risiko. Bei der sicherlich erforderlichen gerichtlichen Durchsetzung sei der Urheber freilich wieder in der beschriebenen schlechteren Position.

Riesenhuber meinte, der Gesetzgeber habe vor allem Rechtsklarheit darüber schaffen wollen, wie man die Rechte an neuen Nutzungsarten erhalten und ausüben könne. Zwar sei die Regelung in § 31a und § 137l UrhG n.F., die man hier nur in einem kleinen Ausschnitt habe erörtern können, nicht optimal, aber auch das alte Modell habe nicht alle Probleme lösen können. Andererseits glaube er nicht, dass der Gesetzgeber den Urheber unter dem Strich habe schlechter stellen wollen. Das dürfe man ihm jedenfalls nicht ohne Weiteres unterstellen. Soweit *Klöhn* vorgeschlagen habe, das Widerrufsrecht mehr in den Blick zu nehmen, stimme er dem zu. Wenn der Gesetzgeber nun in § 31a UrhG n.F. ein Widerrufsrecht vorgesehen habe, müsse aber am Gedanke von *Schulze,* das Widerrufsrecht über eine Belehrungspflicht zu effektuieren, etwas dran sein. Wenn der Gesetzgeber das Widerrufsrecht hätte praktisch leerlaufen lassen wollen, dann hätte er es nicht ins Gesetz geschrieben oder ähnlich schwach wie das Widerspruchsrecht in § 137l UrhG n.F. ausgestaltet. Wenn es also Möglichkeiten gäbe, das Widerrufsrecht mit teleologischen Überlegungen zu stärken, solle man diese nutzen.

Prof. Dr. Jürgen *Becker* (Stellvertretender Vorsitzender des Vorstands der GEMA, Berlin) widersprach *Riesenhuber* in einem Punkt offen und stellte sich auf die Seite *Nordemanns.* Der Gesetzgeber habe den Urheber bei den unbekannten Nutzungsarten absichtlich benachteiligt. In Anlehnung an den *Bismarck'schen* Ausspruch – mit Gesetzen sei es wie mit Würstchen; man dürfte nicht zusehen, wie sie gemacht würden – meinte *Becker,* er und viele andere unter den Anwesenden hätten doch gesehen, welch miserable Dinge in die Würstchen hereingekommen seien. Die Lobby der Nutzer habe den Gesetzgeber in diese Richtung getrieben. Zwar dürfte der Gesetzgeber die hier vorgestellten Untersuchungen noch nicht gekannt haben, doch sei er sich des hier dargestellten Ergebnisses durchaus bewusst gewesen. So erinnerte *Becker* daran, wie der Gesetzgeber z.B. über die Warnungen des ebenfalls anwesenden Präsidenten des Deutschen Komponistenverbandes[1], der Urheber werde durch die Neuregelungen geschwächt, mit einem Federstrich hinweggegangen sei. Zum Abschluss prophezeite *Becker,* dass der Gesetzgeber die Regelungen sogar noch zu

1 *Jörg Evers,* zugleich Mitglied des Aufsichtsrates der GEMA.

Lasten des Urhebers verschärfen dürfte, würden die erstrebten Vorteile für Nutzer nicht erreicht.

Gerlach fügte hinzu, auch er sei kein Freund des neuen § 31a UrhG. Zur Ehrenrettung der Urheber-Lobby müsse man aber vor Augen haben, dass sie die im ursprünglichen Gesetzesentwurf nicht einmal vorgesehene Mitteilungspflicht über die Nutzungsaufnahme ins Gesetz bekommen habe. Nach seiner Erinnerung sei über deren zusätzliche Wirkungen nicht diskutiert worden. Er halte die von *Riesenhuber* vorgeschlagene teleologische Auslegung aber für sinnvoll.

Auch *Wandtke* bezeichnete die Abschaffung des § 31 Abs. 4 UrhG a.F. rechtspolitisch als klare Fehlleistung des Gesetzgebers. Den Gedanken einer Belehrungspflicht des Verwerters über das Widerrufsrecht befürworte er. Im Grunde gehe es hier um einen *roll back,* d.h. um den Versuch, die durch die Neuregelung erreichte Schlechterstellung des Kreativen dogmatisch rückgängig zu machen. Zur Wirkung des Widerrufsrechts wollte *Wandtke* von *Riesenhuber* wissen, ob dieses nicht als Anwachsen eines dinglichen Rechts wie bei einem Eigentumsvorbehalt, also als eine Anwartschaft verstanden werden könne. Im Prinzip könne nämlich die Verfügung über das Recht hinsichtlich der neuen Nutzungsart rückgängig gemacht werden; und zwar – im Einvernehmen mit *Schulze* – mit Wirkung *ex tunc.* Weiter fragte er, ob man dann bei einem Vertrag über allgemein unbekannte Nutzungsarten nicht auch von einem dinglichen Vertrag ausgehen müsse, der mit Bekanntwerden der neuen Nutzungsart und Mitteilung an den Urheber konkretisiert werde.

Riesenhuber meinte, diese dingliche Sicht leuchte ihm auf den ersten Blick ein. Gerade hinsichtlich der Konkretisierung ließe sich der aus dem Sachenrecht bekannte Bestimmtheitsgrundsatz fruchtbar machen. Das müsse man allerdings noch genauer durchdenken.

Klöhn zitierte eine bekannte Wendung von Claus-Wilhelm *Canaris* mit den Worten „Keinesfalls kann es angehen, Torheiten der Ministerialbürokratie auf dem Umweg über die Gesetzesbegründung zum geltenden Recht zu erheben“[2] und fügte an, dass diejenigen, welche den Gesetzgebungsprozess nur beobachtet hätten, in noch geringerem Maße als Referenz für den Gesetzgeberwillen taugten.

---

2 Vgl. *Canaris*, Handelsrecht (24. Aufl. 2006), § 5 Rn. 52.

Schulze kam auf das von *Riesenhuber* angesprochene *Google Book Settlement*[3] zurück, bei welchem Urheber und Verwerter in Deutschland gewissermaßen wieder im gleichen Boot säßen. Beide müssten sich gefallen lassen, dass jemand kommt und sagt, er mache erst einmal alles und wenn man etwas wolle, müsse man sich melden. Dieses *Opt out*-System sehe er auch bei der Neuregelung zu den unbekannten Nutzungsarten. Der Verwerter nehme die Nutzung erst einmal auf und wenn der Urheber meine, er könne dies verhindern oder habe einen Vergütungsanspruch, müsse er dies notfalls gerichtlich geltend machen. *Schulze* sah hier ein System, das mehr und mehr ins Rollen komme: Erst nutzen, dann fragen oder gar nicht fragen müssen. Diese Entwicklung stelle aus seiner Sicht ein ernsthaftes Problem für das Urheberrecht dar, dessen Begründung bekanntlich umstritten sei. Dies wirke sich auch auf die Diskussion über die Schrankenregelungen aus.

Egon L. *Frauenberger* (Textdichter, Produzent und Verleger, Mitglied des Aufsichtsrates der GEMA) merkte an, die auf der Tagung geführten Diskussionen seien sehr spannend, doch der Urheber selbst werde niemals in der Lage sein, das zu begreifen. Der Gesetzgeber lasse ihn hier allein. Der Chinese sage, der Mensch liege in den gütigen Händen des Himmels. Der Urheber liege nun „in den mehr oder weniger guten Händen des mehr oder weniger guten Juristen".

Spindler stimmte dem mit Blick auf seine eigenen Erfahrungen mit Urhebern ohne juristischen Hintergrund zu. Die Urheber hätten zumeist keine Ahnung, was Nutzungsarten seien, welche Rechte eingeräumt würden und was dies für sie bedeute. Gerade im Bereich der unbekannten Nutzungsarten seien die wenigen Prozesse auch von über längere Zeit erfolgreichen Kreativen angestrengt worden. Diese seien wieder und wieder im Markt gewesen (*repeated games*) und hätten ihre Erfahrungen gemacht, wenn sie bezüglich eines Werkes übervorteilt worden seien. Dazu verwies *Spindler* auf Beispiele aus der Musikbranche. Auch hätten viele Urheber aus dem wissenschaftlichen Bereich, als sie auf ihr Widerspruchsrecht im Rahmen des § 137l UrhG n.F. hingewiesen wurden, hierauf vor allem überrascht und mit Unwissenheit sowie teilweise völlig hilflos reagiert. Soweit *Klöhn* für die hier interessierenden Fragestellungen den Vergleich

---

[3] Dazu z.B. *MacQueen*, The Google Book Settlement, IIC 2009, 247f. Der Text des Vergleiches und weitere Informationen finden sich unter http://www.googlebooksettlement.com/r/home.

mit Kaffeebechern herangezogen habe,[4] wies *Spindler* darauf hin, dass dies den spezifischen Rechtsprodukten und der davon betroffenen Klientel nicht gerecht werde. Auf diesem Gebiet sei daher noch sehr viel experimentelle Arbeit erforderlich. Auch müsse man sich die betroffenen Märkte genau ansehen, insbesondere dahingehend, wo Informationen gefiltert und wie die betroffenen Personen gegebenenfalls beraten würden.

Hinsichtlich der *repeat players* wies *Klöhn* darauf hin, dass auch professionelle Marktteilnehmer – wie für den Finanzbereich untersucht – sich widersprüchlich verhielten und zum Teil horrende Fehler machten. Dass es im Bereich des Urheberrechts die von *Spindler* genannten Besonderheiten gebe, habe er mit seinem Hinweis auf das Urheberpersönlichkeitsrecht und die emotionale Bindung an das Werk eingeräumt. Jedoch entgegnete er *Spindlers* Einwand, dass gerade deshalb die Untersuchungsergebnisse für Kaffeebecher erst recht auch bei Werken gelten müssten. Die angesprochene emotionale Bindung würde den Besitztumseffekt sogar steigern.

Riesenhuber berichtete von seinen Erfahrungen mit Kollegen anderer Fakultäten, die unter anderem wissen wollten, was die VG Wort sei und wieso man mit dieser in Verbindung treten solle. Zu den von *Becker* und *Schulze* angesprochenen Themen erinnerte *Riesenhuber* auf die Ausführungen von *Elmar Hucko* auf der INTERGU-Tagung 2006.[5] In den letzten Jahren würden im Bereich des Urheberrechts sehr viel mehr Interessen geltend gemacht als zuvor, z.B. auch Verbraucherinteressen. Das Urheberrecht scheine in eine Defensive geraten. So werde heute zum z.B. oft von Zugangsrechten gesprochen. Damit sei nicht das dem Urheberrechtler bekannte Zugangsrecht des bildenden Künstlers zu seinen Werken nach § 25 UrhG gemeint. Vielmehr gehe es darum, Verbrauchern einen – möglichst freien – Zugang zu Werken zu geben. Auf einer Veranstaltung anlässlich der Leipziger Buchmesse habe er kürzlich an eine IKEA-Werbekampagne mit dem Leitspruch „demokratisches Design für alle" erinnert. Ähnlich klinge es, wenn Google einen demokratischen Zugang zu Werken für alle, also sozusagen ein „demokratisches Urheberrecht" propagiere. Hinter beiden Ansätzen sah *Riesenhuber* massive materielle Interessen einer Gruppe,

---

4 *Klöhn*, in diesem Band, § 5 (S. 87).

5 S. *Hucko*, Die Umsetzung von Richtlinien auf dem Gebiet des Urheberrechts in Deutschland, in: Riesenhuber (Hrsg.), Systembildung im Europäischen Urheberrecht (2007), S. 293, 296–300.

die – jedenfalls teilweise – zu Lasten einer anderen Gruppe gingen. Nach der derzeit möglichen, vorsichtigen Bewertung der Entwicklungen um das *Google Book Settlements* scheine diese Taktik, erst einmal Tatsachen zu schaffen und den Gegner dadurch in die Defensive zu bringen, auch aufzugehen. Es bleibe daher nichts anderes, als das Urheberrecht und die Notwendigkeit seines Schutzes immer wieder neu zu begründen und zu verteidigen, so wie es z.B. Haimo *Schack* kürzlich auf dem Kolloquium von *Depenheuer* und *Peifer* getan habe.[6]

Stefan Wichary

---

6 S. *Schack,* Zur Rechtfertigung des Urheberrechts als Ausschließlichkeitsrecht, in: Depenheuer/Peifer (Hrsg.), Geistiges Eigentum: Schutzrecht oder Ausbeutungstitel? (2008), S. 123–140.

§ 7 Die „angemessene Beteiligung" des Urhebers nach § 32 UrhG aus verhaltensökonomischer Sicht

Matthias Leistner

Übersicht

I. Einführung und Methodik

Das Feld des neuen Urhebervertragsrechts mit den Mitteln der Verhaltensökonomik zu vermessen, erscheint schon auf den ersten Blick als eine nahe liegende, unbedingt lohnende Forschungsaufgabe. Auf den zweiten Blick ist das Gelände aus methodischer Sicht zweifellos vermint.

Dies betrifft schon die Seite der Verhaltensökonomik. Trotz übergreifender Ansätze, wie etwa im Rahmen der vergleichsweise weit entwickelten *prospect theory,*[1] fehlt es der Verhaltenswissenschaft bisher an einer geschlossenen Theorie.[2] Hinzu kommt, dass die schwerpunktmäßig experimentelle verhaltensökonomische Forschung zwar bestimmte Phänomene menschlich irrationalen Entscheidungsverhaltens im Grundsatz eindrucksvoll und robust belegen kann, dabei aber insbesondere hinsichtlich der Stärke dieser Effekte in ihrer komplexen Wechselwirkung in der Realität letztlich derzeit keine belastbaren Aussagen treffen kann.[3] Immerhin wurden in der Verhaltensökonomik letzthin verschiedentlich bereits Modelle entwickelt, die bestimmte Anomalien realen menschlichen Entscheidungsverhaltens in einer marktmäßigen Umgebung modellieren und insofern in gewissem Umfang theoretische Folgenanalysen gestat-

---

[1] S. grundlegend insbesondere die weitgefächerte Forschung von *Amos Tversky* und *Daniel Kahnemann,* vgl. etwa *Kahneman/Tversky,* Prospect theory: An analysis of Decisions under Risk, Econometrica 47 (1979), 263; *Tversky/Kahneman,* Choices, Values and Frames, Am.Psychologist 39 (1984), 341; *Tversky/Kahneman,* Rational Choice and the Framing of Decisions, J.Bus. 59 (1986), 251; *Kahneman/Knetsch/Thaler,* Experimental Tests of the Endowment Effect and the Coase Therorem, J.Pol.Econ. 98 (1990), 1325; *Kahneman/Knetsch/Thaler,* Anomalies: The Endowment Effect, Loss Aversion and the Status Quo Bias, J.Econ.Perspect. 5 (1991), 193; zuletzt *Kahneman/Thaler,* Anomalies: Utilities Maximization and Experienced Utility (2005); abrufbar unter SSRN: http://ssrn.com/abstract=870494. Zur *prospect*-Theorie im engeren Sinne, s. etwa *Guthrie,* Prospect Theory, Risk Preference and the Law, North.U.L.Rev. 97 (2003), 1115. Mit einer übersichtlichen Zusammenfassung des Forschungsstandes insgesamt *Sunstein,* Behavioral Law and Economics: A Progress Report, ALER 1 (1999), 115.

[2] S. spezifisch betreffend Forschungen zum hier schwerpunktmäßig interessierenden Bereich von Vertragsverhandlungen *Korobkin,* Behavioral Economics, Contract Formation, and Contract Law, in: Sunstein (Hrsg.), Behavioural Law and Economics (2000), S. 116, 142. Vgl. allgemein zum Fehlen einer geschlossenen Theorie etwa *Sunstein,* ALER 1 (1999), 115, 151; *Engel,* Verhaltenswissenschaftliche Analyse: eine Gebrauchsanweisung für Juristen, in: Engel/Engelerth/Lüdemann/Spiecker genannt Döhmann (Hrsg.), Recht und Verhalten (2007), S. 363, 375 f. Vgl. für eine Zusammenfassung der existierenden theoretischen Bausteine und erste Ansätze einer Typisierung und Systematisierung aus der Sicht von *behavioural law and economics, Kelman,* Law and Behavioural Science: Conceptual Overviews, North.U.L.Rev. 97 (2003), 1347.

[3] S. insbesondere betreffend das hier diskutierte Thema der Vertragsverhandlungen *Korobkin* (Fn. 2), S. 116, 142; vgl. allgemein *Engel* (Fn. 2), S. 363, 365 ff. m. w. N.

ten.[4] Damit kann die Verhaltensökonomik nicht nur auf die Existenz mannigfaltiger *biases* menschlichen Entscheidungsverhaltens hinweisen, sondern in der Erscheinungsform der *behavioural law and economics*-Forschung auch bestimmte Erklärungsansätze und wertvolle, innovative Anregungen für die richtige Ausgestaltung rechtlicher Institutionen geben. Insbesondere kann sie wohl sogar bestimmte ungeeignete rechtliche Instrumentarien identifizieren und so der gesetzgeberischen oder richterlichen Korrektur zugänglich machen; für eine echte Rechtfertigung ganz bestimmter Lösungsansätze taugt sie demgegenüber nicht.[5]

Spiegelbildlich ist die Theorie und Methodik für die *Rezeption* verhaltensökonomischer Ansätze in der Rechtsgestaltung oder gar in der Rechtsanwendung noch wenig entwickelt. Insbesondere die Rechtfertigung paternalistischer Eingriffe im Vertragsrecht lässt sich auf verhaltensökonomische Erkenntnisse typischerweise gerade nicht allein stützen, da der Rückschluss von einem bestimmten *bias* hin auf dessen rechtliche Korrekturbedürftigkeit aus normativer Sicht gar keinesfalls ohne Weiteres zulässig ist.[6] Immerhin hat die Forschungsrichtung der *behavioural law and economics* aber dennoch viel versprechende Ansätze für die präzisere *Ermittlung* bestimmter grundsätzlicher Schutzbedürfnisse und für die *Ausgestaltung* entsprechender rechtlicher Schutzinstrumente entwickelt, wenn deren Notwendigkeit aus *normativer* Sicht begründet ist. Dies betrifft im Vertragsrecht insbesondere die Forschungsansätze zur Entwicklung eines

---

4 Vgl. etwa nur zuletzt aus dem Bereich des Verbraucherverhaltens *Gul/Pesendorfer,* Self Control, Revealed Preferences and Consumption Choice, Rev.Econ.Dynam. 7 (2004), 243; *dies.,* Self-Control and the Theory of Consumption, Econometrica 72 (2004), 119; *dies.,* The Revealed Preference Theory of Changing Tastes, Rev.Econ.Stud. 72 (2005), 429; *Heidhues/Köszegi,* Competition and Price Variation when Consumers are Loss Averse, working paper, abrufbar unter http://elsa.berkeley.edu/~botond/pricing_comp.pdf; *dies.,* Exploiting Naivete about Self-Control in the Credit Market, abrufbar unter http://elsa.berkeley.edu/~botond/credit.pdf; *Loewenstein/ODonoghue/Rabin,* Projection Bias in Predicting Future Utility, Q.J.Econ. 118 (2003), 1209, abrufbar unter http://elsa.berkeley.edu/~rabin/projection.pdf.

5 Vgl. in anderem Zusammenhang näher *Leistner,* Behavioural Economics und Lauterkeitsrecht – Versuch einer Annäherung, ZGE 2009, 3, 54ff.

6 Vgl. allgemein etwa *Englerth,* Behavioral Law and Economics – eine kritische Einführung, in: Engel/Engelerth/Lüdemann/Spiecker genannt Döhmann (Hrsg.), Recht und Verhalten (2007), S. 231, 242f.; *Kelman,* North.U.L.Rev. 97 (2003), 1347, 1383ff.

intelligenten (asymmetrischen) Paternalismus.[7] Dabei steht nicht länger allein die Entwicklung *zwingender* vertragsrechtlicher Instrumentarien im Mittelpunkt dieser Forschung; stattdessen bestimmen namentlich auch präzisierte Erkenntnisse über die Realauswirkung *dispositiven* Vertragsrechts in der institutionellen Ausgestaltung von Vertragsverhandlungen das diesbezügliche Bild.[8]

Im hier vorgegebenen Rahmen kann eine Methodik zur Rezeption verhaltensökonomischer Forschungsresultate in der Rechtsgestaltung und Rechtsanwendung nicht entwickelt werden. An anderer Stelle wurde ein entsprechender Versuch in Ansätzen unternommen;[9] im Übrigen existieren diesbezügliche methodologische Überlegungen in der deutschen rechtswissenschaftlichen Forschung in letzthin zunehmender Zahl.[10] Den nachfolgenden Ausführungen liegt ein einfacherer, gleichsam „ungeschützter" Zugriff zugrunde: Für das Verständnis und die Anwendung des Urhebervertragsrechts und spezifisch der §§ 32, 36 UrhG relevante Ergebnisse verhaltensökonomischer Forschung werden vorgestellt, um aus dieser spezifischen Perspektive eine Art „Ideenwerkstatt" für den Hintergrund, das Verständnis und die Anwendung des Normenkomplexes zu eröffnen. So werden neben grundlegenden verhaltensökonomischen Überlegungen bezüglich der Notwendigkeit dieser urheberschützenden

---

7 Vgl. mit unterschiedlicher Terminologie z.B. *Camerer/Issacharoff/Loewenstein/O'Donoghue/Rabin,* Regulation for Conservatives, U.Pa.L.Rev. 151 (2003), 1211; *Jolls/Sunstein/Thaler,* A Behavioral Approach to Law and Economics, Stan.L.Rev. 51 (1998), 1541; *Sunstein/Thaler,* Libertarian Paternalism, Am.Econ.Rev. 93 (2003), 175; mit entsprechenden Lösungsansätzen aufgrund von Marktmodellen unter Berücksichtigung bestimmter *biases* vgl. auch *Heidhues/Köszegi,* Competition and Price Variation when Consumers are Loss Averse, working paper, abrufbar unter http://elsa.berkeley.edu/~botond/pricing_comp.pdf; *dies.,* Exploiting Naivete about Self-Control in the Credit Market, abrufbar unter http://elsa.berkeley.edu/~botond/credit.pdf.

8 S. grundlegend *Korobkin* (Fn. 2), S. 116ff.; zuletzt für das deutsche und europäische Recht diese Forschungsansätze zusammenfassend *Unberath/Cziupka,* Dispositives Recht welchen Inhalts?, AcP 209 (2009), 37. Vgl. frühzeitig auch *Eidenmüller,* Der homo oeconomicus und das Schuldrecht: Herausforderungen durch Behavioral Law and Economics, JZ 2005, 216.

9 S. *Leistner,* ZGE 2009, 3, 54ff.

10 S. etwa *Engel* (Fn. 2), S. 363ff.; *Lüdemann,* Die Grenzen des homo oeconomicus und die Rechtswissenschaft, in: Engel/Engelerth/Lüdemann/Spiecker genannt Döhmann (Hrsg.), Recht und Verhalten (2007), 8, 32ff., jeweils m.w.N.

Vorschriften (s. unten II.) insbesondere konkrete Aussagen für die reale Anwendung und Fortentwicklung der Vorschriften in der Praxis möglich (s. unten III.), die schließlich in die Prüfung denkbarer institutioneller Alternativen münden (s. unten IV.) bevor ein Fazit gezogen werden kann (s. unten V.). Dabei wird zudem im Folgenden, um die Darstellung beispielsartig zu fokussieren und für den verhaltensökonomischen Zugriff überhaupt greifbar zu machen, nicht etwa auf die Einzelheiten der Ermittlung angemessener Vergütungsstrukturen oder gar -sätze in Einzelbereichen abgehoben. Vielmehr wird ein besonders wesentlicher systematischer Teilaspekt der Frage nach „angemessener Vergütung" des Urhebers herausgegriffen, der Gerichte[11] und Wissenschaft[12] auch schon schwerpunktmäßig beschäftigt hat: es geht um die Frage, welche Spezifika urhebervertragsrechtlicher Verhandlungssituationen dazu führen können, dass Urheber sich statt der Vereinbarung einer (ggf. mit einer Pauschalzahlung kombinierten) Absatzbeteiligung auf eine (unter Umständen gar die gesamte Schutzfrist abdeckende) umfassende Rechteeinräumung gegen Zahlung eines Pauschalhonorars einlassen.

II. Verhaltensökonomische Erklärungsansätze für die Schutzbedürfnisse des Urhebers – Genauere Rechtfertigung für § 32 UrhG?

Der Gedanke, *behavioural law and economics* könnten dabei helfen, die diesbezüglichen Schutzbedürfnisse des Urhebers genauer zu analysieren, die

11 Vgl. OLG München, ZUM 2007, 317, 325; OLG München, ZUM 2007, 142, 147; OLG München, ZUM-RD 2007, 182, 188 f.; OLG München, ZUM-RD 2007, 166, 175 f.; LG Berlin, ZUM 2005, 904, 906; LG Berlin, ZUM 2005, 901, 903; LG Hamburg, ZUM 2006, 683, 686; LG München I, ZUM-RD 2007, 550, 554; LG München I, ZUM 2006, 164, 168; LG München I, ZUM 2006, 159, 162; LG München I, ZUM 2006, 73, 77.

12 S. statt vieler *Reber,* Die Pläne der Bundesregierung zu einer gesetzlichen Regelung des Urhebervertragsrechts, ZUM 2001, 282, 287; *Erdmann,* Urhebervertragsrecht im Meinungsstreit, GRUR 2002, 923, 927; *v. Becker,* Die angemessene Übersetzervergütung – Eine Quadratur des Kreises?, ZUM 2007, 249, 250 ff. (mit Rechtsprechungsübersicht); Nordemann-*Czychowski,* Urheberrecht (10. Aufl. 2008), § 32 UrhG Rn. 115–118; Wandtke/Bullinger-*Wandtke/Grunert,* Praxiskommentar zum Urheberrecht (3. Aufl. 2009), § 32 UrhG Rn. 38, jeweils mit umfassenden weiteren Nachweisen.

auch der Schaffung der §§ 32, 36 UrhG zugrunde lagen, leuchtet ohne weiteres ein.

1. Präzisierte Rechtfertigung der §§ 32ff. UrhG aus der Perspektive der Verhaltensökonomik?

Tatsächlich werden an dieser Stelle gleich mehrere *biases*[13] menschlichen Entscheidungsverhaltens relevant, die in der experimentellen verhaltensökonomischen Forschung, teils auch bereits in der empirischen Feldforschung sehr robust belegt sind.[14] Allerdings wirken die experimentell beobachteten *biases* in diesem Zusammenhang zum Teil in geradezu gegenläufiger Richtung, so dass eine Analyse ihrer Auswirkungen in realen Lizenzvertragsverhandlungen nicht leicht fällt.

---

13 An dieser Stelle wird schwerpunktmäßig der Begriff des *bias* für systematische Abweichungen realen menschlichen Verhaltens von der REM-Hypothese rationalen nutzenmaximierenden Verhaltens von Marktteilnehmern verwendet. Der ältere Begriff der „Anomalie“ ist demgegenüber insofern unglücklich, als „irrationales“ menschliches Verhalten sich im Experiment wie auch im Feld eben als durchaus *normal* herausgestellt hat, so dass es letztlich in der Verhaltensökonomie nicht darum geht, „anomales“ menschliches Verhalten zu identifizieren, sondern eher darum, systematisierbare Abweichungen von der modellhaften REM-Hypothese nutzenmaximierenden, rationalen Verhaltens der Marktteilnehmer herauszuarbeiten. Wenn in der Folge (gelegentlich) dennoch auch der Begriff der Anomalie verwendet wird, so ist er in diesem präzisierten Sinne stets als synonym zum Begriff des *bias* zu verstehen.

14 Die nachfolgende Darstellung muss sich auf eine eng begrenzte Auswahl unmittelbar relevanter oder besonders bedeutsamer Forschungsarbeiten beschränken. Vgl. allgemein für instruktive Zusammenfassungen des Forschungsstandes zuletzt etwa *Camerer/Loewenstein/Rabin* (Hrsg.), Advances in Behavioral Economics (2004), als Gesamtüberblick und dazu die grundlegende Kritik von *Pesendorfer,* Behavioral Economics Comes of Age: A Review Essay on Advances in Behavioral Economics, J.Econ.Lit. 44 (2006), 712; *Della-Vigna,* Psychology and Economics: Evidence from the Field, working paper, abrufbar unter http://elsa.berkeley.edu/~sdellavi/wp/pefieldevid07-09-01.pdf betreffend insbesondere den Stand der Feldforschung, sowie aus rechtlicher Sicht etwa *Sunstein,* ALER 1 (1999), 115; *Kelman,* Law and Behavioural Science: Conceptual Overviews, North.U.L.Rev. 97 (2003), 1347 (sowie sämtliche weitere Beiträge in diesem Band); *Sunstein* (Hrsg.), Behavioral Law and Economics (2000); aus deutscher Sicht *Engel/Engelerth/Lüdemann/Spiecker genannt Döhmann* (Hrsg.), Recht und Verhalten (2007).

Schon für den Markteintritt in Urheberrechtsmärkte wesentlich sind der ausgeprägte *Überoptimismus* und die *Selbstüberschätzung* menschlicher Akteure, d.h. die systematische Überschätzung der eigenen Leistungskraft, Fähigkeiten oder Erfolgsaussichten,[15] eine Anomalie, die zumal im Zusammenhang mit der Fähigkeit zu eigener *kreativer* Tätigkeit außerordentlich ausgeprägt ist.[16] So wurde hinsichtlich dieses *overconfidence* (und *-optimistic) bias,* der eine wesentliche, aktuelle Rolle namentlich in der Finanzmarktforschung spielt,[17] belegt, dass beispielsweise 94% der amerikanischen College-Professoren sich im Vergleich zu ihren Kollegen für überdurchschnittlich befähigt halten.[18] Tatsächlich ist ein solcher „Überoptimismus“ für den Urheberrechtsbereich gar keinesfalls *per se* als negativ zu werten. Schließlich wurde durch empirische Forschung sowohl für Komponisten und ausübende Künstler als auch für den Bereich der Literatur belegt, dass Urheberrechtsmärkte ausgeprägte *winner-takes-all* Charakteristika aufweisen. Es stehen also vergleichsweise wenige Urheber mit sehr hohen Einkommen einer großen Masse an Urhebern mit sehr niedrigen Einkommen gegenüber, wobei in dieser letztgenannte Gruppe viele Urheber typischerweise nicht einmal dauerhaft verlässlich von ihrem Einkommen aus selbständiger kreativer Tätigkeit leben können.[19] Für den Markteintritt in *winner-takes-all* Märkte, d.h. konkret im hier betrachteten Zusammenhang für die Aufnahme einer eigenen, selbständigen kreativen Tätigkeit, ist im Grundsatz experimentell und empirisch erwiesen, dass der *optimistic bias* eine wesentliche, *förderliche* Rolle spielt. Die (kreative) Tätigkeit wird (subjektiv) optimistisch aufgenommen, obwohl doch

---

15 S. etwa *Sunstein,* ALER 1 (1999), 115, 136f.; *Schmies,* Behavioral Finance und Finanzmarktregulierung, in: Engel/Engelerth/Lüdemann/Spiecker genannt Döhmann (Hrsg.), Recht und Verhalten (2007), S. 165, 170f. m.w.N.

16 S. hierzu *Jolls,* Behavioral Eocnomic Analyses of Redistributive Legal Rules, in: Sunstein (Hrsg.), Behavioral Law and Economics (2000), S. 288, 290; *Taylor/Brown,* Illusion and Wellbeing: A Social Psychological Perspective on Mental Health, Psychol.Bull. 103 (1988), 193.

17 Vgl. allgemein etwa *Schmies* (Fn. 15), 165ff.

18 S. *Baumeister,* „The Self“, in: Gilbert/Fiske/Lindzey (Hrsg.), The Handbook of Social Psychology (1998), S. 680–740.

19 S. *Kretschmer,* Empirical Evidence on Copyright Earnings, Paper for DIME network –Dynamics and Institutions of Markets in Europe (2006), abrufbar unter http://www.dime-eu.org/files/active/0/Kretschmer.pdf; *ders.,* Copyright and Contracts: A Brief Introduction, RERCI 3 (2006), 75, 78ff.; *Towse,* Creativity, Incentive and Reward. An Economic Analysis of Copyright and Culture in the Information Age (2001).

die (objektive) Wahrscheinlichkeit, zu den „happy few" zu gehören, vergleichsweise gering ist.[20] Für den Bereich urheberrechtlicher Werkverwertung kommt sogar noch eine weitere Eigentümlichkeit hinzu, die die fehlerhaft optimistische Selbsteinschätzung junger Kreativer zusätzlich überhöhen dürfte: es sind nämlich die Beispiele – auch kommerziell – außergewöhnlich erfolgreicher Urheber kontinuierlich in den Medien präsent, während über die Einkommensbedingungen der anonymen Masse durchschnittlich (erfolgloser) Urheber nicht im Einzelnen berichtet wird. Dies führt aber dazu, dass zumal Informationen über erfolgreiche Urheber besonders verfügbar und bei eigenen Entscheidungen über die Aufnahme kreativer Tätigkeit oder schon entsprechenden Vertragsverhandlungen damit besonders prägend sind. Denn der (robust im Experiment wie im Feld ermittelte) *saliency* (oder *availability*)-*bias* führt dazu, dass Entscheidungen zumal von aktuell *präsenten* Informationen und Vorstellungen (im Sinne sogenannten *framings*) in besonderem Maße bestimmt werden.[21] Für die Einschätzung eigener Erfolgsaussichten bei der Verwertung eines bestehenden oder künftigen Werks wird daher der *availability-bias* den ohnehin ausgeprägten Überoptimismus der beteiligten Urheber oder Leistungsschutzberechtigten noch zusätzlich stärken.

Auf die Problematik der Vertragsverhandlungen über die Einräumung von Nutzungsrechten gewendet, dürfte der *optimistic bias* zunächst in Richtung auf eine überdurchschnittlich ausgeprägte Bereitschaft der Urheber weisen, (reine) Absatzbeteiligungen – also Tantiemenverträge – zu vereinbaren und auf diese Weise letztlich das Risiko erfolgreicher Werkverwertung wesentlich mit zu tragen. Mit der empirischen Beobachtung der Praxis von *buy out*-Verträgen oder jedenfalls langfristigen Nutzungsrechtseinräumungen gegen Zahlung einer Pauschalvergütung in bestimmten Bereichen verträgt sich dieser verhaltenswissenschaftliche Ausgangspunkt auf den ersten Blick allerdings nicht.

Doch streben auch besonders schwerwiegende Anomalien menschlichen Entscheidungsverhaltens eher in die gegenläufige Richtung. Für Vertragsverhandlungen überaus wesentlich sind insbesondere die mit am

20 S. allgemein *Sunstein,* ALER 1 (1999), 115, 136f.; *Frank/Cook,* The Winner-Take-All Society (1995); *Camerer/Covallo,* Overconfidence and Excess Entry: An Experimental Approach, Am.Econ.Rev. 89 (1999), 306.

21 Vgl. *Schmies* (Fn. 15), S. 165, 170f.

Urbeginn verhaltenswissenschaftlicher Forschung stehenden, besonders gut untersuchten *Besitzeffekte* (*endowment effects*) und (hiermit im Zusammenhang) das Phänomen der Verlustaversion (*loss aversion*).[22] Besitzeffekte haben zur Folge, dass einmal erlangte Positionen nur zu teureren Preisen wieder abgegeben werden, als man bereit wäre, selbst für deren Erwerb zu zahlen. Die *loss aversion* belegt die manifeste Neigung, Verluste weit überdurchschnittlich zu bewerten und daher, wenn eine Entwicklung – im Vergleich zu einem bestimmten *Referenzpunkt* – zu einem drohenden Verlust führen kann, diese Alternative in weit höherem Maße zu meiden, als dies einer rationalen Beurteilung und Optimierung der Chancen entspräche. Tatsächlich führt dies für Vertragsverhandlungen dazu, dass eine Partei, der es gelingt, einen bestimmten *Referenzpunkt* zu setzen (und auf diese Weise die andere Partei zu manipulieren) ganz erhebliche Verhandlungsvorteile erlangen kann. So lässt sich in Ansätzen eine gesamte verhaltensökonomische Theorie der Vertragsverhandlungen auf das Phänomen der *loss aversion* im Verhältnis zu solchen, einmal gesetzten Referenzpunkten gründen.[23] Dabei ist von besonderer praktischer Bedeutung, dass nicht nur dispositive gesetzliche Regelungen, sondern sogar Vorschläge einer Verhandlungspartei in Formularverträgen, die für einen bestimmten Bereich (vermeintlich) dem „Üblichen“ entsprechen, von der anderen Vertragspartei in diesem Sinne als Referenz empfunden werden können.[24]

Für die hier betrachtete Fragestellung ist dies in doppelter Hinsicht von großer Bedeutung: Zum einen sind die verhaltenswissenschaftlichen Erkenntnisse zur *stickiness* (der resultierenden Beharrungskraft) dispositiven Rechts für das genauere Verständnis der Möglichkeiten und Grenzen auch *dispositiver* (urheber-)vertragsrechtlicher Bestimmungen von hoher Relevanz (s. dazu unten IV. 2).[25] Zum anderen wird die ausgeprägte *loss aversion* im Zusammenhang mit einer von Verwerterseite angebotenen

---

22 S. allgemein etwa *Kahneman/Knetsch/Thaler*, J.Econ.Perspect. 5 (1991), 193, 194ff.; *Sunstein*, ALER 1 (1999), 115, 131ff.

23 S. ausführlich *Korobkin* (Fn. 2), S. 116ff.

24 Vgl. in diesem Zusammenhang zu der praktisch nicht unwesentlichen Frage des Verhältnisses von §§ 32ff. UrhG zur AGB-Kontrolle nach § 307 BGB *v. Westphalen*, Die angemessene Vergütung nach § 32 II S. 2 UrhG und die richterliche Inhaltskontrolle, AfP 2008, 21ff.

25 S. in der deutschen Literatur zuletzt ausführlich *Unberath/Cziupka*, AcP 209 (2009), 37ff.

garantierten Einmalzahlung (Pauschalhonorar), die vom Urheber nach den diesbezüglichen verhaltenswissenschaftlichen Erkenntnissen häufig als ein fixer Referenzpunkt empfunden werden dürfte, dazu führen, dass der risikoaverse Urheber die Alternative einer Absatzbeteiligung (Tantiemenzahlung) stets dann in der Tendenz ablehnen wird, wenn er insoweit auch ein substantielles Risiko tragen müsste, am Ende unter Umständen auf diesem Wege weniger zu erhalten als die ursprünglich angebotene fixe Summe. Dem *optimistic bias* samt seiner inhärenten Tendenz zur Bevorzugung einer Absatzbeteiligung läuft diese experimentell besonders stark belegte Tendenz gerade diametral entgegen, sofern nicht die Pauschalzahlung *zusätzlich* mit einer Absatzbeteiligung kombiniert wird, ohne dass eine diesbezügliche Anrechnung erfolgt. Hier mag in der Tat (neben anderen, wesentlicheren Faktoren)[26] auch eine verhaltenswissenschaftliche Erklärung für die Bereitschaft bestimmter Urhebergruppen liegen, sich auf Pauschalhonorare einzulassen.

Schließlich ist auch für den hier betrachteten Bereich die (im Verhältnis zu den vorbeschriebenen *spezifischen* Anomalien) ganz allgemeine, überwölbende und für das Recht möglicherweise wesentlichste Feststellung der Verhaltenswissenschaften zu berücksichtigen, dass die in Vertragsentscheidungen geäußerte *Präferenzordnung* realer Marktteilnehmer im Gegensatz zum Verhaltensmodell rational agierender *homines oeconomici* ersichtlich *nicht einmal ansatzweise zeitlich konstant* ist.[27] Eine nominell informierte und freie Entscheidung des Urhebers kann demnach – insbesondere in Abhängigkeit von situativen Faktoren (wie einseitig verankerten Referenzpunkten und insgesamt den Rahmenbedingungen der Vertragsentscheidung) – eine momentane Präferenz durchaus zutreffend reflektieren, die sich dennoch – und vollkommen unabhängig von tatsächlichen Wandlungen der Verhältnisse – allein aufgrund der *zeitlichen Inkonsistenz* menschlicher Präferenzordnungen schon innerhalb vergleichsweise kurzer Zeit als für ihn nicht länger nutzenoptimierend darstellt.[28] So mag der wissenschaftliche Urheber – auch aufgrund von *en-*

---

26 S. sogleich unten 2.

27 Auf die besondere Bedeutung dieser Anomalie für die *rechtliche* Beurteilung weist auch *Schön*, Zwingendes Recht oder informierte Entscheidung – zu einer (neuen) Grundlage unserer Zivilrechtsordnung, Festschrift für Canaris Bd. 1 (2007), S. 1191, 1210 hin.

28 S. etwa *Jolls/Sunstein/Thaler*, A Behavioral Approach to Law and Economics, in: Sunstein (Hrsg.), Behavioral Law and Economics (2000), S. 13, 47f. (im Zu-

dowment-Effekten – sein einmal geschaffenes Werk so schnell und weitflächig wie möglich verbreiten wollen und hierfür bereit sein, auf praktisch jedwede nennenswerte pekuniäre Gegenleistung zu verzichten. Ist die Veröffentlichung und Verbreitung einmal erfolgt, mag seine Präferenzordnung schon deutlich anders ausfallen, das Fehlen jedweder Vergütung schon nach kurzer Zeit bereut werden. So fallen, um es auf den Punkt zu bringen, momentane *decision utility* und die über die Zeitachse maßgebliche *experienced utility* regelrecht typischerweise erheblich auseinander. Für Verwertungsverträge mit ihren in der Regel außerordentlich langen Laufzeiten ist diese Problematik ersichtlich besonders brisant.

Führt man die vorstehenden Gedankenstränge zusammen, ergibt sich kein einheitliches Bild. Über die allgemein beobachtbare Tatsache hinaus, dass die konkret als frei empfundene Vertragsentscheidung vom Urheber über die Vertragslaufzeit betrachtet schon recht bald bereut werden mag, streben die unterschiedlichen für diesen Bereich relevanten spezifischen *biases* menschlichen Entscheidungsverhaltens in verschiedene, teils diametral entgegengesetzte Richtungen. Eine präzisierte Rechtfertigung gesetzgeberischen Eingreifens in die Vertragsfreiheit fällt vor diesem Hintergrund nicht leicht. Die verhaltenswissenschaftliche Analyse urheberrechtlicher Vertragsverhandlungen für sich genommen vermag ein individuelles Schutzbedürfnis der betroffenen Urheber wohl ebenso wenig zu begründen wie ein kollektives Marktversagen in diesem Bereich.

Angesichts der Mannigfaltigkeit unterschiedlich wirkender *biases* menschlichen Entscheidungsverhaltens in derlei Vertragsverhandlungen wäre aus Sicht rein verhaltenswissenschaftlicher Analyse wohl am Ehesten an

sammenhang mit Verbraucherentscheidungen): Auseinanderklaffen von *decision utility* und *experience utility*. Vgl. für Reaktionen auf dieses Phänomen im Rahmen der klassischen Modellumgebung auf der Basis der Konzeption der *revealed preferences* (dazu grundlegend schon *Samuelson*, A Note on the Pure Theory of Consumers' Behaviour, Economica 5 (1938), 61) etwa die in der zeitlichen Folge im Differenzierungsgrad zunehmenden Arbeiten von *Strotz*, Myopia and inconsistency in dynamic utility maximization, Rev.Econ.Stud. 35 (1956), 165; *Loewenstein*, Out of control: Visceral influences on behavior, OBHDP 62 (1996), 272; *Loewenstein/ODonoghue/Rabin*, Projection Bias in Predicting Future Utility, Q.J.Econ. 118 (2003), 1209, abrufbar unter http://elsa.berkeley.edu/~rabin/projection.pdf; *Gul/Pesendorfer*, Rev.Econ.Dynam. 7 (2004), 243; *dies.*, Self-Control and the Theory of Consumption, Econometrica 72 (2004), 119; *dies.*, Rev.Econ.Stud. 72 (2005), 429.

ein *de-biasing* bezüglich jeweils spezifischer Verhaltensanomalien durch intelligente Informationspflichten zu denken. Solche Informationspflichten könnten beispielsweise dahin gehen, den Urheber in Vertragsverhandlungen über die bereichsspezifisch durchschnittlichen Einnahmen aus einem Absatzbeteiligungsvertrag für eine längere Laufzeit zu informieren. Doch sind derlei Informationspflichten mit Blick auf die begrenzte Informationsverarbeitungskapazität real agierender Individuen gleichermaßen wie mit Blick auf die Tatsache, dass die beobachteten Irrationalitäten menschlichen Entscheidungsverhaltens gerade gegenüber entsprechender Belehrung sehr robust und damit allein durch Information häufig nur schwer korrigierbar sind,[29] unter verhaltensökonomischer Perspektive letzthin eher kritisch betrachtet worden.[30] Eine (freilich ebenfalls gerade letzthin hochumstrittene) Alternative könnten intelligente Regeln dispositiven Urhebervertragsrechts bilden, die als sogenannte *penalty default rules* dazu dienen könnten, in Vertragsverhandlungen faktisch bestehende Informationsasymmetrien zu Lasten des Urhebers mit Hilfe einer durch dispositives Recht angestoßenen Verhaltenssteuerung zu korrigieren.[31] Dies würde dadurch ermöglicht, dass eine seitens des Verwerters erfolgende Abweichung von der Vorgabe dispositiven Rechts eine gewisse Warn- und Informationsfunktion für den Urheber erfüllen könnte.[32]

Doch bleiben Zweifel, ob das juristisch-praktisch unübersehbare Problem mangelnder *Durchsetzungsfähigkeit* der Urheberinteressen in Vertragsver-

---

29 Vgl. allgemein die Darstellung entsprechender Experimente bei *Kahneman/Knetsch/Thaler,* J.Econ.Perspect. 5 (1991), 193, 194 ff.; betreffend spezifische *biases* etwa auch *Rachlinski,* A Positive Psychological Theory of Judging in Hindsight, in: Sunstein (Hrsg.), Behavioural Law and Economics (2000), S. 95, 98, jeweils m. w. N.

30 Vgl. zuletzt in anderem Zusammenhang (des Verbraucherschutzes) eindrucksvoll *Rehberg,* Ökonomische Analyse der europäischen Zivilrechtsentwicklung, in: Eger/Schäfer (Hrsg.), Beiträge zum X. Travemünder Symposium zur ökonomischen Analyse des Rechts (2007), S. 284; kritisch auch *Schön,* FS für Canaris Bd. 1 (2007), S. 1191, 1198 ff.

31 S. allgemein *Ayres/Gertner,* Filling Gaps in Incomplete Contracts: An Economic Theory of Default Rules, Yale L.J. 99 (1989), 87; *dies.,* Strategic Contractual Inefficiency and the Optimal Choice of Legal Rules, Yale L.J. 101 (1992), 729; *Unberath/Cziupka,* AcP 209 (2009), 37, 63 ff. Spezifisch aus verhaltensökonomischer Sicht zu *penalty defaults Korobkin* (Fn. 2), S. 116, 139 f.

32 S. zu diesem Instrument auch noch näher unten IV. 2.

handlungen mit Verwertern auf diese Weise tatsächlich zielgenau erfasst und korrigiert würde. Ein Gedankenexperiment mag das verdeutlichen: Selbst wenn durch gezielte Informationspflichten unter Berücksichtigung sämtlicher vorstehend geschilderter *biases* realen menschlichen Entscheidungsverhaltens ein informierter Urheber die für ihn beste Option, nämlich eine Kombination aus Pauschalzahlung und zusätzlich gewährter Absatzbeteiligung ohne Anrechnung, in Vertragsverhandlungen zu seiner Zielsetzung erheben würde, bliebe doch das Problem, diese Option in den Verhandlungen auch *durchzusetzen*, unvermindert bestehen. Tatsächlich würde selbst ein irrational (menschlich) entscheidender Urheber sicherlich stets diese für ihn bestmögliche Lösung anstreben, da gerade die *loss aversion* bei nicht erfolgender Anrechnung der Absatzbeteiligung auf das Pauschalhonorar ja gegen eine solche Lösung gar nicht sprechen würde. Doch gelingt die entsprechende Durchsetzung in Vertragsverhandlungen eben typischerweise nicht. Dieses strukturelle Durchsetzungsproblem beruht gerade nicht primär auf den in ihrer Wirkungskraft nur schwer abzuschätzenden *biases* menschlichen Entscheidungsverhaltens, sondern vielmehr in der Tat auf einem wirtschaftlichen Machtungleichgewicht,[33] das (schon bei intuitiver Betrachtung) in einer erheblich schwächeren Verhandlungsposition[34] des Urhebers im Verhältnis zum Verwerter resultiert. Ein solches Problem strukturellen Ungleichgewichts der Verhandlungsposition lässt sich allein mit Informationspflichten nicht bekämpfen. Vielmehr kann hier in der Tat der Eingriff mit den Mitteln zwingender Inhaltskontrolle geboten sein, sofern man die Verfolgung von Zielen der Vertragsgerechtigkeit an dieser Stelle zum normativen Ziel erheben will. Doch ist selbst hierfür der nur pauschale Verweis auf ein bestehendes *strukturelles Ungleichgewicht* auch hinsichtlich der jeweiligen Verhandlungsposition jedenfalls zu präzisieren. Jenseits der verhaltenswissenschaftlichen Analyse einzelner *biases* realen menschlichen Entscheidungsverhaltens hat die Verhaltensökonomik auch für diese, nunmehr in den Mittelpunkt zu rückende Problematik wertvolle Forschungsansätze entwickelt, die zum Teil auch schon unmittelbar auf das Problem der ökonomischen Analyse von Lizenzverträgen gewendet wurden.

---

33 Vgl. die Gesetzesbegründung, BT-Drs. 14/6433, S. 7, 18 und öfter.

34 S. BVerfG, GRUR 2005, 880 – Xavier Naidoo; Wandtke/Bullinger-*Wandtke/Grunert* (Fn. 12), § 32 UrhG Rn. 2 m.w.N.

2. Präzisierter Blick auf „Machtungleichgewichte" aus der Perspektive der Verhaltensökonomik

Tatsächlich weisen sowohl die (noch auf dem Modell des *homo oeconomicus* beruhende, aber schon strategisches Verhalten einbeziehende) Spieltheorie[35] als auch neue verhaltensökonomische Theorien der Vertragsverhandlung und sogar empirische Daten in eine ähnliche Richtung.

Mit den Mitteln der Spieltheorie – und konkret der Verhandlungstheorie[36] – sind die Positionen und Durchsetzungskraft der Parteien urheberrechtlicher Nutzungsrechtseinräumungen in der Literatur vereinzelt bereits untersucht worden; die Ergebnisse dieser spieltheoretischen Analyse wurden in untechnischer Form auch zugänglich gemacht.[37] Sie besagen, dass die Verhandlungsposition insbesondere wirtschaftlich noch wenig erfolgreicher Urheber entscheidend dadurch geschwächt wird, dass ihre aus psychologischen gleichermaßen wie aus zwingenden wirtschaftlichen Gründen resultierende Ungeduld, zu einem raschen erfolgreichen Abschluss der Vertragsverhandlungen zu gelangen, erheblich größer ist, als die entsprechende Ungeduld (Verhandlungskosten) der Verwerter, die (untechnisch gesprochen) den „längeren Atem haben". Dieses relative Ungleichgewicht der jeweiligen Verhandlungskosten beeinflusst die Vertragsverhandlungen schwerwiegend zu Lasten der Urheber. Nur bereits in erheblichem Ausmaß erfolgreiche Urheber, die insbesondere über die notwendige wirtschaftliche Unabhängigkeit verfügen, um auch längere Vertragsverhandlungen durchzustehen und die zudem aufgrund ihrer bereits etablierten Reputation über glaubwürdige *outside options* im Sinne echter Alternativen mit einem realen Drohpotential verfügen, können ihre Positionen in Verhandlungen mit der Verwerterseite in gewissem Umfang durchsetzen. Die spieltheoretische Verhandlungstheorie prognostiziert auf diesem (theoretischen) Wege wegen der relativ höheren Verhandlungskosten gerade jüngerer, noch wenig etablierter Urheber ein ganz erhebliches Ungleichgewicht der Durchsetzungskraft im Verhältnis

35 Vgl. grundlegend *Baird/Gertner/Picker,* Game Theory and the Law (4. Aufl. 1998).

36 Vgl. für einen allgemeinen Überblick über die spieltheoretischen Verhandlungsmodelle von *John Nash* und *Ariel Rubinstein* in: *Muthoo,* Bargaining Theory with Applications (1999).

37 S. insbesondere *Muthoo,* Bargaining Theory and Royalty Contract Negotiations, RERCI 3 (2006), 19.

zur Verwerterseite. Andererseits kann sich dieses Verhältnis für etablierte und wirtschaftlich unabhängige Urheber in sein Gegenteil verkehren. Um es auf den Punkt zu bringen: Die spieltheoretische Analyse der Vertragsverhandlungen im Rahmen von Nutzungsrechtseinräumungen kann theoretisch belegen, dass die im Verhältnis zu den Verwertern typischerweise bestehende *wirtschaftliche* Unterlegenheit einzelner Urheber tatsächlich auch zu einer entsprechend *schwächeren Verhandlungsposition* führt. Sie kann also das wirtschaftliche Ungleichgewicht in eine entsprechend gestörte „Vertragsparität“ übersetzen.

Verhaltensökonomisch wird dieses Ergebnis durch die Ansätze zu einem verhaltenswissenschaftlich basierten Modell der Vertragsverhandlung gerade gestützt. Schon allein die Möglichkeit der Verwerterseite, in den Verhandlungen etwa durch Verwendung von Musterverträgen bestimmte Referenzpunkte zu setzen, führt aufgrund der in diesem Zusammenhang manifest belegten *loss aversion* real verhandelnder Individuen auf individueller Urheberseite zu erheblichen Durchsetzungsdefiziten, die der Verwerterseite asymmetrische Verhandlungsvorteile verschaffen.[38] Erfahrenere und erfolgreiche Urheber mögen hier aufgrund bestimmter Lerneffekte wiederum insgesamt etwas weniger anfällig und damit durchsetzungskräftiger sein.

Diese theoretischen Analysen und Prognosen werden von den (schmalen) verfügbaren empirischen Daten über Verhandlungsresultate und Einkommen der Urheber in unterschiedlichen Bereichen eindrucksvoll gestützt. Tatsächlich belegen entsprechende (leider nicht weiter differenzierte) bereichsspezifische Analysen des Musik- und Literaturmarkts, dass erstens die analysierten Märkte ausgeprägte *winner-takes-all* Charakteristika aufweisen, wobei insbesondere zahlreiche Urheber ihren Lebensunterhalt aus der selbständigen kreativen Tätigkeit nicht allein bestreiten können.[39] Die (spieltheoretisch) prognostizierte fehlende Verhandlungsmacht, die aus einer solchen, vom schnellen Verhandlungserfolg abhängigen Position resultiert, wird dadurch hinsichtlich des realen wirtschaftlichen Hintergrundes empirisch fundiert. Zweitens belegt die beispielhafte Untersuchung unterschiedlicher „Karrierewege“ im Mu-

---

38 S. allgemein *Korobkin* (Fn. 2), S. 116, 120ff., 125ff.

39 S. *Kretschmer,* (Fn. 19: Empirical Evidence); *ders.*, RERCI 3 (2006), 75, 78ff.; *Towse,* Creativity, Incentive and Reward. An Economic Analysis of Copyright and Culture in the Information Age (2001).

sikbereich, dass mit zunehmender Etablierung und wirtschaftlichem Erfolg eines Erstlingswerks die Durchsetzungskraft in Vertragsverhandlungen erheblich zunimmt. Insbesondere werden nachfolgende Verträge mit sehr viel kürzeren Laufzeiten und höherer Absatzbeteiligung der Urheber und ausübenden Künstler ausgehandelt als Erstverträge, in denen häufig die Urheber- und Leistungsschutzrechte für die gesamte Schutzfrist ausschließlich eingeräumt werden.[40]

Damit lässt sich der (zuerst nur intuitiv und allgemein empfundene) Hinweis auf fehlende „Verhandlungsmacht" der Urheber spieltheoretisch, verhaltensökonomisch und schließlich auch empirisch nicht nur belegen, sondern insbesondere zugleich zielführend präzisieren. Denn in all den Marktbereichen, in denen die sich sukzessiv entwickelnde Etablierung und die darauf aufbauende Reputation erfolgreicher Urheber als iteratives Signalsystem bei Folgeverträgen zu erfolgsabhängig entsprechend besseren Verhandlungsbedingungen führt, lässt sich ein Eingriff mit den Mitteln zwingenden Rechts kaum rechtfertigen. Hier werden also typischerweise schon die „üblichen" Marktbedingungen angemessen sein. Als Problem verbleibt in diesen Bereichen allenfalls die extrem lange Laufzeit der noch sehr verwertergünstig ausgestalteten Erstverträge. Andererseits werden strukturell unangemessene Vereinbarungen auch sukzessiv über längere Zeiträume typischerweise in den Bereichen getroffen werden, in denen der vorstehend geschilderte Mechanismus nach und nach erfolgender Etablierung einer Reputation des Urhebers und damit echter Verhandlungsalternativen und wirtschaftlicher Unabhängigkeit nachhaltig gestört ist. Dies wird zumal in Bereichen kreativen Schaffens der Fall sein, wo sich der Erfolg eines bestimmten Werks beim Publikum nicht eindeutig und ausschließlich der Leistung eines Kreativen zuordnen lässt, so dass mit dem Erfolg des Werks nicht zwangsläufig und eindeutig eine entsprechende Steigerung der Reputation und damit der Verhandlungsmacht des betroffenen Urhebers korreliert. An dieser Stelle versagt das Signalsystem erfolgreicher Werke und der resultierenden iterativ erfolgsabhängigen Entwicklung der Verhandlungsmacht individueller Urheber im Verlaufe ihrer Karriere. Dies mag aus verhaltensökonomischer Sicht erklären, warum notorisch unangemessene Vergütungsstrukturen insbesondere im Bereich literarischer Übersetzung vorherrschen, auf den sich prompt die besonders wesentlichen und schon vergleichsweise zahlreichen Konkreti-

40 S. *Kretschmer*, RERCI 3 (2006), 75, 77f.

sierungsversuche in der Rechtsprechung zu § 32 UrhG beziehen.[41] Denn der Erfolg eines bestimmten Werks der Literatur beim Publikum wird nur äußerst schwierig *pro rata* der Leistung des belletristischen Übersetzers zugeordnet werden können. Der Aufbau einer belastbaren Verhandlungsposition selbst seitens erfolgreicher Übersetzer für spätere Verträge muss unter diesem Informationsdefizit zwangsläufig leiden, so dass hier in der Tat von einem Marktversagen gesprochen werden kann.

3. Fazit zur verhaltensökonomischen Rechtfertigung des § 32 UrhG

Der Ansatz des § 32 UrhG ist vor diesem Hintergrund jedenfalls im Grundsatz rechtfertigungsfähig. Ausgangspunkt für die Ermittlung der „angemessenen“ Vergütung ist die „übliche Vergütung“ in einem bestimmten Bereich, wobei dieser Maßstab im Sinne einer „redlichen“ Vergütung zwingend überformt wird, wo entweder schon keine Branchenübung existiert oder diese Branchenübung nicht redlich ist.[42] Die „Unredlichkeit“ einer vereinbarten Vergütung, d.h. das Verhandlungsergebnis, wird solcherart zum *Indiz* für die gestörte Parität der Verhandlungspositionen der Vertragsparteien in den voraufgegangenen Verhandlungen. Dies entspricht im Ausgangspunkt durchaus dem Ansatz vergleichbarer zivilrechtlicher Instrumente zwingender Inhaltskontrolle. Allerdings ist zuzugestehen, dass mit dem Ausgleich dieser Verhandlungsungleichgewichte ersichtlich auch schlichtweg Ziele der Vertragsgerechtigkeit verfolgt werden. Zudem geht § 32 UrhG mit seinem nicht auf Fälle extremen Ungleichgewichts, sondern schlicht auf die „Redlichkeit“ abzielenden weit gezeichneten Tatbestand und auch mit dem rechtsfolgenseitigen Anspruch auf entsprechende Vertragskorrektur einen deutlichen Schritt wei-

[41] S. nur LG Hamburg, ZUM 2008, 608; LG Hamburg, ZUM 2008, 603; LG Berlin, ZUM-RD 2007, 194; LG Berlin, ZUM 2006, 942; LG Berlin, ZUM 2005, 901; LG Berlin, ZUM 2005, 904; LG München I, ZUM 2006, 73; LG München I, ZUM 2006, 159; LG München I, ZUM 2006, 164; OLG München, ZUM 2007, 142; OLG München, ZUM-RD 2007, 166; OLG München, ZUM 2007, 317; OLG München, ZUM 2007, 308; OLG München, ZUM-RD 2007, 182; LG München I, ZUM-RD 2007, 550; LG München I; ZUM 2007, 228; LG München I, ZUM 2006, 73; LG München I, ZUM 2006, 154; LG Hamburg, ZUM 2006, 683.

[42] S. zum Ausgangspunkt nur Nordemann-*Czychowski* (Fn. 12), § 32 UrhG Rn. 33.

ter als die bisher existierenden zivilrechtlichen Instrumente zwingender Inhaltskontrolle der Hauptleistung.

Damit liegt die eigentliche Herausforderung der Norm für die Praxis in der Ermittlung der „Angemessenheit“, d.h. der Üblichkeit und insbesondere der Redlichkeit, vereinbarter Vergütungsstrukturen und -höhen. Die Last dieser Herausforderung wiegt um so schwerer, als die entsprechende richterliche Inhaltskontrolle typischerweise *ex post* stattfindet, so dass die Beurteilung des Vertrags von bestimmten nachträglich erlangten Erkenntnissen bezüglich Erfolg des Werks und ähnlicher Faktoren, beeinflusst zu werden droht. Tatsächlich lassen sich wiederum mit den Mitteln der Verhaltensökonomik entsprechende Gefährdungsfaktoren für die *ex post* Inhaltskontrolle durch den Richter recht genau herausarbeiten, so dass die Verhaltenswissenschaften an dieser Stelle einen methodischen Beitrag für die *Auslegung der Norm* leisten können (s. sogleich unten III. 1.). Zugleich ist zu berücksichtigen, dass das neue Urhebervertragsrecht neben der – ersichtlich problematischen – richterlichen Inhaltskontrolle nach § 32 Abs. 2 S. 2 UrhG in seiner Gesamtkonzeption zumal auf die vorrangige Entwicklung kollektiver gemeinsamer Vergütungsregeln i.S.d. § 36 UrhG durch Interessenverbände der Marktteilnehmer selbst setzt. Die Sinnhaftigkeit dieser Konzeption gleichermaßen wie bestimmte Gründe für ihren bisher nur begrenzten Erfolg in der Praxis lassen sich wiederum mit den Mitteln der Verhaltensökonomik analysieren (s. unten III. 2.), wobei damit zugleich der Blick für denkbare Fortentwicklungen und Alternativen (s. unten IV.) geöffnet wird.

III. Verhaltensökonomik als Instrument für die folgenspezifische Analyse des Anspruchs auf „angemessene Vergütung“ in der Praxis

1. *Behavioral Law and Economics* und die Methodik der Auslegung des § 32 UrhG

Aus der Sicht der Verhaltensökonomik liegt ein Kernproblem der richterlichen „Redlichkeitskontrolle“ i.S.d. § 32 Abs. 2 S. 2 UrhG darin, dass diese Inhaltskontrolle zwangsläufig *ex post* und damit in Kenntnis bestimmter Tatsachen erfolgt, die den Vertragsparteien zum Zeitpunkt des Vertragsschlusses unbekannt waren. Die Problematik ist sowohl dem

Rechtsausschuss des Bundestages[43] als auch der richterlichen Praxis[44] und wissenschaftlichen Literatur[45] von Beginn an bewusst gewesen: Festgehalten wurde von der herrschenden Meinung jeweils, dass die Kriterien für die Beurteilung von Üblichkeit und Redlichkeit an eine objektive *ex ante* Betrachtungsweise im Zeitpunkt des Vertragsschlusses anknüpfen müssen. Berücksichtigung sollen also grundsätzlich nur solche Umstände finden, die zum Zeitpunkt des Vertragsschlusses bekannt waren; nachträgliche Änderungen der Verhältnisse unterfallen systematisch § 32 a UrhG.

Das sogar schon unmittelbar für richterliche Tätigkeit außergewöhnlich reich belegte verhaltensökonomische Problem liegt an dieser Stelle darin, dass eine solche „künstliche“ Verengung der Perspektive auf einen fiktiven Wissensstand *ex ante* wegen des so genannten *hindsight bias* gar nicht ohne Weiteres möglich ist.[46] Die Forschung zum *hindsight bias,* der auch für Entscheidungen amerikanischer Richter und Jurys analysiert wurde, besagt vielmehr, dass bestimmte *einmal eingetretene* Ereignisse im Nachhinein als sehr wahrscheinlich angesehen werden, selbst wenn die Wahrscheinlichkeit für den Eintritt eines derartigen Ereignisses *ex ante* nur sehr gering war. Die diesbezügliche amerikanische *behavioural law and economics*-Forschung bezieht sich in diesem Zusammenhang ganz schwerpunktmäßig auf das Deliktsrecht, da die *ex ante* Wahrscheinlichkeit eines bestimmten schadensbegründenden Ereignisses nach amerikanischer *law and economics*-Schule insbesondere für den Umfang der notwendigen Verkehrspflichten zur Verhütung des Ereignisses bestimmend ist. In diesem Zusammenhang wurde nun eine manifeste Überschätzung der ursprünglichen Wahrscheinlichkeit schadensbegründender Ereignisse festgestellt. Der *bias* erweist sich als ausgesprochen widerstandskräftig; selbst konfrontiert mit korrigierenden Informationen und Korrekturen wird die Wahrscheinlichkeit einmal eingetretener Ereignisse weiterhin manifest

43 S. Beschlussempfehlung des Rechtsausschusses zum Entwurf eines Gesetzes zur Stärkung der vertraglichen Stellung von Urhebern und ausübenden Künstlern, BT-Drs. 14/8058, S. 18.

44 S. etwa OLG München, ZUM 2007, 308, 312; 317, 324; im Anschluß daran auch OLG München, ZUM-RD 2007, 166; 177; 182; 188; LG Hamburg, ZUM 2006, 683, 686; LG München I, ZUM 2006, 73, 77; LG Hamburg, ZUM 2005, 483, 485.

45 S. nur Nordemann-*Czychowski* (Fn. 12), § 32 UrhG Rn. 35; Wandtke/Bullinger-*Wandtke/Grunert* (Fn. 12), § 32 UrhG Rn. 41 ff., jeweils mit umfassenden weiteren Nachweisen.

46 S. näher *Rachlinski* (Fn. 29), S. 95 ff.; *Sunstein*, ALER 1 (1999), 115, 138 ff.

überschätzt.[47] Zugleich wurde festgestellt, dass amerikanische Gerichte dennoch intuitiv bestimmte *de-biasing*-Strategien entwickelt haben, indem etwa Faktoren, die für den *hindsight bias* besonders anfällig sind, bei der Beurteilung des Fahrlässigkeitsmaßstab systematisch ganz außen vor gelassen werden.[48]

Diese Forschungsansätze lassen sich auf die Problematik der richterlichen Bestimmung angemessener Vergütungsstrukturen und -sätze im Rahmen des § 32 Abs. 2 S. 2 UrhG durchaus transponieren. So wird der große Erfolg eines Erstlingswerks oder der Übersetzung eines Erstlingswerks im Nachhinein, dem *hindsight bias* entsprechend, dazu führen, dass etwa reine Pauschalhonorierungen oder auf niedrigem Niveau fixierte Quoten einer festen Umsatzbeteiligung im Angesicht des überraschenden Erfolges des Werks als unangemessen empfunden werden. Auch außerhalb des für derlei Fälle systematisch vorrangigen § 32a UrhG über die angemessene *weitere* Beteiligung droht solcherart aufgrund bestimmter Irrationalitäten menschlicher (und richterlicher) Beurteilung der (im Vorhinein unwahrscheinliche) große Publikumserfolg eines Werks und die damit einhergehende besondere Intensität der Verwertung die Beurteilung der „Angemessenheit" der Vergütungsstruktur und -sätze im Nachhinein zu beeinflussen. Bemerkenswerterweise haben auch deutsche Gerichte intuitiv diese besondere Gefahr erkannt und wenden bestimmte Entscheidungsprozeduren an, die man aus der Sicht der *behavioural law and economics* als *de-biasing*-Strategien einordnen könnte.

Die bloße Betonung der Tatsache, dass für die Beurteilung der „Angemessenheit" eine objektive *ex ante*-Sicht heranzuziehen sei, kann hierfür jedoch noch nicht genügen. An dem im Hintergrund dennoch diese – ja im Bereich der Redlichkeitsbeurteilung rein *fiktive* – Anknüpfung an den Zeitpunkt des Vertragsschlusses beeinflussenden *hindsight bias* vermag ein solcher rein begrifflicher Ansatzpunkt nämlich gerade nichts zu ändern. Als genuine und wirksame *de-biasing*-Strategie ist es aber etwa einzuordnen, wenn das OLG München sich in seinen Entscheidungen zu angemessenen Vergütungsstrukturen für Übersetzer belletristischer Werke nicht auf eine individualisierende Betrachtung des konkreten Einzelfalls einlässt, sondern stattdessen einen generalisierenden Maßstab anlegt, der lediglich in typisierter Form insbesondere nach Werkkategorien zu diffe-

47 S. *Rachlinski* (Fn. 29), S. 95, 98 m. w. N.
48 S. näher *Rachlinski* (Fn. 29), S. 95, 103 ff.

renzieren sein soll[49]. Im Ausgangspunkt kritisiert das Gericht, dass sich im Hinblick auf die Frage, ob eine individuelle oder generell-typisierende Betrachtungsweise zu wählen sei, „der in der Gesetzesbegründung erläuterte Wille des Gesetzgebers, an Hand welcher Parameter der unbestimmte Rechtsbegriff der Angemessenheit auszufüllen sei, als wenig stringente Handreichung für den Rechtsanwender darstelle". Wenn der 6. Zivilsenat in der Folge aus systematischen Gründen eine *generell-typisierende Betrachtungsweise* zugrunde legt, dann wird dies ausdrücklich damit begründet, dass nur eine solche Betrachtungsweise eine fiktive *ex ante*-Sicht des Richters aus dem Zeitpunkt des Vertragsschlusses garantieren könne. Denn nur auf diese Weise blieben sämtliche individualisierenden Umstände des Einzelfalls, die sich doch typischerweise *erst im Nachhinein ergäben,* bei der Beurteilung verlässlich außen vor. Dies entspreche der Tatsache, dass solche Faktoren zum Zeitpunkt des Vertragsschlusses eben von den Parteien gerade noch nicht abschließend hätten beurteilt werden können. Die verhaltensökonomische Perspektive bestätigt diese Überlegungen zur systematischen Abgrenzung der §§ 32, 32a UrhG: Alle individuellen Faktoren, die dem *hindsight bias* unterliegen, sollten bei der Beurteilung so weit wie möglich zugunsten eines anhand des Marktumfeldes justierten, generell-typisierten Maßstabs *ex ante* ausgeschlossen werden.

Trotz derartiger *de-biasing*-Ansätze bleibt die richterliche Vertragsanpassung in diesem Bereich aus der Sicht der *behavioural law and economics* durchaus problematisch. Erstens wird sich der *hindsight bias,* der gerade in der richterlichen Tätigkeit außerordentlich lernresistent und substantiiert ausgeprägt ist, auf diese Weise nie ganz ausschließen lassen. Die Anwendung der Redlichkeitskontrolle des § 32 Abs. 2 S. 2 UrhG „im Nachhinein" droht also tendenziell den Redlichkeitsmaßstab doch häufig zugunsten des klagenden Urhebers zu verschieben. Hinzu kommt noch zweitens die verhaltensökonomisch belegte Tatsache, dass sich Fairness- oder Redlichkeitsüberlegungen häufig nur unter großen Schwierigkeiten in zahlenmäßige Größenordnungen umsetzen lassen.[50] Wo also die Kontrolle am Maßstab der „Üblichkeit" versagt und wo belastbare Daten zu tatsächlich vergleichbaren Märkten oder Vergütungsstrukturen fehlen, um den Redlichkeitsmaßstab näher zu justieren, wird die richterliche Vertragsergänzung hinsichtlich der Höhe der Vergütungssätze daher stets zu

49 S. nur OLG München, ZUM-RD 2007, 166; OLG München, ZUM 2007, 308, 312; 317, 324.

50 S. *Sunstein,* ALER 1 (1999), 115, 142ff.

gewisser Beliebigkeit neigen. Dementsprechend wird die Rechtsunsicherheit in vielen Feldern noch für eine längere Zeit ganz erheblich sein. Auch wird eine derartige richterliche Inhaltskontrolle *ex post* aus den genannten Gründen der *ex ante* Festlegung bestimmter kollektiver *Standards* und *best practices* durch die Marktakteure selbst stets strukturell unterlegen sein.

2. *Behavioural law and economics* und die folgenspezifische Analyse der Grundkonzeption des neuen deutschen Urhebervertragsrechts

Doch stellt diese Diagnose bemerkenswerterweise die Konzeption und Systematik der §§ 32ff. UrhG bei genauerem Hinsehen gar nicht in Frage. Vielmehr schaffen die durch die richterliche Justierung des „Redlichkeitsmaßstabs" entstehende Rechtsunsicherheit und die Perspektive einer durch den *hindsight bias* zugunsten individueller Urheber verzerrten Redlichkeitskontrolle erst die Chancengleichheit, deren der individuell klagende Urheber bedarf, der als Kläger die Initiative ergreifen und die Risiken eines unter Umständen langwierigen Gerichtsstreits auf sich nehmen muss. Insbesondere aber wird auf diese Weise erst die „Drohkulisse" unberechenbarer paternalistischer Eingriffe in die individuelle Vertragsfreiheit wirksam aufgebaut, die nach der Gesamtkonzeption des Normenkomplexes ja gerade zum baldigen Abschluss *kollektiver* „gemeinsamer Vergütungsregeln" durch Verbände der jeweils betroffenen Marktteilnehmer führen sollte.[51] Die „Angemessenheit" einer Vergütung, die einer solchen „gemeinsamen Vergütungsregel nach § 36 UrhG entspricht, wird gemäß § 32 Abs. 2 S. 1 UrhG unwiderleglich vermutet.

Die Überlegenheit kollektiver Regulierung durch die Marktteilnehmer selbst war demnach bei Schaffung des Normenkomplexes dem Gesetzgeber durchaus präsent. Die Anordnung einer individuellen Inhaltskontrolle und -korrektur samt der hierdurch geschaffenen Rechtsunsicherheit und der Anfälligkeit jedweder diesbezüglicher Preiskontrolle für *biases* und sonstige individuelle Fehleinschätzungen der Gerichte stellt sich vor diesem Hintergrund als eine Art Drohszenario dar, um möglichst rasch die Entwicklung eines „kollektiven Urheberrechts auch für Freischaffen-

51 S. Wandtke/Bullinger-*Wandtke/Grunert* (Fn. 12), § 36 UrhG Rn. 2.

de“[52] zu befördern, nachdem in diesem Bereich bis auf einzelne Ausnahmefälle insbesondere keine schlagkräftigen Gewerkschaften der Kreativen existieren. Aus verhaltensökonomischer Sicht ist dieser Ansatz durchaus sinnvoll. Auch im Bereich des Deliktsrechts wird etwa die durch den *hindsight bias* geschaffene Schieflage *zugunsten* individueller Kläger von der verhaltensökonomischen Forschung teilweise begrüßt, da sie einen gewissen Ausgleich dafür schafft, dass zunächst allein der Kläger das Risiko und insbesondere die Initiativlast für den von ihm angestrengten Rechtsstreit trägt. Auch das Konzept, die gestörte Verhandlungsparität in bestimmten Urhebermärkten insbesondere auf dem Weg über rechtlich abgesicherte, kollektive Vereinbarungen etablierter Verbände institutionell auszugleichen, ist im Ansatz als durchaus viel versprechend zu bewerten. Der Gesetzgeber kann auf diese Weise kollektive Vereinbarungen der Marktbeteiligten gleichsam als sachnahes Erkenntnisverfahren über die Höhe angemessener Vergütung anstoßen und nutzen. Schließlich hatten vergleichbare Phänomene des Vertragsversagens insbesondere in den Vereinigten Staaten zur Bildung der im Filmbereich so außerordentlich starken, gewerkschaftsähnlichen *guilds* geführt, die auf dem Wege kollektiver Vereinbarung (der sogenannten *guild agreements*) sehr ansehnliche Rahmenbedingungen für eine angemessene Vergütung sämtlicher Filmschaffender erstritten haben.[53] Hier hatte der Markt also sogar aus sich heraus zu kollektiven, gewerkschaftsähnlichen Lösungen gefunden – ein Pfad, den das neue deutsche Urhebervertragsrecht gleichsam vorzuspuren suchte.

Dennoch ist in der Praxis unübersehbar, dass die Konzeption des deutschen Gesetzgebers, auf diesem Wege blühende kollektive Verwertungslandschaften zu gestalten, bisher als gescheitert anzusehen ist. Erfolgreich etabliert ist allein eine gemeinsame Vergütungsregel für den Bereich belletristischer Literatur zwischen dem Verband deutscher Schriftsteller in ver.di (VS) und einer (überschaubaren) Reihe deutscher Verlage.[54] Demgegenüber liegt die so dringend erstrebte Vereinbarung einer Gemeinsamen Vergütungsregel für Übersetzer mit der Ablehnung durch die Mitgliederversammlung des Verbands deutscher Übersetzer in ver.di (VdÜ) am 22. September 2008 nun vorerst wieder auf Eis. Weitere Ver-

---

52 S. Wandtke/Bullinger-*Wandtke/Grunert* (Fn. 12), § 36 UrhG Rn. 1 f.

53 S. näher *Reber*, Die Redlichkeit der Vergütung (§ 32 UrhG) im Film- und Fernsehbereich, GRUR 2003, 393, 396.

54 Abrufbar unter www.bmj.bund.de/media/archive/962.pdf.

handlungen im Film- und Fernsehbereich und – etwas weiter fortgeschritten – im Bereich der freien Journalisten stehen jedenfalls nicht unmittelbar vor dem Abschluss.

Die Gründe für dieses Scheitern lassen sich durchaus wiederum auch durch die verhaltensökonomische Brille betrachten. So weist die Situation in vielen der als besonders problematisch betroffenen Verwertungsmärkte, insbesondere dem Markt für belletristische Übersetzungen sowie der notorisch problematischen Film- und Fernsehproduktionslandschaft, im Hinblick auf die Bereitschaft zu kollektiven Vereinbarungen zu gelangen, schon bei untechnischer Betrachtung die typischen Charakteristika eines spieltheoretischen *Nash*-Gleichgewichts auf.[55] Gelangte nämlich tatsächlich die große Mehrzahl der Marktteilnehmer in einem bestimmten Bereich zu einer verlässlichen und angemessenen „gemeinsamen Vergütungsregel“, so würden im Vergleich zu der durch Rechtsunsicherheit und eine inhärente Begünstigung des Urhebers geprägten individuellen richterlichen Inhaltskontrolle sämtliche Beteiligten (insbesondere auch auf Verwerterseite) profitieren. Schreiten aber nur einzelne der *player* einseitig voran, so führt diese Initiative für sie zu einer individuell ungünstigeren Position im Verhältnis zu ihren Wettbewerbern. Somit entsteht ein stabiler Zustand der Untätigkeit, der die Aushandlung entsprechender kollektiver Vereinbarungen blockiert. Hier wirkt sich das Fehlen eines gesetzgeberischen Zwangs zur Einigung in durchaus fataler Weise aus.

Spezifisch für die deutsche Verwertungslandschaft kommt noch ein weiterer Faktor hinzu: Es fehlt insbesondere auf Urheber-, aber durchaus auch auf Verwerterseite schlicht am notwendigen Organisationsgrad, um hinreichend weitflächige kollektive Vergütungsregeln zu vereinbaren. In Deutschland werden im Bereich der Wahrnehmung der Sekundärrechte wegen der weit ausgebauten Vergütungsansprüche wesentliche Aufgaben einer kollektiven Organisation der Urheberseite demgegenüber traditionell von den Verwertungsgesellschaften übernommen.[56] Neben einer derart effektiven Organisationsstruktur konnten sich schlagkräftige,

55 Vgl. mit allgemeinen Ausführungen im Zusammenhang ökonomische Analyse des Haftungsrechts *Baird/Gertner/Picker*, Game Theory and the Law (4. Aufl. 1998), S. 22 ff. S. für die grundlegenden Quellen *Nash*, Equilibrium points in n-person games, PNAS 36 (1950), 48; *Nash*, Non-Cooperative Games, Ann.Math. 54 (1951), 286.

56 Vgl. *Kretschmer*, RERCI 3 (2006), 75, 76.

gewerkschaftsähnliche Interessenvertretungen der Urheber – von einzelnen Ausnahmen abgesehen[57] – nicht in einem hinreichenden Maße entwickeln, um nunmehr kurzfristig das System der §§ 32ff. UrhG mit Leben zu füllen.

Der Normenkomplex, dessen Gesamtkonzeption demnach durchaus in der Theorie tragfähig und vielversprechend ausgestaltet war, scheitert mithin in der derzeitigen Praxis an bestimmten Spezifika der real existierenden deutschen Verwertungslandschaft.[58] Entscheidend wirkt sich das Fehlen eines gesetzgeberischen Zwangs zur Einigung sowie der vergleichsweise geringe Organisationsgrad der beteiligten Urheber und Verwerter in unabhängigen Interessenvertretungen aus. Mit diesem Befund konfrontiert, sind unterschiedliche Ansätze zur Fortentwicklung der §§ 32ff. UrhG oder grundlegend anders gelagerte Alternativen im Bereich des Urhebervertragsrechts denkbar, die in der Folge noch übersichtsartig durchdacht werden sollen, wobei wiederum das Instrumentarium der Verhaltensökonomik entscheidende Hilfestellung leistet.

IV. Fortentwicklung der §§ 32ff. UrhG oder Instrumente „intelligenten“ Paternalismus als Alternative?

1. Rolle der Verwertungsgesellschaften

Ein naheliegender Weg, um den auf die Sicherung einer angemessenen Vergütung gerichteten Ansprüchen der §§ 32ff. UrhG zu größerer Schlagkraft zu verhelfen, wäre angesichts der vorstehenden Problemanalyse sicherlich eine effektivere Einbindung der Verwertungsgesellschaften in die Verhandlung und Durchsetzung angemessener Vergütungsstrukturen gewesen. Dass eine solche Lösung in der Praxis zur raschen und effektiven Etablierung von Vergütungsstrukturen führen kann, wird

---

57 Als wesentlichste Ausnahme wäre die Vereinigung Deutscher Schriftsteller in ver.di (VS) zu nennen, die auch immerhin unter Mediation des Justizministeriums die bisher einzige in Kraft befindliche Vergütungsregel ausgehandelt hat. Vgl. o. bei Fn. 54.

58 Vgl. allgemein zur (weithin unterschätzten) Bedeutung der urheberrechtlichen Gestaltung des Verhältnisses zur Nutzerseite in seiner Rückwirkung auf die Rahmenbedingungen der Erstverwertungsverträge *Kretschmer*, RERCI 3 (2006), 75.

durch das auf europäischen Anstoß geschaffene Erfolgsbeispiel der Vergütung für Vermietung nach § 27 Abs. 1, Abs. 3 UrhG durchaus eindrücklich belegt,[59] wenngleich die insoweit rein kollektive Wahrnehmung natürlich insgesamt einer grundlegend anderen Lösungskonzeption folgt als die §§ 32ff. UrhG, die im Grundsatz in einem System individueller Verwertungsverträge verhaftet bleiben.

Dennoch verdeutlicht das Beispiel, dass Verwertungsgesellschaften praktisch sicherlich durchaus zur effektiven Verhandlung gemeinsamer Vergütungsregeln in der Lage wären, zumal diese ja unübersehbar gerade den Charakter kollektiver Rahmenbedingungen für individuelle Verträge aufweisen.[60] Das Problem liegt an anderer Stelle: Da in den einschlägigen Verwertungsgesellschaften typischerweise auch Werknutzer vertreten sind, sind diese Verwertungsgesellschaften im Ausgangspunkt nicht als „unabhängige", d.h. gegnerfreie Vereinigungen i.S.d. § 36 Abs. 2 UrhG anzusehen,[61] zumal sie durch den Wahrnehmungs- und Abschlusszwang auch in doppelter Richtung gebunden sind.[62] Man wird daher *de lege lata* davon ausgehen müssen, dass Verwertungsgesellschaften für die Verhandlung gemeinsamer Vergütungsregeln derzeit nicht in Betracht kommen. Angesichts der unübersehbaren Tatsache, dass sie aufgrund ihres Organisationsgrades hierfür aber im Grundsatz durchaus ein geeigneter und effektiver Agent wären, wäre gegebenenfalls aber durchaus über eine gesetzgeberische Änderung nachzudenken, die das Verhältnis zum Wahrnehmungsrecht klärt und den Verwertungsgesellschaften in der Folge an dieser Stelle eine größere Funktion einräumen könnte.

---

59 Vgl. *Leistner,* Konsolidierung und Entwicklungsperspektive des Europäischen Urheberrechts, Zentrum für Europäisches Wirtschaftsrecht (2008), S. 27, auch abrufbar unter http://www.jura.uni-bonn.de/fileadmin/Fachbereich_Rechtswissenschaft/Einrichtungen/Lehrstuehle/Zivilrecht4/Homepage/Beitraege/ZEW_-_Heft_Nr._167__Prof._Dr._Leistner__LL.M._.pdf.

60 Insoweit zutreffend Dreier/Schulze-*Schulze,* Urheberrechtsgesetz (3. Aufl. 2008), § 36 UrhG Rn. 26.

61 S. insoweit auch Dreier/Schulze-*Schulze* (Fn. 60), § 36 UrhG Rn. 21, 26, betreffend Verwertungsgesellschaften, in denen auch Werknutzer als Mitglieder vertreten sind.

62 S. allgemein für die h.M. Wandtke/Bullinger-*Wandtke/Grunert* (Fn. 12), § 36 UrhG Rn. 13; Nordemann-*Czychowski* (Fn. 12), § 36 UrhG Rn. 8; insoweit betreffend Verwertungsgesellschaften, in denen nur Urheber oder Leistungsschutzberechtigte vertreten sind, aber permissiv die Minderansicht von Dreier/Schulze-*Schulze* (Fn. 60), § 36 UrhG Rn. 26.

Andererseits wäre vor der breitflächigen Einführung einer solchen Lösung sicherlich weitere ökonomische Folgenanalyse notwendig. Insbesondere würde solcherart der Anspruch auf „angemessene Vergütung" unvermeidlich aus dem grundsätzlich weiterhin auf individualvertragsrechtliche Lösungen setzenden System der §§ 32ff. UrhG gelöst und stattdessen der Tendenz nach mehr auf eine kollektive Aushandlung und Wahrnehmung einer angemessenen Grundvergütung gesetzt. Dies könnte sich durchaus als aussichtsreiche Alternative darstellen. Doch ist zu bedenken, dass mit einer solchen Fortentwicklung in den derzeit ausbrechenden sensiblen Wettbewerb zwischen individueller und kollektiver Rechtewahrnehmung insbesondere für Internetnutzungen empfindlich eingegriffen würde. Sorgsame Erforschung der jeweiligen Alternativen insbesondere mit den Mitteln der *principal-agent*-Theorie wäre an dieser Stelle geboten, bevor eine Einbeziehung der Verwertungsgesellschaften in höherem Maße als bisher erfolgen könnte.

2. Aufbau eines dispositiven Urhebervertragsrechts als grundlegende Alternative?

Die aktuellste verhaltensökonomische Forschung weist im Sinne allgemeiner Denkanstöße zudem auf andere, grundlegendere Alternativen zum System der §§ 32ff. UrhG. Insbesondere wirft sie ein Schlaglicht auf die Rolle dispositiven Vertragsrechts bei der Setzung von bestimmten erwünschten Verhaltensanreizen für die prospektiven Vertragsparteien und die sich ergebenden Folgen für die Verhaltenssteuerung in den betroffenen Märkten.[63]

Aus traditioneller ökonomischer Perspektive betrachtet erfüllt dispositives Recht als „Dienstleistung" an die Vertragsparteien primär die Funktion, Transaktionskosten zu reduzieren und Lücken in Verträgen möglichst im Sinne der Vertragsparteien zu schließen. Entsprechend richten sich sogenannte *majoritarian default rules* an einem fiktiven Standard aus, der bereichsspezifisch die Interessen der Mehrheit potentieller Vertragsparteien in einem bestimmten Bereich abzudecken sucht. Ein dispositives Urhebervertragsrecht in diesem Sinne würde sich gerade soweit wie irgend möglich am „Üblichen" orientieren. Darüber hinaus wurde aber

63 S. zuletzt ausführlich den Forschungsstand zusammenfassend *Unberath/Cziupka*, AcP 209 (2009), 37.

in der ökonomischen Analyse des Rechts auch die Möglichkeit in den Blick genommen, vermittels so genannter *penalty default rules* bewusst Abweichungen vom potentiellen Parteiwillen im dispositiven Recht zu normieren, um hierdurch Verhaltensanreize für die notwendig werdende Abbedingung solcher aus der Sicht einer Partei nicht interessengerechter Regeln zu setzen. Die Abbedingung der dispositiven Norm als solche soll dann die andere Partei – wegen der Abweichung vom *default* im dispositiven Recht – mit bestimmten (warnenden) Informationen versehen. So sollen durch dispositives Recht bewusst gesetzte Verhaltensanreize der gezielten Beseitigung von Informationsasymmetrien dienen. So könnte etwa durch die grundsätzliche Festlegung einer Absatzvergütungsstruktur in gesetzlichen Typenverträgen für die Verwertung bestimmter Werkkategorien auch mit der Ausgestaltung dispositiven Rechts auf das Verhalten der Marktteilnehmer Einfluss genommen werden.

Gerade die verhaltensökonomische Forschung zu *framing*-Effekten und insbesondere dem *status quo-bias* hat allerdings auf die erhebliche Gefahr aufmerksam gemacht, dass dispositives Recht von den Parteien als ein „normal" gesetzter Referenzpunkt mit gewisser erhöhter Beharrungskraft empfunden wird. Abweichungen von diesem Rahmen werden als ein Risiko empfunden, so dass insbesondere die Abbedingung bestimmter vorgegebener Regeln selbst dann nicht im rational gebotenen Maße erfolgt, wenn sie vollkommen transaktionskostenlos möglich ist.[64] Für die Rolle dispositiven Rechts hat dies mehrere, teils gegenläufige Konsequenzen. Einerseits erscheint das Konzept der *penalty defaults* vor diesem verhaltensökonomischen Hintergrund in einem eher schlechten Licht: wenn *penalty default-rules* dispositiven Rechts bewusst nur einen Anreiz setzen sollen, um von ihnen *abzuweichen* und solcherart der anderen Vertragspartei durch die Abbedingung als solche bestimmte (warnende) Informationen zu verschaffen, so wird nur zu häufig die Gefahr bestehen, dass aufgrund der *status quo-bias* letztlich die prognostizierte und erstrebte Abbedingung nicht im notwendigen Maße erfolgt. Auf diese Weise würde also letztlich absichtswidrig eine ineffiziente dispositive Regelung in die resultierenden Verträge Eingang finden. Andererseits ermöglicht natürlich – genau umgekehrt – die gewisse *„stickiness"* (die Beharrungskraft) dispositiver Regeln ersichtlich die Möglichkeit, sich dieses Phänomen aus gesetzgeberischer Sicht zu Nutze zu machen, indem auf diesem

64 S. für weitere Nachweise *Unberath/Cziupka*, AcP 209 (2009), 37, 73.

indirekten Wege bestimmte Vorgaben für eine im Sinne übergeordneter Ziele „erwünschte" Struktur der Verträge gemacht werden.

Im Hinblick auf diese letztgenannte Möglichkeit wird aber von der neueren verhaltensökonomischen Literatur insgesamt gerade eher davor gewarnt, Ziele der Vertragsgerechtigkeit spezifisch mit den Mitteln *dispositiven* Rechts zu verfolgen. Gerade in Märkten mit einem manifesten Ungleichgewicht der jeweiligen Verhandlungspositionen und typischerweise institutionell organisierten Vertragsparteien auf der Marktgegenseite ist die Gefahr, dass letztlich der dispositive Standard doch flächendeckend abbedungen wird, um ihn durch die Referenz abweichender Formularverträge zu ersetzen, schlechterdings übergroß. Der Rahmen dispositiven Rechts bleibt damit zur Verfolgung seiner (auf Vertragsgerechtigkeit gerichteten) Ziele weitestgehend wirkungslos und verursacht lediglich zusätzliche Transaktionskosten. Ein dispositives Urhebervertragsrecht könnte demnach die durch die §§ 32ff. UrhG verfolgten Ziele einer übergeordneten „Vertragsgerechtigkeit" wohl für sich genommen kaum erreichen. Die Schaffung eines dispositiven Urhebervertragsrechts zur Verfolgung des Ziels einer übergeordneten Vertragsgerechtigkeit mit Blick auf die angemessene Vergütung der Urheber und Leistungsschutzberechtigten hieße, das Pferd regelrecht vom Schwanze aufzuzäumen.

Das Problem ist daher wohl eher genau umgekehrt anzugehen. Einiges spricht nämlich dafür, dass im Sinne einer Transaktionskostenreduktion die Etablierung eines dispositiven Urhebervertragsrechts mit einem Angebot (hinreichend abstrahierter) Grundstrukturen für wesentliche Vertragstypen, über den bereichsspezifischen Rahmen des Verlagsgesetzes hinaus, ein bei ökonomischer Folgenanalyse überaus sinnvolles gesetzgeberisches Projekt darstellen könnte. Würde eine ökonomische Folgenanalyse in diesem Sinne für die Schaffung eines umfassenden dispositiven Rahmens deutschen oder europäischen Urhebervertragsrechts streiten, so müsste sich ein solcher Rahmen – nach dem aktuellen Stand zumal verhaltensökonomischer Forschung – dann aber soweit wie irgend möglich an den in den unterschiedlichen Verwertungsmärkten *üblichen* Standards orientieren. Nur mit Blick auf bestimmte Einzelaspekte könnten kleinere, verhaltensökonomisch wohlbegründete Abweichungen vom Rahmen des „Üblichen" darüber hinaus bewusst das Ziel verfolgen, bestimmte Verhaltensanreize für die Parteien zu setzen. Das Gerechtigkeitsproblem „angemessener Urhebervergütung" ließe sich auf diesem Wege aber jedenfalls nach der hier vertretenen Auffassung nicht lösen.

3. Ausbau des Rückrufsrechts als Alternative?

Die verhaltensökonomische Analyse der typischen (dynamischen) Verhandlungsstärke der Urheberseite über gewisse längere Zeiträume im individuellen Karriereverlauf lenkt demgegenüber den Blick noch auf eine andere denkbare Lösungsalternative *de lege ferenda*. Die nachweislich wachsende Durchsetzungskraft und Verhandlungsstärke individuell erfolgreicher Urheber gleichermaßen wie ganz allgemein das verhaltensökonomisch gut ausgeleuchtete Problem der erheblichen zeitlichen Diskontinuität individueller Präferenzstrukturen, selbst bei Konstanz der zugrundeliegenden tatsächlichen Verhältnisse, lässt insbesondere die typischerweise überaus lange *Laufzeit* der seitens der Urheber- und Leistungsschutzberechtigten abgeschlossenen (Erst-)verträge als nicht unproblematisch erscheinen.

Dies weist auf einen Ausbau des (auch unter rechtsvergleichender Perspektive durchaus im Grundsatz existenten)[65] Instruments der – im deutschen Recht bisher vornehmlich nur urheberpersönlichkeitsrechtlich basierten – Rückrufsrechte als eine weitere denkbare Alternative. So könnte eine zwingende Relativierung der Laufzeit individueller Verträge zwischen Urheber und Erstverwerter im Sinne einer periodischen Rückrufs- oder Kündigungsmöglichkeit einen prozeduralen Weg zur Herstellung größerer Verhandlungsparität der Urheber und institutionellen Werknutzer weisen. Ein solches verallgemeinertes Rückrufs- oder Kündigungsrecht wäre nicht länger primär urheberpersönlichkeitsrechtlich verankert, sondern würde gleichberechtigt dem Beteiligungsinteresse des Urhebers dienen. Natürlich wäre ein solches Instrument für die Investitionssicherheit der Verwerter ersichtlich nicht unproblematisch. Hinzu kommt die Tatsache, dass insbesondere die (internationale) Verwertung

---

65 S. etwa insbesondere sogar für die USA das (allerdings extrem langfristig bemessene und daher bisher praktisch bedeutungslose) *termination right* in § 203 U.S. Code, Title 17 – Copyright. Im englischen Recht fehlt allerdings eine vergleichbare Regelung und auch im (etwas anders gelagerten) Zusammenhang des Schutzes der *moral rights* ist im englischen Recht gerade kein *right of withdrawal* vorgesehen, vgl. *Bently/Sherman*, Intellectual Property Law (2. Aufl. 2004), S. 231 und 251 ff.

der Nebenrechte (wie Lizenzen für Übersetzungen, Verfilmungen etc.) nach derzeitigem Stand häufig wirtschaftlich zwingend einen umfassenden Rechteerwerb seitens des Erstverwerters voraussetzen wird. Doch könnte dem Aspekt der Investitionssicherheit gegebenenfalls wohl durch eine Entschädigungspflicht des Urhebers bei Rückruf zur Unzeit (nach dem groben, freilich weiter gezeichneten Vorbild des § 42 Abs. 3 UrhG) Rechnung getragen werden, während sich die Märkte im Bereich der Verwertung der Nebenrechte letztlich den zwingenden Rahmenbedingungen des deutschen Urhebervertragsrechts anpassen müssten. Wo sich für einen erfolgreichen Urheber ein Wechsel des Vertragspartners oder die Neuverhandlung der Vertragsbedingungen dann vor dem Hintergrund einer allfälligen Entschädigungspflicht dennoch lohnt, würden zudem sicherlich im individuellen Fall effiziente vertragliche Lösungen in Neuverhandlungen gefunden.

Doch erscheint ein solcher gesetzgeberischer Eingriff in die individuelle Vertragsfreiheit im Bereich der Verwertungsverträge im Vergleich zur Lösung der §§ 32ff. UrhG als für die Praxis beinahe noch schwerwiegender. Insbesondere die Folgen für die internationale Wettbewerbsfähigkeit deutscher Lizenzangebote für Übersetzungen, Verfilmungen und ähnliche Zweitverwertungen wären nur überaus schwierig absehbar. Wiederum besteht an dieser Stelle daher wohl auch die Gefahr, dass Kind mit dem Bade auszuschütten und wegen bestimmter bereichsspezifischer Probleme angemessener Vergütung der Urheber letztlich das etablierte urhebervertragsrechtliche System insgesamt aus dem Gleichgewicht zu bringen. Am Ehesten ließe sich dieser Lösungsweg daher wohl noch im europäischen Rahmen verfolgen, da auf diese Weise zumindest im Binnenmarkt keine Nachteile für die Verwertung deutscher Werke zu gewärtigen wären. Doch erscheint eine derartige legislative Initiative auf europäischer Ebene derzeit kaum realistisch. Wünschenswerter wäre in dieser Richtung ohnehin, den Plan der Schaffung einer geschlossenen Konzeption europäischen Urhebervertragsrechts zu verfolgen, für das im Grundsatz eher *dispositive* Normen prägend wären und in dessen Rahmen dann im Übrigen gesamthaft über *ausnahmsweise* zwingende Schutzvorschriften zugunsten individueller Urheber- und Leistungsschutzberechtigter nachzudenken wäre[66]. In diesem Zusammenhang ist ein allfälliger Aus-

---

66 S. auch *Leistner,* Konsolidierung und Entwicklungsperspektive des Europäischen Urheberrechts, Zentrum für Europäisches Wirtschaftsrecht (2008), S. 25ff., 71, 86, auch abrufbar unter http://www.jura.uni-bonn.de/fileadmin/

bau des Instruments von periodischen Rückrufs- oder Kündigungsrechten nach der hier vertretenen Auffassung jedenfalls im Auge zu behalten.

V. Fazit

Während somit wirklich gangbare Alternativen kurzfristig kaum realisierbar erscheinen, fällt das Fazit eines verhaltensökonomisch eingefärbten und begrenzten Blicks auf § 32 UrhG dennoch zwiespältig aus.

Eine präzisierte Rechtfertigung der Norm mit den Mitteln der Verhaltensökonomik führt immerhin zu dem Ergebnis, dass in der Tat weniger Informationsasymmetrien oder (am Rande durchaus relevante) Verhaltensanomalien, sondern vielmehr in der Tat die namentlich in bestimmten Einzelbereichen – wie dem Markt für die Übersetzung belletristischer Werke – gestörte *Verhandlungsparität* aufgrund der typischerweise isolierten und wirtschaftlich schwachen Stellung einzelner, noch nicht etablierter Urheber zu überaus nachteiligen Vertragsstrukturen und niedrigen individuellen Vergütungssätzen führen. Die gesetzgeberische und verfassungsgerichtliche Problemanalyse und Rechtfertigung für §§ 32, 36 UrhG lässt sich also aus verhaltensökonomischer Sicht durchaus bestätigend präzisieren. Insbesondere können spieltheoretische, verhaltensökonomische und empirische Forschungsergebnisse dazu beitragen, die wirtschaftlich schwache Stellung des Urhebers spezifisch in Richtung auf seine entsprechend schwache Verhandlungsposition im Verhältnis zur Verwerterseite zu „übersetzen“ und solcherart die diesbezüglich gestörte Verhandlungsparität gerade für bestimmte Bereiche und Werkkategorien zu belegen.

Auch ist die Grundkonzeption des Normenkomplexes aus verhaltensökonomischer Sicht im Ansatz durchaus tragfähig. Insbesondere ist die individuelle richterliche Inhaltskontrolle und -anpassung nach § 32 Abs. 1 S. 3, Abs. 2 S. 2 UrhG letztlich als Aufbau einer Art „Drohkulisse“ einzuordnen, deren „Drohpotential“ bemerkenswerterweise gerade auf gewissen, auch verhaltensökonomisch gut belegten Unzulänglichkeiten richterlicher Inhaltskontrolle und -anpassung von Verträgen beruht. Auf diese Weise sollten die Marktbeteiligten zur (vorrangigen) Etablierung eigener kollektiver Rahmenbedingungen bewegt werden. Eine solche abs-

Fachbereich_Rechtswissenschaft/Einrichtungen/Lehrstuehle/Zivilrecht4/Homepage/Beitraege/ZEW_-_Heft_Nr._167__Prof._Dr._Leistner__LL.M._.pdf.

trakte rechtliche Vorgabe und Absicherung eigener kollektiver Vereinbarungen bestimmter Standards durch die beteiligten Marktteilnehmer ist aus ökonomischer Sicht durchaus sinnvoll, da sich der Gesetzgeber auf diese Weise das überlegene Potential entsprechender kollektiver Verhandlungen als Erkenntnisverfahren zu Nutze macht.

Wenn insbesondere die Verhandlung und Vereinbarung gemeinsamer Vergütungsregeln dennoch weiterhin in den Kinderschuhen steckt, so ist dies neben strategischen Blockaden der Beteiligten namentlich auch auf bestimmte Spezifika der deutschen Verwertungslandschaft zurückzuführen. Insbesondere ist problematisch, dass den Beteiligten letztlich keine Pflicht zur endgültigen Einigung bzw. Festsetzung angemessener Vergütungen auferlegt und dass den deutschen Verwertungsgesellschaften trotz ihrer traditionell starken Rolle, die die Entwicklung effektiver und unabhängiger gewerkschaftsähnlicher Interessenverbände der Urheber tendenziell eher gehemmt hat, bei der Konkretisierung „gemeinsamer Vergütungsregeln“ keine wesentliche Rolle zugewiesen wurde. Zwar ist dies vor dem Hintergrund der Forderung nach *unabhängigen* Interessenvertretungen der Urheber und Leistungsschutzberechtigten nur konsequent. Doch wird man solcherart noch auf absehbare Zeit mit den – aus verhaltensökonomischer Sicht unvermeidlichen – Unzulänglichkeiten individueller richterlicher Inhaltskontrolle leben müssen. Dabei kann die Verhaltensökonomik immerhin bestimmte methodische Hinweise geben, auf welche Weise die gefährlichsten *biases* richterlicher *ex post* Inhaltskontrolle zu meiden sind. Bemerkenswerterweise haben deutsche Gerichte derlei *de-biasing*-Strategien in ihren ersten Urteilen zu § 32 UrhG auch durchaus bereits intuitiv und zutreffend zur Anwendung gebracht.

Eine echte Alternative zu den §§ 32ff. UrhG würde aus ökonomischer Sicht nur die tragfähige Gesamtkonzeption eines Urhebervertragsrechts bilden. Für eine solche Gesamtkonzeption wäre freilich die flächendeckende Ausgestaltung der wesentlichsten Vertragstypen im *dispositiven* Recht prägend. *Zwingende* urheberschützende Normen würden die Ausnahme bilden. Einzelne Denkanstöße – auch für urheberschützende Instrumentarien – wurden in diesem Zusammenhang auch aus der Perspektive der Verhaltensökonomik gegeben.

§ 8 Der Anspruch auf angemessene Vergütung für Urheber und ausübende Künstler nach § 32 UrhG im Spiegel der Verhaltensökonomik – Kommentar

Artur-Axel Wandtke

Übersicht

I. Allgemeine Verhaltenssteuerung durch den Anspruch auf angemessene Vergütung

1. Allgemeines zur Verhaltensökonomik

Zunächst scheint es richtig zu sein, wie Herr *Leistner* in seinem Beitrag hervorhebt,[1] dass keine geschlossene Theorie der Verhaltenswissenschaft existiert. Ob aber die Verhaltensökonomik als Teil der Wirtschaftswissenschaft bestimmte Erscheinungsformen menschlich irrationalen Entscheidungsverhaltens für die inhaltliche, strukturelle und systematische Einordnung des Anspruchs auf angemessene Vergütung in der Urheberrechtsordnung im Rahmen des Privatrechts hilfreich sein kann, ist mehr als fraglich. M.E. sind zwei unterschiedliche methodische Denkansätze zu beachten.

Erstens:

Soweit es darum geht, das Verhalten der Urheber zu erforschen, warum sie sich bei Vertragsverhandlungen mit den Verwertern so und nicht anders

[1] Siehe die von ihm angegebene umfangreiche Literatur zur Verhaltensökonomik.

verhalten, mag für die Verhaltensökonomik von Bedeutung sein. Ob die Entscheidung des Urhebers vernünftig oder unvernünftig oder irrational ist, kann Aufschluss über den individuellen psychischen Zustand einer Persönlichkeit geben. Nach der hier vertretenen Auffassung ist der *Homo oeconomicus*, wie es der Kreative als Urheber und Künstler zu sein pflegt, ein vernunftbegabtes Wesen, das vernünftige und unvernünftige Entscheidungen im Rahmen der Rechtsanwendung fällen kann. Vernünftige oder unvernünftige Entscheidungen der Kreativen hängen nicht nur von subjektiven Faktoren ab, sondern auch und gerade von der spezifischen geistigen Produktionsweise. Um dies herauszufinden, ist eine interdisziplinäre Forschung erforderlich, die nicht nur den ökonomischen Aspekt eines Verhaltens untersucht, sondern es sind gerade die persönlichkeitsrechtlichen und psychologischen Komponenten für den Kreativen wichtig. Warum sich der Urheber in einer urhebervertraglichen Verhandlungssituation statt der Vereinbarung einer Absatzbeteiligung auf eine unter Umständen auf die gesamte Schutzdauer umfassende Rechtseinräumung gegen Zahlung eines Pauschalhonorars einlässt, kann für die verhaltensökonomische Forschung Interesse hervorrufen. Aber für das Urheberrecht ist nicht das systematische Abweichen realen menschlichen Verhaltens, sog. *bias*, von Nutzen maximierendem Verhalten von Kreativen als Marktteilnehmer relevant. Urheberrecht bietet mehr als nur eine ökonomische Variante. Der entscheidende Kritikpunkt aus der Sicht der Urheberrechtswissenschaft gegenüber der Theorie von der Verhaltensökonomik besteht darin, dass die dialektische Einheit von ökonomischen und urheberpersönlichkeitsrechtlichen Befugnissen zur Verhaltenssteuerung ausgeblendet wird. Der Kreative produziert für den Markt. Er produziert aber auch für die Reputation und für die Ehre. Die Entscheidung, ob das Werk oder die künstlerische Leistung vermarktet wird, wird bei generalisierender Betrachtung immer persönlichkeitsrechtlich determiniert sein. Die Veröffentlichung seines Werkes, die Anerkennung seines Werkes oder seiner Leistung ist genauso wichtig wie die geldwerte Partizipation an der Verwertung. Literatur-, Kunst- und Wissenschaftsproduktion sind auch nicht zu unterschätzende emotionale Prozesse, die eine monokausale ökonomische Verhaltensstruktur eines Kreativen ausschließen. Der Kreative entäußert seine Persönlichkeit und vergegenständlicht sich in seinem Werk oder seiner künstlerischen Leistung. Die Ergebnisse geistiger Arbeit sind das aufgeschlagene Buch seiner Wesenskräfte. Eine ökonomische Theorie, die nur den beschränkten Kreativen sieht, mündet letztlich in eine wissenschaftliche Sackgasse. Im Kern muss es um die

Stärkung der Rechtsstellung der Kreativen gehen. Denn es sind die konkreten Interessen der Kreativen, die in den urheberpersönlichkeitsrechtlichen und vermögensrechtlichen Befugnissen zum Ausdruck gebracht werden. Diese Einheit zu bewahren, ist eine Aufgabe der Urheberrechtswissenschaft im digitalen Zeitalter. Die Verhaltensökonomik kann dazu beitragen, wenn sie diese Einheit nicht aus dem Auge verliert. Das Urheberrecht als strukturelles Element des Privatrechts sollte unter diesem Aspekt weiter ausgebaut werden bzw. Berücksichtigung finden. Natürlich kann auch bei Kreativen eine systematische Überschätzung der Leistungskraft, der Fähigkeiten oder Erfolgsaussichten bestehen, die den Überoptimismus prägen und zu Recht nicht für das Urheberrecht als negativ charakterisiert werden. Richtig ist auch, wie Herr *Leistner* betont, dass die Wahrscheinlichkeit für die Kreativen gering ist, zu den *„happy few"* zu gehören. Aber viel entscheidender ist die Frage, warum die vergleichsweise wenigen Urheber mit sehr hohem Einkommen einer großen Masse an Urhebern mit sehr niedrigem Einkommen gegenüberstehen. Das hat nichts mit einer möglichen ausschließlichen fehlerhaften optimistischen Selbsteinschätzung junger Kreativer zu tun. Die Gründe sind differenziert zu bewerten. Ein Grund ist sicherlich die Nachfrage nach Kreativen oder die Märkte im Kultur- und Kunstbereich sind schlichtweg in einer Region nicht bedeutend vorhanden. In Berlin ist z. B. ein Zuwachs an Kreativen in der Kulturwirtschaft festzustellen, wobei 2006 jeder zehnte Erwerbstätige in Berlin zum kreativen Bereich gehörte und das durchschnittliche Nettoeinkommen knapp unter 1.750 € lag.[2]

Zweitens:

Verhaltensforschung ist gerade unter dem Aspekt der rechtlichen Regelungen zu betonen. Recht selbst ist Instrument der Verhaltenssteuerung und hat andere Maßstäbe und Anforderungen als die Theorie von der Verhaltensökonomik. Die rechtlichen Regelungen fordern ein bestimmtes Verhalten. Das gilt auch für den § 32 UrhG.

Jedes Rechtsinstitut, jedes Rechtsverhältnis – oder ganz allgemein – jedes Recht unterliegt einer ganz bestimmten historisch bedingten Produktionsweise. Zu den Bestandteilen dieser historisch bedingten Produktionsweise gehören die literarische, künstlerische und wissenschaftliche

---

2 *Mundelius*, Kultur- und Kreativberufler und deren Erwerbsrealitäten – Berlin im regionalen Vergleich, DIW Berlin 48 (2009), 11.

Produktion. Erst mit der kapitalorientierten Produktionsweise war es möglich und nötig, die Ergebnisse der geistigen Produktion einer Schutzkonzeption zu unterwerfen und damit eine bestimmte Interessenkonstellation zu zementieren. Denn das durch die geistige Arbeit produzierte literarische, künstlerische oder wissenschaftliche Werk hatte und hat einen ökonomischen Wert, der sich im Arbeitsvermögen als variables Kapital der Kreativen widerspiegelt. Letztlich ist der Kreative der Kapitalverwertung mit seinen Vor- und Nachteilen unterworfen. Herr Pfennig hat das sehr anschaulich anhand des Kunstmarktes nachgewiesen. Der vom Gesetzgeber angegebene Grund für die Neuregelung des Anspruchs auf eine angemessene Vergütung im Jahre 2002 war die Notwendigkeit eines Ausgleichs der gestörten Vertragsparität zwischen Urhebern und Verwertern.[3] Das Bundesverfassungsgericht sieht den Ausgleich der gestörten Vertragsparität als eine Hauptaufgabe des Gesetzgebers für den Bereich des Zivilrechts an.[4] Die unterschiedliche rechtliche Stellung der beteiligten Vertragspartner hat etwas mit den ökonomischen Verhältnissen zu tun, die letztlich die jeweilige Ausgangssituation der Vertragsverhandlungen bestimmen. Natürlich haben individuelle psychologische Komponenten der Vertragsparteien Auswirkungen auf das Verhandlungsgeschick und auf das Ergebnis. Dies ist aber nicht entscheidend für eine generalisierende Betrachtung der rechtlichen Verhaltenssteuerung. Das Recht kann nicht höher sein als die ökonomischen und kulturellen Bedingungen einer Gesellschaft. Es stehen sich eben nicht gleiche Warenbesitzer gegenüber, wie das Privatrecht mit der Vertragsfreiheit glauben zu machen versucht, deren Kern das Vermögensrecht und eigennützige Machtverhältnisse sind.[5] Die Macht des Urhebers ist die Herrschaft über sein Werk und die Sehnsucht nach einer geldwerten Partizipation im Verwertungsprozess. Die Macht des Verwerters ist die optimale gewinnbringende Vermarktung des geistigen Arbeitsprodukts und die Bestimmung des ökonomischen Wertes desselben in der Erscheinung einer Vergütung. Beide Vertragsparteien haben insofern unterschiedliche Machtinteressen. Der Gesetzgeber trägt dem teilweise Rechnung und formuliert eine Verhaltenssteuerung für zwei wirtschaftlich bedeutende Vertragsparteien,

---

3 BT-Drs. 14/6433, S. 20f.

4 BVerfG, GRUR 2005, 880, 882 – Xavier Naidoo; BVerfG, NJW 1994, 2749, 2750.

5 *Sohm/Mitteis/Wenger*, Institutionen, Geschichte und System des Römischen Privatrechts (17. Aufl. 1928), S. 21.

deren Interessengegensätze nicht lösbar erscheinen. Der Ausgleich der Interessengegensätze unterstellt § 32 UrhG, wobei die Korrektur einer Vergütungsvereinbarung zwischen dem Urheber und dem Verwerter seit 2002 zugunsten der Kreativen gesetzlich möglich ist. Es wurde zwar bereits vor der Neuregelung durch das Reichsgericht und den Bundesgerichtshof der Grundsatz aufgestellt, dass dem Urheber tunlichst für jede Nutzung seines Werkes eine angemessene Vergütung gebührt, selbst dann, wenn die Nutzung keinen unmittelbaren Ertrag abwirft,[6] aber eine gesetzliche Regelung fehlte bis dahin. Auch das Bundesverfassungsgericht hat dem wirtschaftlichen Ungleichgewicht zwischen den Kreativen und dem Verwerter Rechnung getragen und auf der Grundlage der naturrechtlich begründeten Theorie vom geistigen Eigentum den Anspruch auf angemessene Vergütung als Ausdruck und Ausfluss des verfassungsrechtlich garantierten Eigentums des Urhebers nach Art. 14 GG begründet.[7] Es geht bei der Frage der Ungleichgewichtslage zwischen Urheber und Verwerter nicht um einen dunklen Punkt im Dschungel des Urhebervertragsrechts, sondern um ökonomische Fakten in der jeweiligen wissenschaftlichen, literarischen und künstlerischen Produktion. Selbst wenn ein Urheber dazu neigt, dass er in seiner Entscheidung die aktuelle Vermögenslage übergewichtet oder unterschätzt, sog. hyperbolic discounting, und zukünftige Nutzungsrechte zu „billig“ verkauft, bleibt die ökonomische Grundstruktur der geistigen Produktion und die Verwertung ihrer Arbeitsprodukte bestehen. Natürlich neigen auch Urheber zur Verlustaversion. Aber die Nichtveröffentlichung eines Werkes ist nicht nur durch die Brille des ökonomischen Verlustes für den Urheber zu sehen. Es kann an der Qualität oder an sonstigen Umständen liegen, dass das Werk nicht veröffentlicht wird. Natürlich ist ein noch nicht bekannter junger Urheber in einer anderen Lage, Vertragsverhandlungen zu führen als ein bekannter berühmter Schriftsteller, wie z. B. Günter Grass.

Die Bekanntheit eines Autors und der mögliche Erfolg der Vermarktung eines Produkts sind ökonomische Parameter. Der berühmte Autor diktiert dann die Vertragsbedingungen. In der Unterhaltungsindustrie ist das nicht anders. Nur so ist zu erklären, warum Prominente für ihre Werbeverträge Millionen Euro vereinbaren können. Ein unbekannter Autor

---

6 RGZ 113, 413 – Der Thor und der Tod; RGZ 140, 231 – Tonfilm; BGHZ 11, 135, 143 – Lautsprecherübertragung; BGHZ 17, 266, 267 – Grundig-Reporter.

7 BVerfG, NJW 2003, 1655, 1656 – Lizenzanalogie.

wird dagegen fast alles akzeptieren, damit sein Werk veröffentlicht wird. Es geht dann nicht um die geldwerte Partizipation, sondern um das Bekannt werden in der Öffentlichkeit. Daraus ein „strukturelles" Ungleichgewicht jenseits aller wirtschaftlichen Macht der Vertragsparteien abzuleiten, überzeugt nicht. Das Urheberrecht gilt vor allem für diejenigen, die wegen des ökonomischen Ungleichgewichts geschützt werden müssen.

2. Dispositives oder zwingendes Recht

Die wirtschaftliche Macht der Verwerter ist sicherlich differenziert zu betrachten. Konzentrationsprozesse haben z.B. dazu geführt, dass in der Kulturwirtschaft die fünf weltweit größten und führenden Musikkonzerne entstanden sind. Andere Bereiche – wie die Zeitschriften- und Buchproduktion oder Rundfunk – sind davon ebenfalls betroffen.[8] Vor diesem Hintergrund ist § 32 UrhG gleichermaßen zu sehen. § 32 UrhG ist im Grunde eine Konkretisierung des Leitbildes des Urheberrechts nach § 11 S. 2 UrhG, wonach der Urheber an der wirtschaftlichen Verwertung seines Werkes zu beteiligen ist. Dieser Beteiligungsgrundsatz durchzieht das gesamte Urheberrecht und macht dessen Schutzkonzeption sichtbar. Die *ius cogens*-Regelung des § 32 UrhG ist ein notwendiger Eingriff in die Vertragsfreiheit, um den Kreativen ein Mindestmaß an ökonomischer Sicherheit zu gewährleisten. Die grundlegende Alternative zu den §§ 32ff. UrhG soll das dispositive Vertragsrecht sein, um das Verhalten zwischen den Parteien zu steuern. Zu Recht wird in dem Beitrag von *Leistner* davor gewarnt, Ziele der Vertragsgerechtigkeit mit den spezifischen Mitteln dispositiven Rechts zu verfolgen. Der Grund liegt aber nicht allein in dem manifesten Ungleichgewicht der jeweiligen Verhandlungspositionen und der typischerweise institutionell organisierten Vertragsparteien. Es ist völlig überzeugend, dass mittels eines dispositiven Urhebervertragsrechts nicht die übergeordnete „Vertragsgerechtigkeit" mit Blick auf die angemessene Vergütung der Urheber und Künstler erreicht werden könnte. Es hieße, das Pferd regelrecht vom Schwanze aufzuzäumen, so die Einschätzung von *Leistner*. Die Notwendigkeit zwingender Regelungen im Urhebervertragsrecht liegt im Wesen der geistigen Arbeit. Dies wird gelegent-

[8] *Wandtke*, Medien im technologischen Zeitalter, in: Wandtke (Hrsg.), Medienrecht – Praxishandbuch (2008), S. 34f.

lich vergessen, wenn es um eine Verhaltenssteuerung mit Hilfe des Urhebervertragsrechts geht. Keiner würde auf die Idee kommen, zwingende Regelungen im Arbeitsrecht zugunsten dispositiver Regelungen aufzugeben. Während im Arbeitsrecht der soziale Schutzgedanke im Interesse der Sicherung der Reproduktion der Arbeitskraft im Vordergrund steht, haben die wenigen zwingenden Regelungen der §§ 32ff. UrhG die urheberrechtliche angemessene Vergütung zu sichern. Interessant ist das aufgeworfene Problem der Informationspflichten über die durchschnittlichen Einnahmen aus einem Absatzbeteiligungsvertrag im Rahmen der Vertragsverhandlungen. Inwieweit diese Informationspflichten wirklich Einfluss auf das menschliche Entscheidungsverhalten haben, wird zu Recht bezweifelt. Das trifft auf mögliche sog. *penalty default rules* ebenso zu, weil sie nicht bestimmte Informationsasymmetrien zu Lasten der Urheber korrigieren können. Entscheidend ist in den Vertragsverhandlungen, ob sich der Urheber durchsetzen kann. Völlig einsichtig ist, dass das strukturelle Durchsetzungsproblem nicht auf den in ihrer Wirkungskraft nur schwer abzuschätzenden *biases* menschlichen Verhaltens beruht, sondern vielmehr auf einem wirtschaftlichen Machtungleichgewicht, das nicht durch Informationspflichten aufgehoben werden kann. Die Durchsetzungsdefizite des Urhebers sind auf der anderen Seite die Verhandlungsvorteile des Verwerters.

Die wirtschaftliche Grundstruktur wird damit nicht aufgehoben, sondern deren Folgen sollen für beide Vertragspartner „gerecht" sein. Da die Gerechtigkeit zu den umstrittensten Begriffen gehört, hilft uns das auch nicht weiter.[9] Die in Vorbereitung des Gesetzgebungsverfahrens gelegentlich von Verwertern geäußerte Behauptung, dass mit der Reform 2002 das Abendland – was immer man darunter versteht – untergehen würde, entpuppt sich als purer Unsinn. So wurde die zwingende Regelung des § 31 Abs. 4 a.F. UrhG in der Reform 2007 zu Lasten der Urheber aufgehoben und als Ausgleich ein Widerrufsrecht und ein Vergütungsanspruch installiert. Verfassungsrechtlich bedenklich ist dabei, dass die ausübenden Künstler von der Partizipation an der Verwertung unbekannter Nutzungsarten schlichtweg ausgeschlossen worden sind. Das ist ein ungeheurer Vorgang. Kann die Verhaltensökonomik helfen, diese ungerechte Verhaltenssteuerung zu beseitigen? Es bleibt abzuwarten, welche Folgen

---

9 *Klenner*, Juristenaufklärung über Gerechtigkeit, Sitzungsberichte der Leibniz-Sozietät 88 (2007), 35, 58.

dieser paternalistische Eingriff in eine zwingende Regel in der Wirklichkeit haben wird.

3. Abgeltungs- oder Trennungstheorie

Was passiert ökonomisch eigentlich, wenn der Urheber sein Werk produziert und dem Verwerter die Nutzungsrechte einräumt? Der Urheber ermöglicht dem Verwerter einen größeren ökonomischen Nutzen als der Urheber für die Verwertung seiner Nutzungsrechte eine Vergütung erhält. Der ökonomische Wert aus der Verwertung des Werks als konstantes Kapital muss höher sein als die Vergütung des Urhebers. Das ist der schlichte ökonomische Vorgang. Der Verwerter will mit der Verwertung des Werkes Gewinn machen. Das ist sein berechtigtes Interesse. Der Vorteil besteht darin, dass das literarische, künstlerische oder wissenschaftliche Werk bei gleich bleibender Qualität sowie unabhängig von Raum und Zeit millionenfach mit den neuen Informations- und Kommunikationstechnologien vermarktet werden kann, im Unterschied zum Sacheigentum.[10]

Auch die Transaktionskosten sinken aufgrund der technologischen Möglichkeiten. Ist es daher kein Wunder, dass die urheberechtlichen Produkte immerhin einen Anteil von 7,8% am Welthandel haben.[11]

Die ökonomische Relevanz ist unübersehbar. Der Urheber erhält für den Wert seines Werkes insofern kein Äquivalent. Das verausgabte physische und geistige Arbeitsvermögen als variables Kapital, das sich im Werk vergegenständlicht, wird nur bedingt vergütungsrechtlich abgegolten. Der ökonomische Wert des Werkes für den Verwerter zeigt sich auf der rechtlichen Ebene in den Nutzungsrechten. Entscheidender Anknüpfungspunkt für den urheberrechtlichen Vergütungsanspruch der Kreativen ist die Rechtseinräumung und die Art und der Umfang der Nutzung des Werkes. Dem entspricht die von mir vertretene Auffassung, dass sich die Vergütungspflicht des Verwerters als Gegenleistung zwingend aus der Rechtseinräumung und die Art und der Umfang der Nutzung als Hauptleistungspflicht des Urhebers oder des ausübenden Künstlers ergeben.[12]

10 *Wandtke* (Fn. 8), S. 12 f.

11 *Waelde/MacQueen/Hawkins*, Intellectual Property (2007), S. 119.

12 Wandtke/Bullinger-*Wandtke*, Praxiskommentar zum Urheberrecht (3. Aufl. 2009), Einl. Rn. 3.

Dieser zivilrechtliche Grundsatz der Verhaltenssteuerung bei synallagmatischen Verträgen gilt für alle Rechtsverhältnisse, in denen urheberrechtliche Nutzungsrechte unterschiedlicher Couleur eingeräumt werden. Es ist deshalb m. E. ein Trugschluss anzunehmen, dass die urheberrechtliche Vergütung etwas mit dem Arbeitsaufwand oder dem sozialrechtlichen Prinzip der Alimentierung nach Bedürftigkeit zu tun hat.[13] Die rechtspolitische und dogmatische Unterscheidung zwischen dem Arbeits- und dem Verwertungsprozess ist im Zusammenhang mit dem Anspruch auf angemessene Vergütung evident. Die angemessene Vergütung im Arbeitsprozess muss unterschieden werden von der angemessenen Vergütung im Verwertungsprozess des Werkes oder der künstlerischen Leistung. Dieser Unterschied wird gelegentlich übersehen. Deshalb ist m. E. die herrschende Abgeltungstheorie im Urhebervertragsrecht, einschließlich im Arbeitnehmerurheberrecht, abzulehnen, wonach mit dem Gehalt oder dem Honorar alle Nutzungsrechte abgegolten sind. Die Abgeltungstheorie ignoriert die verschiedenen Vergütungsebenen.[14]

Soweit es sich um den Lohn bzw. das Gehalt handelt, ist diese Vergütungsform von dem urheberrechtlichen Nutzungsentgelt zu trennen.[15] Während der dogmatische Anknüpfungspunkt des urheberrechtlichen Vergütungsanspruchs die Verwertungsrechte des Urhebers als Ausschließlichkeitsrechte sind, ist für das Gehalt die menschliche Arbeitsleistung innerhalb einer bestimmten Arbeitszeit entscheidend. Die Quantifizierung der Arbeitsleistung ergibt sich aus dem Arbeitswert, d. h. dem Schwierigkeitsgrad und dem Zeitwert. Letzteres ist in der Tat für die Existenzsicherung und für die Reproduktion des menschlichen Arbeitsvermögens bedeutsam. Die Vergütungskonzeption des Arbeits- oder Werk- oder Dienstvertragsrechts ist eine ganz andere als die des Urheberrechts. Die arbeitsrechtliche oder werkvertragliche Vergütung knüpft an die verausgabte und erbrachte Arbeit, während § 32 UrhG die Rechtseinräumung

13 BVerfG, GRUR 2005, 880, 882 – Xavier Naidoo; OLG München, ZUM 2009, 300, 305; OLG München, ZUM-RD 2007, 166, 177; OLG München, ZUM-RD 2007, 182, 190.

14 So aber Dreier/Schulze-*Dreier*, Urheberrecht (3. Aufl. 2008), § 43 UrhG Rn. 30; Schricker-*Rojahn*, Urheberrecht (3. Aufl. 2008), § 43 UrhG Rn. 64; Dreyer/Kotthoff/Meckel-*Kotthoff*, Urheberrecht (2. Aufl. 2008), § 43 UrhG Rn. 23; Fromm/Nordemann-A. *Nordemann*, Urheberrecht (10. Aufl. 2008), § 43 UrhG Rn. 58.

15 Trennungstheorie: Wandtke/Bullinger-*Wandtke* (Fn. 12), § 43 Rn. 137.

und die Intensität, den Umfang und die Dauer der Nutzung erfasst.[16] Die Argumentation für die Abgeltungstheorie ist insofern nicht überzeugend, als der Arbeitgeber das volle Risiko des Werkschaffens tragen würde, wenn dem Kreativen nichts einfallen würde.[17] Hat der Arbeitnehmerurheber kein oder ein nicht verwertbares Werk im Arbeitsverhältnis geschaffen, obwohl er dazu verpflichtet ist, trägt auch der Arbeitnehmerurheber das Risiko. Er hat die arbeitsrechtlichen Folgen der Nicht- oder Schlechtleistung zu tragen. So sind die §§ 320, 615, 616 BGB anwendbar, wenn der Arbeitnehmer nicht leistet.[18] Verlässt man die Ebene des Arbeitnehmerurheberrechts und wendet den § 32 UrhG ebenso auf Honorarverhältnisse an, ergibt dies kein anderes dogmatisches Bild. Auch hier muss ein Unterschied zwischen der Herstellung des Werkes als Werklohnvergütung nach §§ 631 Abs. 1, 632 BGB und dem urheberrechtlichen Anspruch auf angemessene Vergütung nach § 32 UrhG gemacht werden. Wer z.B. den Auftrag bekommt, eine Musik für eine Oper zu komponieren, kann im Falle der Abnahme die vereinbarte Werklohnvergütung verlangen. Selbst dann, wenn der Werkvertrag vor Fertigstellung des Manuskripts gekündigt worden ist und der Autor einen nicht unerheblichen Zeit- und Arbeitsaufwand hatte, hat er einen Anspruch auf die Werkvergütung.[19] Es ist aber ebenso folgerichtig, dass dann, wenn die Musik aufgeführt oder der Roman verbreitet wird, der Komponist oder der Autor eine entsprechende angemessene Vergütung wegen der Einräumung des Aufführungsrechts oder des Verlagsrechts verlangen kann. Sollte die Oper nicht aufgeführt (§ 19 UrhG) oder der Roman nicht verbreitet (§ 17 UrhG) werden, obwohl das Theater die Komposition oder der Verlag den Roman angenommen hat, bleibt dem Komponisten oder dem Autor mindestens die Werklohnvergütung. Die Trennungstheorie hat den Vorteil, das Verhalten der Vertragsparteien auf die vom Gesetzgeber vorgegebene Ziel- bzw. Zweckrichtung des unbestimmten Rechtsbegriffs der angemessenen Vergütung nach § 32 UrhG zu orientieren. Denn § 32 UrhG als Kernstück des Urhebervertragsrechts soll stimulierend, motivierend und wettbewerbsfördernd wirken. Die angemessene Vergütung

---

16 *Jacobs*, Die angemessene und die unangemessene Vergütung – Überlegungen zum Verständnis der §§ 32, 32a UrhG, in: Festschrift für Ullmann (2006), S. 79, 83.

17 Fromm/Nordemann-A. *Nordemann* (Fn. 14), § 43 UrhG Rn. 58; BGH, GRUR 2002, 149, 151 – Wetterführungspläne II.

18 Palandt-*Weidenkaff*, BGB (68. Aufl. 2009), § 611 BGB Rn. 50.

19 OLG Naumburg, NJW 2009, 779, 780.

nach § 32 UrhG ist gleichsam die Belohnung für die Einräumung der Nutzungsrechte. Im Grunde gilt das auch für die §§ 32a, 32c UrhG, die gleichermaßen auf eine weitere angemessene Beteiligung des Urhebers bzw. eine angemessene Vergütung für unbekannte Nutzungsarten hinweisen. Es ist deshalb ein konzeptioneller Sündenfall, wenn gerade die literarischen Übersetzer im Zusammenhang mit der Gesetzesbegründung zu § 32 UrhG genannt werden. Die Übersetzer müssen sich entscheiden, ob sie nach dem Arbeitsaufwand (Seiten- und Stundenhonorar) oder ausschließlich mit einem prozentualen Anteil am Nutzungsergebnis[20] vergütet werden wollen.

II. Das Problem der „Angemessenheit"

Praktisches Problem ist und bleibt, im Einzelfall zu ermitteln, ob bei Vertragsschluss (*ex ante*) eine angemessene Vergütung vereinbart wurde. Denn Kern der Neuregelung ist der Anspruch des Urhebers oder ausübenden Künstlers auf Einwilligung in eine Änderung eines Nutzungsvertrages, der keine angemessene Vergütung vorsieht (§ 32 Abs. 1 S. 3 UrhG). Letztlich geht es um die Feststellung einer Differenz zwischen der unangemessenen und der angemessenen Vergütung, was zur Vertragsanpassung auf der Rechtsfolgenseite führen soll.[21] Die Vertragsanpassung bezieht sich aber nur auf die Höhe der Vergütung.[22] Dogmatisch vergleichbar ist dies mit der Rechtsfigur aus dem allgemeinen Zivilrecht, wonach eine Vertragsanpassung wegen Störung der Geschäftsgrundlage nach § 313 BGB möglich und notwendig sein kann. Woher soll aber der Urheber oder Künstler wissen, was eine angemessene Vergütung ist? Wird nicht mit der Neuregelung des § 32 UrhG zu stark in die Vertragsfreiheit eingegriffen? Der Gesetzgeber hat den Begriff der Angemessenheit nicht näher definiert, sondern zu Recht den Vertragsparteien und den Gerichten Tatbestände hinterlassen, die auslegungsbedürftig sind. Aufgrund der Tatsache, dass § 32 UrhG für alle Einräumungen von Nutzungsrechten gilt, unabhängig davon, ob die Verpflichtungsverträge Arbeits-, Verlags-, Werk-, Dienst-, Franchising- oder Marchandisingverträge sind, wäre eine konkrete Beschreibung der Angemessenheit im Urheber-

20 *Jacobs*, FS Ullmann (2006), S. 79, 84.

21 Wandtke/Bullinger-*Wandtke/Grunert* (Fn. 12), § 32 UrhG Rn. 17.

22 OLG München, ZUM 2009, 300, 305; OLG München, ZUM 2007, 142, 150.

gesetz eine Illusion. Um mit *Hegel* zu sprechen: die Forderung nach Vollendung eines Gesetzbuches ist vornehmlich eine deutsche Kinderkrankheit. *„Le plus grand ennemi du Bien, c'est le Mieux"*.[23] Interessant ist, dass § 32 UrhG mit den Tatbeständen der „Üblichkeit" und „Redlichkeit", die kumulativ anzuwenden sind, konsequent die Interessen der Urheber und Künstler im Focus hat. Nicht nachvollziehbar ist die Einschätzung, dass sich die Anwendung der Redlichkeitskontrolle des § 32 Abs. 2 S. 2 UrhG „im Nachhinein" zugunsten des klagenden Urhebers verschieben würde. Natürlich ist die verhaltensökonomisch belegte Tatsache nicht zu leugnen, dass sich Fairness- oder Redlichkeitsüberlegungen häufig nur unter großen Schwierigkeiten in zahlenmäßigen Größenordnungen umsetzen lassen. In der Konsequenz bedeutet es, dass die richterliche Vertragsanpassung daher stets zu gewisser Beliebigkeit neigt, wie Herr *Leistner* feststellt. Die Rechtsunsicherheit wird bleiben. Das ist aber kein Phänomen nur im Urheberrecht. Unbestimmte Rechtsbegriffe, wie die angemessene Vergütung nach § 32 UrhG, lassen notwendigerweise immer einen großen Spielraum für richterliche Entscheidungen.

Damit weist der Anspruch auf eine angemessene Vergütung eine Besonderheit gegenüber den allgemeinen zivilrechtlichen Vergütungsregelungen nach den §§ 612, 632 BGB auf. So wird in § 612 Abs. 2 BGB nur von einer üblichen Vergütung in Ermangelung einer Taxe ausgegangen, wenn die Höhe nicht bestimmt ist. Hilfsweise ist die übliche Vergütung geschuldet, wobei üblich die im gleichen Gewerbe oder Beruf am gleichen Ort für vergleichbare Dienstleistungen im Durchschnitt gezahlte Vergütung ist. Als üblich gilt auch der Tariflohn.[24] Als übliche Werkvergütung wird die Geltung in den beteiligten Verkehrskreisen angesehen. So wird die Honorarordnung der Architekten als verkehrsüblich betrachtet.[25] Für den Anspruch auf eine angemessene Vergütung nach § 32 UrhG reicht die Üblichkeit nicht aus, sondern die Vergütung ist erst dann angemessen, wenn sie auch „redlich" ist. Damit wollte der Gesetzgeber die in der Praxis anzutreffenden Missbräuche bekämpfen, die vor allem im Bereich der literarischen Übersetzung anzutreffen sind.[26] Mit der Forde-

---

23 *Hegel*, Grundlinien der Philosophie des Rechts oder Naturrecht und Staatswissenschaft im Grundrisse, (Nachdruck der von Gans herausgegebenen Ausgabe; mit Anhang von Klenner 1981), S. 249.

24 Jauernig-*Schlechtriem*, BGB (12. Aufl. 2007), § 612 BGB Rn. 6.

25 Jauernig-*Schlechtriem* (Fn. 24), § 632 BGB Rn. 11.

26 So amtl. Begründung, BT-Drs. 14/6433, S. 9.

rung des Gesetzgebers, dass die Vergütung redlich sein muss, besteht die Möglichkeit einer normativen Kontrolle und Korrektur solcher Branchenübungen. Anders ausgedrückt, heißt das, dass eine Verhaltenssteuerung mit § 32 UrhG erfolgen sollte und soll. Nach In-Kraft-Treten des § 32 UrhG haben vor allem Übersetzer geklagt.[27] Die Rechtsprechung hat dabei zu Recht darauf hingewiesen, dass die Qualifikation des Urhebers, die Schwierigkeit des zu übersetzenden Textes oder der Zeitaufwand vergütungsrechtlich i.S.d. § 32 UrhG nicht relevant sind.[28] In den Verlagsverträgen mit Übersetzern ist deutlich zu machen, welche Vergütung welche Leistung abzugelten hat.

Die Gefahr der Unredlichkeit ist umso höher, je stärker in der betreffenden Branche „*Buy-out*"-Verträge abgeschlossen werden, vor allem dann, wenn diese keine kontinuierliche Beteiligung der Urheber oder Künstler vorsehen, sondern alle eingeräumten Nutzungsrechte pauschal abgelten.[29] *Buy-out*-Verträge können ein Segen, aber auch ein Fluch sein. Der Gedanke ist weiter zu verfolgen, ob wegen der langen Laufzeit von Nutzungsverträgen und der Unterstützung des Urhebers bei den Vertragsverhandlungen ein Rückrufs- und Kündigungsrecht im Zusammenhang mit den Beteiligungsinteressen des Urhebers nach dem Grundsatz von Treu und Glauben möglich und nötig ist.

Ebenso wird es zwar als üblich angesehen, wenn im Bereich von Belletristik und Wissenschaftsliteratur 10% des Ladenpreises vereinbart werden. Aber ob dies auch redlich ist, muss bezweifelt werden.[30] Kritisch hinterfragt werden muss auch, ob die Vorstellung des Gesetzgebers der Wirklichkeit entspricht, wenn die allgemeinen Vergütungsregelungen (§ 32 Abs. 2 S. 1 UrhG) oder die Tarifverträge (§ 32 Abs. 4 UrhG) vorliegen, keine Möglichkeit bestehen soll, deren Regelungen über Vergütungen i.S.d. § 32 UrhG als unangemessen zu widerlegen. Soweit es die Tarifverträge betrifft, will der Gesetzgeber die Tarifautonomie unangetastet lassen[31]

27 BGH, GRUR 2004, 938ff. – Comic-Übersetzungen III; OLG München, ZUM 2009, 300ff.; OLG München, ZUM-RD 2007, 166ff.; OLG München, ZUM-RD 2007, 182ff.

28 OLG München, ZUM-RD 2007, 166, 177; OLG München, ZUM-RD 2007, 182; LG München I, ZUM-RD 2007, 550, 554.

29 Dreier/Schulze-*Schulze* (Fn. 14), § 32 UrhG Rn. 54.

30 So bereits *Schricker,* Zum Begriff der angemessenen Vergütung im Urheberrecht – 10% vom Umsatz als Maßstab?, GRUR 2002, 737, 741.

31 BT-Drs. 14/8058, S. 44.

und enthaltene Vergütungsregelungen über die eingeräumten Nutzungsrechte als angemessen ansehen. Dies ist m.E. rechtspolitisch und dogmatisch verfehlt. Es sollte für die tarifgebundenen Urheber oder ausübenden Künstler die tarifrechtliche Regelung dann widerlegbar sein, wenn die Abgeltung der Nutzungsrechte durch das Gehalt in Tarifverträgen erfolgt. Auf die Folgen wurde an anderer Stelle hingewiesen.[32] Es handelt sich beim Vergütungsanspruch nach § 32 UrhG um einen Anspruch eigener Art, der nicht mit einem Lohn- bzw. Gehaltsanspruch oder Honoraranspruch vergleichbar ist. Man würde Pflaumen mit Birnen gleichsetzen.

Ebenso muss dies gelten, wenn gemeinsame Vergütungsregelungen nach § 36 UrhG zwischen Verbänden von Urhebern und Verwertern abgeschlossen werden. Da bisher erst eine abgeschlossene Vergütungsvereinbarung zwischen dem Schriftstellerverband und der belletristischen Verlage vorliegt, wird sichtbar, wie schwierig es ist, die Interessenwidersprüche in einem Kompromiss aufzulösen.

Der Vorschlag, die VG stärker in die Durchsetzung angemessener Vergütungsstrukturen einzubinden, kann nur begrüßt werden. Das strukturelle Problem ist die kollektive Wahrnehmung der Vergütungsansprüche. Es müsste in der Tat ein anderes Konzept entwickelt werden, um *de lege ferenda* eine gerechte Lösung für die individualvertraglichen Vergütungsansprüche der §§ 32ff. UrhG zu finden.

III. Fazit

Da das Urheberrecht europarechtlich geprägt ist, sind alle Überlegungen eines effektiven Urhebervertragsrechts vor dem Hintergrund eines europäischen Vertragsrechts anzustellen und dabei nicht nur die ökonomischen Parameter zu berücksichtigen, sondern auch die Urheberpersönlichkeitsrechte. Es wird dann ein ausgewogenes Verhältnis zwischen dispositiven und zwingenden Normen im Urhebervertragsrecht erforderlich sein. Soweit es sich um den Anspruch auf eine angemessene Vergütung handelt, sollte eine zwingende Regelung bevorzugt werden. Vielleicht ist das keine Illusion! Möge das Recht, wie sich *Shakespeare* in seinem Werk „Maß für Maß“ auszudrücken pflegt, keine Vogelscheuche werden, auf die sich die Habichte setzen.

[32] Wandtke/Bullinger-*Wandtke* (Fn. 12), § 43 Rn. 131.

§ 9 Die weitere Beteiligung des Urhebers (§ 32a UrhG) im Lichte der Verhaltensökonomik

Andreas Engert

Übersicht

I. Problemstellung

Gegen eine „angemessene Vergütung für Kreative [...] kann ja nach allgemeinem Gerechtigkeitsverständnis so viel nicht einzuwenden sein“.[1] Wer wollte dem widersprechen! Auch die seinerzeitige Bundesjustizministerin musste allerdings einräumen, dass es „eine gewisse Neuheit darstellt, den gerechten Preis einer Leistung gesetzlich vorzuschreiben“,[2] wie es das Urheberrechtsgesetz seit 2002 unternimmt. Das Urhebervertragsrecht versteht sich – zumal nach der Reform – maßgeblich als zwingendes

1 *Däubler-Gmelin*, Zur Notwendigkeit eines Urhebervertragsgesetzes, GRUR 2000, 764, 765.
2 *Däubler-Gmelin*, GRUR 2000, 764, 765.

Schutzrecht zugunsten der Urheber.[3] Es besteht ein breiter Konsens, dass die Urheber gegenüber den Verwertern auf einen solchen Schutz angewiesen sind. Man beruft sich auf die gesicherte „Erkenntnis“[4] und „Tatsache“,[5] dass die Urheber den Verwertern „strukturell unterlegen“ und Opfer einer „strukturellen Ungleichgewichtslage“ seien. Verfassungsrechtliche Weihen erhält diese Einschätzung durch die Aussage des Bundesverfassungsgerichts im Urteil zur Künstlersozialversicherung, selbständige Künstler und Publizisten seien im Vergleich mit den Verwertern die „typischerweise wirtschaftlich Schwächeren“.[6]

Wenn eine solche Grundüberzeugung weithin geteilt wird, dann spricht zunächst viel dafür, dass sie wesentliche Erfahrungen und Anschauungen aus dem betreffenden Lebensbereich widerspiegelt. Man tut deshalb gut daran, sie nicht leichthin aufgrund theoretischer Erwägungen zu verwerfen. Dieser Rat ändert allerdings nichts daran, dass das strukturelle Ungleichgewicht zwischen Urhebern und Verwertern zunächst nicht mehr als eine unbegründete Behauptung ist. Wenn man sich nicht dem Spott *Zöllners* aussetzen will, Ungleichgewichtslagen „unmittelbar zu Gott“ fühlen oder konstatieren zu können,[7] darf man sich damit nicht zufrieden geben. Vielmehr ist vom Urhebervertragsrecht auf Dauer eine spezifische Begründung zu verlangen, weshalb Urheber – anders als gewöhnliche Marktteilnehmer – eines besonderen rechtlichen Schutzes bis hin zu einer direkten staatlichen Preiskontrolle bedürfen. Besonders überzeugend wäre es, wenn sich die besondere Schutzrichtung des Urhebervertragsrechts aus bestimmten, genau zu benennenden Defiziten in der Vertragsbeziehung zwischen Urheber und Verwerter ableiten ließe.

Die folgenden Ausführungen konzentrieren sich bewusst auf einen schmalen Ausschnitt dieser Fragestellung: Behandelt wird – erstens – nur eine

---

3 Nach der Begründung des „Professorenentwurfs“ sollte es bei der Reform „allein um Vorschriften [gehen], die notwendig sind, um die Rechtsstellung der Urheber und ausübenden Künstler als der regelmäßig schwächeren Vertragspartei gegenüber den Unternehmen zu stärken“, *Dietz/Loewenheim/Nordemann/Schricker/Vogel*, Entwurf eines Gesetzes zur Stärkung der vertraglichen Stellung von Urhebern und ausübenden Künstlern (Stand: 22. Mai 2000), GRUR 2000, 765, 769.

4 *Erdmann*, Urhebervertragsrecht im Meinungsstreit, GRUR 2002, 923, 923.

5 *Däubler-Gmelin*, GRUR 2000, 764, 765.

6 BVerfGE 75, 108, 159 – Künstlersozialversicherung.

7 *Zöllner*, Regelungsspielräume im Schuldvertragsrecht, AcP 196 (1996), 1, 35.

einzige Norm des Urhebervertragsrechts, nämlich die „weitere Beteiligung des Urhebers" nach § 32a UrhG. Diese zwingende Vorschrift soll gewährleisten, dass Urheber und ausübende Künstler (§ 79 Abs. 2 UrhG) an besonders hohen Erträgen und Nutzungsvorteilen angemessen beteiligt werden. Treffend wird sie daher auch als „Bestsellerparagraph" bezeichnet. Die Regelung des § 32a UrhG wird – zweitens – allein aus dem Blickwinkel der Verhaltensökonomik (*behavioral economics*) untersucht. Diese neue (rechts-)ökonomische Forschungsrichtung stützt sich auf Erkenntnisse aus der Kognitions- und Sozialpsychologie, um menschliches Verhalten besser erklären zu können und daraus Begründungen für rechtliche Regelungen abzuleiten. Im Mittelpunkt stehen dabei Abweichungen von der Annahme vollständig rationalen Verhaltens, wie sie der herkömmlichen Ökonomik zugrunde liegt. Auf den ersten Blick liegt es durchaus nahe, ein besonderes rechtliches Schutzbedürfnis von Urhebern mit möglichen Urteils- und Entscheidungsverzerrungen dieses Personenkreises zu rechtfertigen. Allerdings führt die Untersuchung zu dem Ergebnis, dass sich für den Bestsellerparagraph gerade keine verhaltensökonomische Begründung geben lässt. Mit diesem negativen Befund sind die verhaltensökonomischen Analysemöglichkeiten freilich nicht ausgeschöpft. Vielmehr kann man weiter fragen, ob der Bestsellerparagraph stattdessen auf Urteils- und Entscheidungsverzerrungen im politischen Prozess der Gesetzgebung zurückzuführen ist. Hierfür lassen sich in der Tat Anhaltspunkte finden.

Da Gegenstand (§ 32a UrhG) und Methode (Verhaltensökonomik) in Einklang mit der Konzeption des Bandes begrenzt sind, lassen sich aus den Ergebnissen des Beitrags nur beschränkt Schlussfolgerungen ziehen. Außer Betracht bleiben nicht nur sonstige (institutionen-)ökonomische Begründungen,[8] sondern auch sonstige Gerechtigkeitserwägungen, etwa mit Blick auf den personalen Gehalt des Urheberrechts. Über die Berechtigung des § 32a UrhG und der weiteren Schutzvorschriften des Urhebervertragsrechts kann und soll auf dieser Grundlage kein abschließendes Urteil gefällt werden.

Der Beitrag gliedert sich in vier weitere Abschnitte: Zunächst wird die Wirkungsweise des Bestsellerparagraphen näher herausgearbeitet (Ab-

8 So könnte man analysieren, ob die Informationsasymmetrien zwischen Urhebern und Verwertern oder die Langfristigkeit der beabsichtigten Nutzung zu ineffizienten Nutzungsverträgen führen.

schnitt II.). Die Kernfrage des Beitrags geht dahin, ob psychologisch bedingte Urteils- und Entscheidungsverzerrungen der einzelnen Urheber ein besonderes Schutzbedürfnis hervorrufen, das mit § 32a UrhG erfüllt werden könnte. Im Ergebnis ist diese Frage eindeutig zu verneinen (Abschnitt III.). Vor diesem Hintergrund wird anschließend die Blickrichtung der Untersuchung geändert. Statt eine normative Begründung für den Bestsellerparagraphen zu geben, kann die Verhaltensökonomik zu erklären helfen, wie eine derartige Regelung aus politischen Gründen ihren Weg in das Urheberrechtsgesetz finden konnte (Abschnitt IV.). Zur Abrundung wird sodann auf die abweichende Bewertung des Bestsellerparagraphen durch *Engel* im vorliegenden Band eingegangen (Abschnitt V.). Eine Zusammenfassung und ein kurzer Ausblick schließen den Beitrag ab (Abschnitt VI.).

II. Regelungsgehalt des § 32a UrhG

In einem ersten Schritt gilt es, den Untersuchungsgegenstand für eine ökonomische Analyse herauszupräparieren. Dabei zeigen sich zwei recht unterschiedliche Anwendungsfelder des § 32a UrhG. Die Norm erfasst einerseits den Fall, dass ein Werk einen unerwartet großen Erfolg erzielt (Abschnitt 1.). Seit der Reform des Jahres 2002 erfasst sie andererseits bestimmte Konstellationen von Werken, deren außerordentlicher Erfolg von vornherein absehbar war (Abschnitt 2.).

1. Überraschend hohe Erträge und Vorteile als Hauptanwendungsfeld

Auf den ersten Blick könnte man § 32a UrhG gesetzessystematisch für überflüssig halten: Wenn der Urheber nach § 32 Abs. 1 S. 3 UrhG verlangen kann, dass ihm eine angemessene vertragliche Vergütung zugestanden wird, sollte dies eine angemessene Beteiligung an den Erträgen und Vorteilen einschließen.[9] Gesetzesverfasser und Schrifttum grenzen die

[9] Dementsprechend hielt noch der Regierungsentwurf zur Reform des Urhebervertragsrechts den alten Bestsellerparagraphen § 36 UrhG a.F. für entbehrlich, BT-Drs. 14/6433, S. 16. Allerdings beurteilte sich die Angemessenheit in § 32 UrhG nach dem Regierungsentwurf noch umfassend nach „Art

beiden Vorschriften danach ab, ob die Angemessenheit *ex ante* nach den Umständen zum Zeitpunkt des Vertragsschlusses (§ 32 UrhG) oder aber *ex post* nach den tatsächlich entstandenen Erträgen und Vorteilen (§ 32a UrhG) zu beurteilen ist.[10] Damit ist nicht gemeint, dass eine *ex ante* angemessene vertragliche Vergütungsregelung die aus der Nutzung zu erwartenden Erträge und Vorteile außer Acht lassen dürfte. Im Gegenteil setzt die Angemessenheit einer vertraglichen Regelung nach Auffassung des Gesetzgebers häufig voraus, dass die Vergütung von den erzielten Erträgen abhängt, beispielsweise prozentual oder nach Stückzahlen („Beteiligungsgrundsatz").[11] Ein Festbetrag als Vergütung kann zwar ebenfalls angemessen sein.[12] Zumindest bei seiner Höhe ist aber mit „Art und Umfang" der eingeräumten Nutzung auch deren wirtschaftlicher Wert zu berücksichtigen, wenn die Vergütung „redlich" sein soll (§ 32 Abs. 2 S. 2 UrhG). Schon die *ex ante* zu beurteilende Angemessenheit nach § 32 UrhG bezieht also die zu erwartenden Erträge und Vorteile aus der Nutzung ein.

Der entscheidende Unterschied zu der von § 32a UrhG geforderten Betrachtung *ex post* besteht jedoch in dem zugrunde gelegten Wissensstand: § 32 UrhG beruht auf dem objektiven Kenntnisstand bei Vertragsschluss, also – formal gesprochen – auf der Wahrscheinlichkeitsverteilung der zukünftigen Erträge und Vorteile. Demgegenüber ist bei der Prüfung nach § 32a UrhG von den *tatsächlich erzielten* Erträgen und Vorteilen auszugehen.[13] Die Vergütung wird also danach beurteilt, ob sie dem konkret ein-

---

und Umfang der Werknutzung", nicht allein nach den Verhältnissen „im Zeitpunkt des Vertragsschlusses" (so nun § 32 Abs. 2 S. 2 UrhG).

10 So der Bericht des Rechtsausschusses bei der Reform des Urhebervertragsrechts, BT-Drs. 14/8058, S. 19; *Berger*, Grundfragen der „weiteren Beteiligung" des Urhebers nach § 32a UrhG, GRUR 2003, 675, 676; Schricker-*Schricker*, Urheberrecht (3. Aufl. 2006), § 32a UrhG Rn. 9; *Schack*, Urheber- und Urhebervertragsrecht (4. Aufl. 2007), Rn. 966.

11 Dazu Regierungsentwurf zur Reform des Urhebervertragsrechts, BT-Drs. 14/6433, S. 14 (Beteiligungsprinzip als „Wertungsfaktor"); noch deutlicher der Bericht des Rechtsausschusses, BT-Drs. 14/8058, S. 18: „Der Billigkeit [als Maßstab einer angemessenen Vergütung] wird es in der Regel entsprechen, den Urheber an den aus der Nutzung seines Werkes resultierenden Erträgen und Vorteilen angemessen zu beteiligen."

12 So ausdrücklich der Bericht des Rechtsausschusses, BT-Drs. 14/8058, S. 18.

13 Vgl. *Jacobs*, Die angemessene und die unangemessene Vergütung – Überlegungen zum Verständnis der §§ 32, 32a UrhG, in: Festschrift für Ullmann (2006), S. 79, 90.

getretenen wirtschaftlichen Erfolg des Werkes angemessen Rechnung trägt. Eine Anpassungspflicht entsteht nur in besonderen Fällen, wenn die vertragliche Vergütung in ein „auffälliges Missverhältnis" zu den Erträgen und Vorteilen gerät (§ 32a Abs. 1 S. 1 UrhG). Sofern diese Eingriffsschwelle erreicht wird, ist die Vergütung auf eine dem Erfolg angemessene Höhe anzuheben.[14] Im Vergleich mit der allgemeinen Angemessenheitskontrolle nach § 32 UrhG kann dies nur unter zwei Bedingungen zu einer höheren Vergütung führen: Erstens muss der Erfolg *ex post* außergewöhnlich groß ausfallen, also *ex ante* wenig wahrscheinlich gewesen sein. Soweit Erträge oder Vorteile bereits bei Vertragsschluss mit einiger Wahrscheinlichkeit zu erwarten waren, wären sie bereits für die Angemessenheitsprüfung nach § 32 UrhG zu berücksichtigen gewesen. Zweitens kann es zu einem auffälligen Missverhältnis nur kommen, wenn nicht bereits die vertragliche Vergütungsregelung – dem Beteiligungsgrundsatz folgend – den Urheber an ungewöhnlich hohen Erträgen und Vorteilen automatisch teilhaben lässt.[15] Die Partizipation muss freilich hoch genug sein, um ein auffälliges Missverhältnis zu vermeiden. Die amtliche Überschrift „Weitere Beteiligung des Urhebers" möchte der Gesetzgeber dabei so verstanden wissen, dass nach § 32a UrhG zumeist eine höhere Beteiligung des Urhebers angemessen ist, als sie § 32 UrhG für den Normalfall fordert.[16] Dahinter dürfte der Gedanke stehen, dass die Grenzkosten einer zusätzlichen Nutzung des Werks gering sind und deshalb der Gewinnanteil steigt.[17]

Es mag das Verständnis erleichtern, diese Umschreibung zumindest ansatzweise etwas formaler zu fassen. Abbildung 1 zeigt eine mögliche Wahrscheinlichkeitsverteilung für den kommerziellen Wert *W* der Nut-

---

14 BGH, JZ 2002, 147, 148. A.A. *Berger*, GRUR 2003, 675, 680 (auszuräumen ist nur das auffällige Missverhältnis).

15 Vgl. *Erdmann*, GRUR 2002, 923, 928; für Kollektivvereinbarungen nach § 36 UrhG auch BT-Drs. 14/8058, S. 20 („[Ü]ber gestaffelte Pauschalen oder prozentuale Beteiligungen [kann ...] die Vergütung abstrakt vorab so bestimmt werden, dass auch der wirtschaftliche Erfolg Berücksichtigung findet.").

16 BT-Drs. 14/8058, S. 19; ähnlich Schricker-*Schricker* (Fn. 10), § 32a UrhG Rn. 16 (Beispiel eines bescheidenen Honorarprozentsatzes im Verlagsbereich, der sich bei hohen Verkaufszahlen nicht erhöht)

17 Diese Überlegung beruht auf der vorherrschenden Lesart, dass zur Feststellung eines auffälligen Missverhältnisses nicht die Nettogewinne, sondern die Bruttoerträge heranzuziehen sind, a.A. nur *Jacobs*, FS Ullmann (2006), S. 79, 90ff.

zung eines urheberrechtsgeschützten Werks. *W* bezeichnet dabei den Barwert der anfallenden Erträge aus der Nutzung des Werks. Es handelt sich um den Betrag, den ein Lizenznehmer für die ausschließlichen Nutzungsrechte zu zahlen bereit wäre, wenn die Höhe der Erträge bereits mit Sicherheit feststünde. Die dargestellte Verteilung erscheint plausibel: Viele Werke erweisen sich für die Lizenznehmer als verlustträchtige Fehlschläge, so dass ihr Wert mit null anzusetzen ist.[18] Eine weitere große Gruppe führt für den Lizenznehmer nach Abzug der Verwertungskosten zu positiven Nettoerträgen, die aber nicht allzu hoch ausfallen. Nur wenige Werke erzielen hohe Erträge. Dabei kann der kommerzielle Erfolg einzelner Werke den anderer um ein Vielfaches übersteigen. Die Wahrscheinlichkeitsverteilung zeichnet sich bei sehr hohen Werten auf der rechten Seite des Graphen durch eine relativ große Dichte (einen „*fat tail*") aus. Die Wahrscheinlichkeit ganz extremer Erfolge ist also zwar klein, aber nicht verschwindend gering. Für diese Annahme lassen sich empirische Belege anführen.[19] Man kann sie damit erklären, dass selbst kleinste Qualitätsunterschiede und das Bedürfnis der Nachfrager nach einem gemeinsamen Kanon bekannter Werke zu einer extremen Konzentration führen können, wenn sich Werke nahezu beliebig reproduzieren lassen.[20]

---

18 Für die USA wird geschätzt, dass 80% der Popmusikalben ihre Kosten nicht decken, *Caves,* Creative Industries: Contracts between Art and Commerce (2000), S. 61.

19 So erzielten in den USA die 5% der Popmusikkonzerte mit den höchsten Einnahmen aus Eintrittskarten im Jahre 2003 über vier Fünftel der Einnahmen, *Krueger,* The Economics of Real Superstars: The Market for Rock Concerts in the Material World, J.Labor Econ. 23 (2005), 1, 15. Ähnlich ist die Lage bei Kinofilmen: Dort sind die erfolgreichsten 20% für 80% der Kasseneinnahmen verantwortlich, *De Vany,* The Movies, in: Ginsburgh/Throsby (Hrsg.), Handbook of the Economics of Art and Culture, Bd. 1 (2006), S. 615, 641; vgl. auch ebd., S. 641 ff. zu den statistischen Eigenschaften der Kasseneinnahmen. Hingegen blieb der Marktanteil der 15 meistverkauften Titel im US-amerikanischen Buchmarkt während der achtziger Jahre bezogen auf verkaufte Exemplare unter einem Prozent, *Cowen,* In Praise of Commercial Culture (1998), S. 47. Vgl. schließlich Abbildung 1 und den zugehörigen Text bei *Engel,* in diesem Band, § 2 (S. 21 f.).

20 *Rosen,* The Economics of Superstars, Am.Econ.Rev. 71 (1981), 845, 848 (geringfügige Qualitätsunterschiede); *Borghans/Groot,* Superstardom and Monopolistic Power: Why Media Stars Earn More Than Their Marginal Contribution to Welfare, JITE 154 (1998), 546 (geringfügige Qualitätsunterschiede);

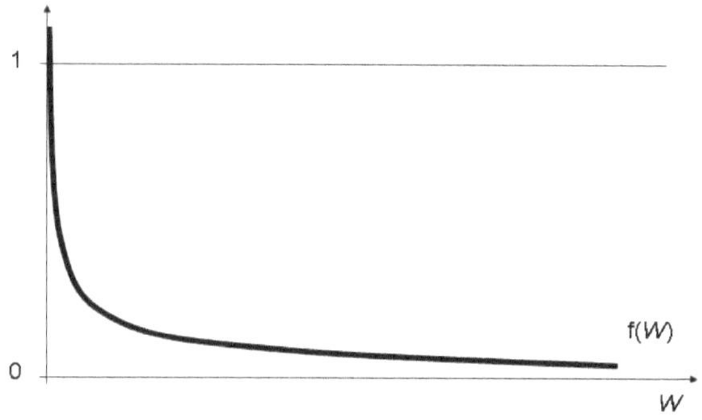

Abbildung 1
Wahrscheinlichkeitsverteilung des kommerziellen Werts von Werken

Auf Grundlage einer solchen Wahrscheinlichkeitsverteilung veranschaulicht Abbildung 2 zunächst, wie sich der erwartete Wert eines Werks zwischen Urheber und Lizenznehmer verteilen könnte. Anders als in Abbildung 1 stellt der fett gezeichnete Graph nun nicht mehr die Dichtefunktion der Wahrscheinlichkeitsverteilung dar, sondern eins minus die *kumulative* Wahrscheinlichkeitsfunktion; zu interpretieren ist dies als die Wahrscheinlichkeit, mit der das Werk höchstens einen bestimmten Wert erreicht. Der erwartete Wert des Werks besteht in dem Integral dieser Funktion, also der Fläche unter dem Graphen. Der Einfachheit halber sei angenommen, dass als Vergütung ein Festhonorar in Höhe von F vereinbart wird.[21] Dementsprechend erhält der Lizenznehmer im wirtschaftlichen Ergebnis den erwarteten Wert des Werks abzüglich F. Bezogen auf Abbildung 2 entspricht dies der grauen Fläche abzüglich der schraffierten.

Adler, Stardom and Talent, Am.Econ.Rev. 75 (1985), 208 (Bedürfnis nach gemeinsam genutzten Werken/Urhebern).

21 Ein Festhonorar bildet den paradigmatischen Anwendungsfall des § 32a UrhG. Je stärker die Vergütung variabel ausgestaltet ist und mit dem eingetretenen Erfolg steigt, umso geringer ist nach Auffassung des Gesetzgebers das Bedürfnis für die Norm, vgl. oben Fn. 15 und zugehöriger Text.

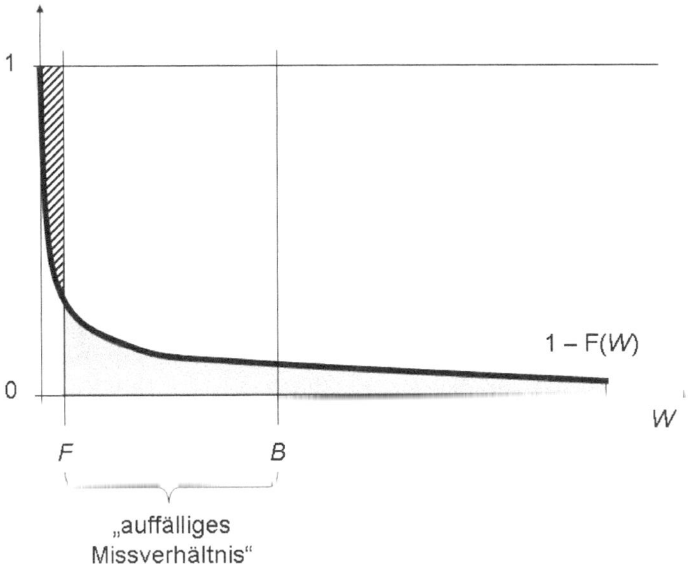

Abbildung 2
Aufteilung des erwarteten Wertes eines Werks bei Vereinbarung eines Festhonorars

Die Regelung des § 32a UrhG greift ein, wenn sich ein Werk als besonders erfolgreich erweist, so dass ein „auffälliges Missverhältnis“ zu dem vereinbarten Festhonorar *F* eintritt. In Abbildung 2 könnte man ein „auffälliges Missverhältnis“ beispielsweise ab dem Punkt *B* („Bestseller“) erreicht sehen, weil der Lizenzgeber im Ergebnis ein Werk mit einem Wert größer als *B* zu dem vergleichsweise geringen Preis *F* erhalten hat. Entscheidend dabei ist, dass sich dieses Missverhältnis erst *ex post* aus dem Vergleich mit dem tatsächlich realisierten Wert ergibt. *Ex ante* wäre das Festhonorar in Beziehung zum *erwarteten* Wert zu setzen und daher – bezogen auf Abbildung 2 – wohl nicht als unangemessen zu bezeichnen.[22]

22 Das Festhonorar entspräche der Fläche links von *F*. Dem wäre die graue Fläche abzüglich der schraffierten Fläche als der Anteil des Lizenznehmers am Werkwert gegenüberzustellen.

2. Sonderfall des „vorhersehbaren Bestsellers"

Nach dem bisher Gesagten besteht der Regelungsgehalt des § 32a UrhG darin, dass in dem relativ unwahrscheinlichen Fall sehr hoher Erträge und Vorteile die Vergütung den außerordentlichen Erfolg widerspiegeln und insoweit erfolgsbezogen sein muss. Der Gesetzgeber des Jahres 2002 ist hierüber jedoch hinausgegangen, um die Vorschrift aus ihrem „Dornröschenschlaf" zu erwecken.[23] Nach der neuen Fassung des Bestsellerparagraphen soll es „unerheblich" sein, ob die Vertragspartner die außergewöhnlichen Erträge und Vorteile aus der Werknutzung „vorhergesehen haben oder hätten vorhersehen können" (§ 32a Abs. 1 S. 2 UrhG). Der Urheber soll also an einem großen Erfolg seines Werks auch dann zusätzlich beteiligt werden, wenn dieser von vornherein wahrscheinlich war. Den Fall eines solchen „vorhersehbaren Bestsellers" stellt Abbildung 3 dar.

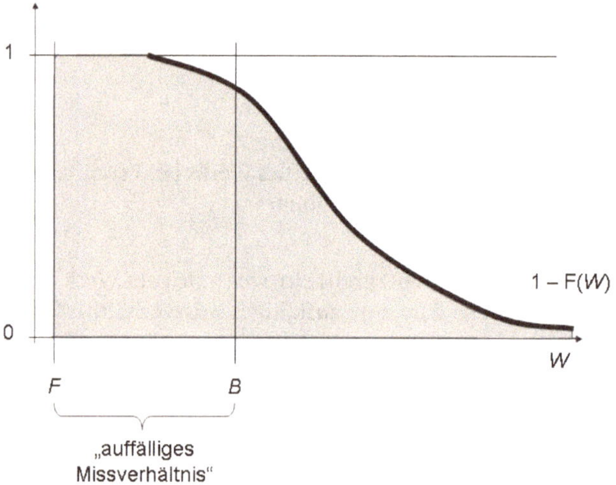

Abbildung 3
Aufteilung des erwarteten Wertes eines „vorhersehbaren Bestsellers" bei Vereinbarung eines Festhonorars

23 Die geringe Zahl judizierter Fälle beklagen etwa *Erdmann*, GRUR 2002, 923, 927 und *Katzenberger*, Beteiligung des Urhebers an Ertrag und Ausmaß der Werkverwertung – Altverträge, Drittwirkung und Reform des § 36 UrhG, GRUR Int. 1983, 410, 414f.

Aus ökonomischem Blickwinkel erscheint die Ausweitung des § 32a UrhG zunächst praktisch wenig bedeutsam, weil der Urheber eines „vorhersehbaren Bestsellers" ohnehin eine starke Verhandlungsposition hat und sich daher nie auf ein geringes (Fest-)Honorar wie in Abbildung 3 einlassen wird.[24] Dabei würde allerdings ein wichtiger Anwendungsfall übersehen: Die Verwertung eines Werks kann Urheber- und Schutzrechte verschiedener Personen berühren. Häufig hängt der wirtschaftliche Erfolg aber nur von bestimmten Beiträgen ab, während andere Bestandteile zwar urheberrechtlich ebenfalls geschützt, aus kommerzieller Sicht aber austauschbar sind. Dies trifft zum Beispiel typischerweise für Übersetzungen ausländischer Werke zu,[25] etwa in dem vom BGH entschiedenen Fall der Übertragung von Asterix-Bänden ins Deutsche.[26] Dass neue Folgen der Asterix-Serie in hohen Auflagen abgesetzt werden können, ist gewiss vorhersehbar. Zugleich müssen Verlage aber am Markt für Übersetzungen keine hohe Vergütung bieten, weil für den kommerziellen Erfolg die Person des Übersetzers zumeist von geringer Bedeutung ist. In seiner neuen Fassung soll der Bestsellerparagraph auch solchen wirtschaftlich austauschbaren Urhebern eine „weitere Beteiligung" sichern.[27] In der Konstellation eines „vorhersehbaren Bestsellers" hat § 32a UrhG damit nun ebenfalls praktische Bedeutung. Geradezu brisant könnte die Norm werden, wenn sie zum Beispiel bei Filmen über § 79 Abs. 2 UrhG einer Vielzahl von ausübenden Künstlern zu einer weiteren Beteiligung verhelfen würde.[28]

---

[24] Es kommt hinzu, dass dieser Fall eigentlich durch die Angemessenheitskontrolle *ex ante* nach § 32 UrhG erfasst sein sollte.

[25] *Erdmann*, GRUR 2002, 923, 923f. nennt als betroffene Gruppen freiberufliche Übersetzer, Journalisten und Fotografen.

[26] Der BGH lehnte eine zusätzliche Vergütung nach § 36 UrhG a. F. ab, weil der Erfolg des Asterix-Bandes 29 mit Blick auf die Auflagen der zuvor erschienenen Bände zu erwarten gewesen sei, BGHZ 137, 387, 398f. – Comic-Übersetzungen.

[27] Der Bericht des Rechtsausschusses bezieht sich ausdrücklich auf das Comic-Übersetzungen-Urteil des BGH, BT-Drs. 14/8058, S. 19.

[28] Relativierend aber *Pleister/Ruttig*, Beteiligungsansprüche für ausübende Künstler bei Bestsellern, ZUM 2004, 337, 341f. Einen weiteren prekären Sonderfall analysieren *Loschelder/Wolff*, Der Anspruch des Urhebers auf „weitere Beteiligung" nach § 32a UrhG bei Schaffung einer Marke, in: Festschrift für Schricker (2005), S. 425.

III. Verhaltensökonomische Begründung des § 32a UrhG

Nachdem die Wirkungsweise des Bestsellerparagraphen geklärt ist, soll nun die zentrale Frage der vorliegenden Untersuchung aufgegriffen werden. Es soll also geprüft werden, ob sich das zwingende gesetzliche Erfordernis einer „weiteren Beteiligung“ als Ausgleich für Rationalitätsdefizite deuten lässt, denen Urheber in ihrem Verhältnis zu den Verwertern unterliegen. Hierzu sollte man zunächst als Vergleichspunkt das Verhalten rationaler Urheber feststellen (Abschnitt 1.). Den Kern der Analyse bildet sodann der Versuch, einzelne in der psychologischen und verhaltensökonomischen Forschung nachgewiesene Urteils- und Entscheidungsverzerrungen auf die vertragsrechtliche Situation von Urhebern anzuwenden (Abschnitt 2.). Des Weiteren ist die Möglichkeit zu berücksichtigen, dass das Verhalten von Urhebern zwar nicht systematisch in eine Richtung verzerrt ist, sie aber zufällige Urteils- und Entscheidungsfehler begehen, die von Verwertern systematisch ausgenutzt werden können (Abschnitt 3.). Im Ergebnis führt keiner dieser beiden Ansätze zum Erfolg. Die Verhaltensökonomik liefert keine Rechtfertigung für den Bestsellerparagraphen (Abschnitt 4.).

1. Rationales Verhalten als Vergleichspunkt

Sofern sich eine bestimmte Entwicklung bereits bei vollständiger Rationalität der Beteiligten einstellt, ist sie nicht auf Rationalitätsdefizite zurückzuführen. Will man eine Regelung verhaltensökonomisch begründen, sollte man deshalb zunächst als Vergleichspunkt ermitteln, welches Verhalten rational wäre. Ein vollständig rationaler Marktteilnehmer maximiert seinen erwarteten Nutzen auf der Grundlage aller ihm verfügbaren Informationen. Ein rationaler Urheber würde dementsprechend ein Nutzungsrecht nicht unter Marktpreis einräumen, das heißt gegen eine geringere Vergütung, als er sie bei einem anderen Verwerter erhalten könnte. Da die Zahlungsbereitschaft der Verwerter von dem Erwartungswert der Erträge oder Vorteile abhängt, würden rationale Urheber in Vertragsverhandlungen auch die Möglichkeit eines außergewöhnlich großen kommerziellen Erfolgs berücksichtigen.

Bei einem „vorhersehbaren Bestseller“ würde ein rationaler Urheber demnach eine hohe Vergütung verlangen, sofern sein Werkbeitrag für die besonderen Erfolgsaussichten unverzichtbar ist. Im Fall der Asterix-Comics träfe dies auf den Autor *René Goscini* und den Zeichner *Albert Uderzo* zu. Handelt es sich hingegen um einen austauschbaren Werkanteil, so würde gerade ein rationaler Urheber erkennen, dass er aufgrund des Wettbewerbs anderer Urheber keine Beteiligung an dem vorhersehbar großen Erfolg durchsetzen kann. Für die Analyse des Sonderfalls eines „vorhersehbaren Bestsellers“ folgt hieraus, dass gerade die (vermeintlich) allzu geringen Nutzungsvergütungen bei austauschbaren Werkbestandteilen nicht auf Rationalitätsdefizite, sondern schlicht auf die Marktbedingungen zurückzuführen sind: Die betroffenen Urheber werden nicht übervorteilt, sondern ihre Werke sind – aus Sicht des Marktes – nicht mehr wert. Der Gesetzgeber mag sich dazu entschließen, diese Marktbewertung zu korrigieren. Auf die psychologischen Erkenntnisse zu Rationalitätsdefiziten kann er sich dabei aber nicht berufen.

Für eine verhaltensökonomische Begründung bleibt damit nur ein *ex ante* unwahrscheinlicher, außergewöhnlich großer Erfolg des Werks. In der Verhandlung über eine Nutzungsvergütung würde ein rationaler Urheber die Möglichkeit eines solchen Erfolgs zwar berücksichtigen, ihr aber aufgrund der geringen Eintrittswahrscheinlichkeit nur ein geringes Gewicht beimessen. Vor allem wäre fraglich, ob ein rationaler Urheber für diesen Fall auf einer besonders hohen Vergütung als Erfolgsbeteiligung bestehen würde. Da für die meisten Menschen von Risikoabneigung auszugehen ist, müsste ein rationaler Urheber in der Regel bereit sein, auf eine besondere Beteiligung an einem außergewöhnlichen Erfolg zu verzichten, wenn er dafür eine höhere Vergütung bei durchschnittlichen Erträgen erhielte; für einen solchen Tausch würde er einen geringeren Erwartungswert seiner Vergütungen in Kauf nehmen.[29] Folgt man dieser Überlegung, so würde ein rationaler Urheber gerade keine besondere Erfolgsbeteiligung für den Bestsellerfall vereinbaren wollen. Tatsächlich übernehmen Urheber nach den vertraglichen Vereinbarungen dennoch häufig einen erheblichen Teil des Erfolgsrisikos.[30] Verhaltensökonomisch kann man dies mit einer möglichen Selbstüberschätzung von Urhebern erklären.[31] Geht man hingegen zunächst weiter von rationalem

---

29 Risikoabneigung beinhaltet, dass ein rationaler Akteur ein Mehr an Sicherheit mit einem Weniger an erwartetem Gewinn zu bezahlen bereit ist.

30 Vgl. zur Vertragsgestaltung in der US-amerikanischen Musikindustrie *Connolly/Krueger*, Rockonomics, in: Ginsburgh/Throsby (Hrsg.), Handbook of the Economics of Art and Culture, Bd. 1 (2006), S. 667, 673 f.

31 Näher unten III. 2. b).

Verhalten der Beteiligten aus, könnte diese Risikoübernahme auf die Initiative der Verwerter zurückgehen. Diesen könnte daran gelegen sein, über eine Erfolgsbeteiligung einen Erfolgsanreiz zu setzen oder einen Teil des Risikos auf die Urheber abzuwälzen. Wenn überhaupt müsste dies dem Gesetzgeber Anlass geben, die Urheber vor einer aus ihrer Sicht unwillkommenen Unsicherheit zu schützen.

2. Urteils- und Entscheidungsverzerrungen der Urheber

Der Gesetzgeber rechtfertigt die zwingenden Bestimmungen des Urhebervertragsrechts und insbesondere die „weitere Beteiligung“ nach § 32a UrhG mit der besonderen Schutzbedürftigkeit des Urhebers. Eine verhaltenswissenschaftliche Begründung der Norm muss daher bei möglichen Rationalitätsdefiziten der Urheber ansetzen. Solche Defizite können dazu führen, dass Urheber systematisch in bestimmter Richtung von einer rationalen Urteilsbildung und Entscheidungsfindung abweichen. Einschlägig erscheinen vor allem drei Gruppen derartiger Urteils- und Entscheidungsverzerrungen: die Wahrnehmung von Gestaltungsoptionen als „Gewinn“ oder „Verlust“ (Abschnitt a)), die verzerrte Einschätzung von Wahrscheinlichkeiten (Abschnitt b)) sowie ein Verhalten, das sich im Zeitverlauf in Widersprüche verwickelt (Abschnitt c)).

a) Verlustabneigung

In der psychologischen Forschung ist gut belegt, dass Menschen ihre Entscheidungen nicht nur an den zu erwartenden Konsequenzen ausrichten, sondern auch daran, wie sich diese Konsequenzen relativ zum *status quo* verhalten: Gemessen an diesem Bezugspunkt wiegen Verluste schwerer als Gewinne.[32] Als berühmtester Nachweis dieser Tendenz gilt das Kaffeebecher-Experiment.[33] Dabei erhielt eine Hälfte der teilnehmenden Studenten einen Kaffeebecher. Der Becher konnte sodann an andere Probanden verkauft werden. Es zeigte sich, dass die Empfänger den Becher

---

[32] Grundlegend als Bestandteil der „Prospekttheorie“ *Kahneman/Tversky*, Prospect Theory, An Analysis of Decision under Risk, Econometrica 47 (1979), 263, 277 ff.; ferner *Thaler*, Toward a Positive Theory of Consumer Choice, J.Econ.Behav.Org. 1 (1980), 39, 41 ff.

[33] *Kahneman/Knetsch/Thaler*, Experimental Tests of the Endowment Effect and the Coase Theorem, J.Pol.Econ. 98 (1990), 1325, 1329 ff.

höher bewerteten als die Probanden, die keinen Becher erhalten hatten. Die zufällige Anfangsverteilung wirkte sich somit auf die individuelle Wertschätzung aus (*Besitzeffekt*).

Bezogen auf Lizenzverträge steht dem Urheber zwar anfänglich das ausschließliche Recht zur Verwertung seines Werkes zu. Hieraus ist aber nicht zu schließen, dass er sich – ähnlich den Besitzern von Kaffeebechern – nur gegen eine besonders hohe Gegenleistung zur Einräumung von Nutzungsrechten bereiterklären würde. Vielmehr wird der Urheber sein Werk von vornherein zur Verwertung vorgesehen haben, was einen Besitzeffekt ausschließen dürfte.[34] Die Verlustabneigung kann allerdings ins Spiel kommen, wenn die Parteien über die Vergütung verhandeln. Die entscheidende Frage liegt dann darin, was der Urheber als Besitzstand ansieht und welche Vergütungsregelungen sich ihm deshalb als Verlust oder Gewinn darstellen.

Allgemein dürfte in der Feststellung des Bezugspunktes für „Gewinn" und „Verlust" die größte Schwierigkeit liegen, wenn die Verlustabneigung zur Vorhersage von Verhalten herangezogen werden soll. Da der Lizenzvertrag noch nicht geschlossen ist, können seine Regelungen nicht als Bezugspunkt dienen. Jüngst ist vorgeschlagen worden, den maßgeblichen *status quo* danach zu bestimmen, welchen Zustand die handelnde Person kurz vor ihrer Entscheidung rationalerweise erwartet.[35] Verlust und Gewinn bestimmen sich danach relativ zu dem statistisch erwarteten Besitzstand. Wenn Urheber und Verwerter bereits über einen Lizenzvertrag verhandeln, dürfte die Wahrscheinlichkeit eines Abschlusses hoch sein. Besonders nahe liegt das in der Situation, die dem Gesetzgeber bei Schaffung des Bestsellerparagraphen vor Augen stand, dass nämlich „junge noch unbekannte Urheber ihre Werke aus wirtschaftlicher Not und rechtlicher Unerfahrenheit anderen gegen eine geringe Vergütung zur Verwertung überlassen".[36] Ein solcher Urheber wird sich glücklich schätzen, wenn ein Verwerter überhaupt mit ihm verhandelt.[37] Da er

---

34 *Novembsky/Kahneman*, The Boundaries of Loss Aversion, J.Mark.Res. 62 (2005), 119, 124 („Goods that are exchanged as intended are not evaluated as losses.").

35 *Köszegi/Rabin*, A Model of Reference-Dependent Preferences, Q.J.Econ. 121 (2006), 1133, 1141 ff.

36 BT-Drs. IV/270, S. 57.

37 Zu den außerordentlich geringen Aussichten, als unbekannter Schriftsteller von einem Verlag angenommen zu werden, *Canoy/van Ours/van der Ploeg*, The

selbst (rationalerweise) damit rechnet, die Gelegenheit zum Vertragsschluss um nahezu keinen Preis mehr aus der Hand zu geben, könnte man sie zu seinem Besitzstand zählen.[38]

Indes ist höchst fraglich, ob Urheber gerade aus Verlustangst auf eine „weitere Beteiligung“ an außergewöhnlichen Erfolgen verzichten. Tatsächlich erscheint es lebensfern, dass ein „junge[r] noch unerfahrene[r] Urheber“ zu weitreichenden Zugeständnissen erst dann bereit ist, wenn ein Verwerter Interesse an seinem Werk bekundet und Vertragsverhandlungen aufnimmt. Vielmehr würde er auf eine „weitere Beteiligung“ in einem zukünftigen Lizenzvertrag wohl ebenso bereitwillig verzichten, wenn ein Verwerter nur unter dieser Bedingung überhaupt zu einer Prüfung seines Werkes bereit wäre. Insgesamt dürfte das Verhalten des Urhebers daher vor allem von dem starken Wunsch geleitet sein, das eigene Werk verwerten zu können. Auf den Besitzeffekt ließe sich ein solches Verhalten nur zurückführen, wenn bereits eine völlig unbegründete Hoffnung psychologisch zum „Besitz“ des erhofften Gegenstands führen würde. Mit dem empirisch belegten Phänomen der Verlustabneigung hätte das nichts mehr zu tun. Letzten Endes ginge es darum, ob Menschen im Interesse bestimmter, besonders intensiver Wunschvorstellungen zu übermäßigen Zugeständnissen bereit sind. Zu dieser Frage fehlen theoretische und erst recht empirische Erkenntnisse.

b) Fehleinschätzung und Fehlgewichtung von Wahrscheinlichkeiten

§ 32a UrhG regelt in seinem Hauptanwendungsfeld den *ex ante* wenig wahrscheinlichen Fall eines Bestsellers. Zu seiner Begründung könnte man deshalb empirisch belegte Fehlleistungen im Umgang mit Wahrscheinlichkeiten heranziehen. Neben der soeben behandelten Verlustabneigung lautet eine zweite Grundaussage der „Prospekttheorie“, dass Menschen Wahrscheinlichkeiten unterschiedlich gewichten.[39] In experimentellen Entscheidungssituationen zeigt sich insbesondere eine Ten-

---

Economics of Books, in Ginsburgh/Throsby (Hrsg.), Handbook of the Economics of Art and Culture, Bd. 1 (2006), S. 721, 739.

38 Die Erwartungsbildung in dem Vorschlag von *Köszegi* und *Rabin* umfasst auch die eigene Handlungsweise, *Köszegi/Rabin*, Q.J.Econ. 121 (2006), 1133, 1143 f.

39 *Kahneman/Tversky*, Econometrica 47 (1979), 263, 280 ff.; *Kahneman/Tversky*, Advances in Prospect Theory: Cumulative Representation of Uncertainty, J.Risk Uncertainty 5 (1992), 297, 299 ff.

denz, Ereignisse mit geringer Eintrittswahrscheinlichkeit höher zu bewerten als solche mit hoher.[40] Eine derartige Gewichtung verstärkt die Nachfrage sowohl nach Lotterielosen (geringe Gewinnwahrscheinlichkeit) als auch nach Versicherungen (geringe Verlustwahrscheinlichkeit). Überträgt man dies auf Lizenzverträge, so müssten Urheber ein besonderes Interesse daran haben, an einem Bestsellererfolg stark beteiligt zu werden. In die gleiche Richtung weist die gleichfalls gut belegte Tendenz zum Überoptimismus, also dazu, die eigenen, individuellen Erfolgsaussichten zu überschätzen.[41] Noch wichtiger könnte die Neigung sein, die eigenen Fähigkeiten und Steuerungsmöglichkeiten zu günstig zu beurteilen.[42] Beide Tendenzen würden einen Urheber jeweils dazu verleiten, die Wahrscheinlichkeit eines außergewöhnlich großen Erfolgs gerade seines eigenen Werkes zu hoch anzusetzen.[43]

---

40 So bereits die empirischen Belege bei *Kahneman/Tversky*, Econometrica 47 (1979), 263, 265 ff.; Bestätigung in einem Experiment mit hohen Gewinnen in *Kachelmeier/Shehata*, Examining Risk Preferences Under High Monetary Incentives: Experimental Evidence from the People's Republic of China, Am.Econ.Rev. 82 (1992), 1120. Aus neuerer Zeit *Gonzalez/Wu*, On the Shape of the Probability Weighting Function, Cognitive Psychol. 38 (1999), 129; *Abdellaoui/Vossmann/Weber*, Choice-Based Elicitation and Decomposition of Decision Weights for Gains and Losses Under Uncertainty, Mgmt.Sci. 51 (2005), 1384.

41 Literaturüberblick bei *Armor/Taylor*, When Predictions Fail: The Dilemma of Unrealistic Optimism, in: Gilovich/Griffin/Kahneman (Hrsg.), Heuristics and Biases (2002), S. 334.

42 Klassische Beispiele: *Buehler/Griffin/Ross*, Exploring the „Planning Fallacy": Why People Underestimate Their Task Completion Time, J.Pers. & Soc.Psychol. 67 (1994), 366 (Zeitbedarf für Projekte); *Gabriel/Critelli/Ee*, Narcissistic Illusions in Self-Evaluations of Intelligence and Attractiveness, J. Personality 62 (1994), 143 (Intelligenz und Attraktivität im Vergleich mit anderen); *Svenson*, Are We All Less Risky and More Skillful Than Our Fellow Drivers?, Acta Psychologica 47 (1981), 143 (Sicherheit als Autofahrer).

43 Allerdings stellt die neueste psychologische Forschung eine generelle Tendenz zu Überoptimismus und übertriebenem Selbstvertrauen in Frage. Untersuchungen aus jüngster Zeit zeichnen ein weitaus differenzierteres Bild, in dem sich Über- und Unterschätzung unter anderem in Abhängigkeit von der Schwierigkeit der Aufgabe und der Fragestellung (absolute oder relative Bewertung des eigenen Abschneidens) abwechseln. Zur Einschätzung eigener Fähigkeiten vgl. den Überblick bei *Moore*, Not so above average after all: When people believe they are worse than average and its implications for theories of bias in social comparison, OBHDP 102 (2007), 42 und *Moore/Healy*, The Trouble With Overconfidence, Psychol.Rev. 115 (2008), 502, 503 f.; eine

Die genannten Effekte lassen erwarten, dass Urheber die Wahrscheinlichkeit eines außergewöhnlich großen kommerziellen Erfolgs ihrer Werke überschätzen und dieser Möglichkeit bei ihren Entscheidungen ein zu hohes Gewicht einräumen. Den Verwertern würde es danach eher schwerer als leichter fallen, den Urhebern in Verhandlungen eine „weitere Beteiligung" an einem Bestseller abzuschlagen. § 32a UrhG würde insofern einer (Fehl-)Haltung der Urheber nicht entgegenwirken, sondern deren Verwirklichung fördern.

c) Zeitinkonsistenz

Der Bestsellerparagraph § 32a UrhG (bzw. sein Vorgänger § 36 UrhG a.F.) wird zum Teil darauf gestützt, dass sich der außergewöhnliche Erfolg eines Werkes häufig erst nach langer Zeit einstelle.[44] Wenn besonders hohe Erträge aus der Werknutzung tatsächlich typischerweise verzögert anfielen, wäre an ein weiteres Verhaltensmuster zu denken: den Hang zum Hinausschieben eines Konsumverzichts. Ein solches kurzfristiges Verhalten lässt sich ökonomisch als „hyperbolisches Diskontieren" auffassen. Wer hyperbolisch diskontiert, wendet für den unmittelbar auf die Gegenwart folgenden Zeitabschnitt einen höheren Abzinsungssatz an als für spätere Zeitabschnitte. Dies hat zur Folge, dass er sich im Zeitablauf in Widerspruch zu seinen eigenen, früheren Präferenzen setzt.[45] Beispielsweise nimmt er sich vor, in Zukunft fleißiger zu sein oder mehr zu sparen, unterlässt dies aber, sobald die Zeit für schmerzhafte Verhaltensänderungen gekommen ist. Empirisch konnte die Neigung zu kurzfristi-

---

frühe kritische Stimme ist *Kruger*, Lake Wobegon Be Gone! The „Below-Average Effect" and the Egocentric Nature of Comparative Ability Judgments, J.Pers. & Soc.Psychol. 77 (1999), 221; aus der ökonomisch-experimentellen Literatur etwa *Hoelzl/Rustichini*, Overconfident: Do You Put Your Money on It?, Econ.J. 115 (2005), 305. Gegenläufige empirische Befunde zum Überoptimismus bei *Kruger/Burrus*, Egocentrism and focalism in unrealistic optimism (and pessimism), J.Exp.Soc.Psychol. 40 (2004), 332.

44 *Katzenberger*, GRUR Int. 1983, 410, 412, 418f.; *Schack* (Fn. 10), Rn. 10. Anklänge auch bei *Dietz/Loewenheim/Nordemann/Schricker/Vogel*, GRUR 2000, 765, 770 („Geschmacksschwankungen des Publikums", „mehr oder weniger rasche[r] Wandel zeitbedingter Trends und Moden").

45 Theoretisch grundlegend *Strotz*, Myopia and Inconsistency in Dynamic Utility Maximization, Rev.Econ.Stud. 23 (1955), 165; *Laibson*, Golden Eggs and Hyperbolic Discounting, Q.J.Econ. 112 (1997), 443.

gem Verhalten bei Befragungen,[46] aber auch bei tatsächlichen Entscheidungen nachgewiesen werden.[47]

Jedoch spricht wenig dafür, § 32a UrhG als ein Gegengewicht zu der Neigung aufzufassen, später zu erwartende Gewinnchancen aus Ungeduld gegen ein geringes Handgeld einzutauschen. Die vorliegenden empirischen Untersuchungen deuten darauf hin, dass sich ein erhöhter Abzinsungssatz auf den Zeitraum eines Jahres beschränkt.[48] Zugleich werden Urheber in der Praxis durchaus an den laufenden Erträgen beteiligt, die häufig zu einem erheblichen Teil erst nach einem Jahr anfallen. Es leuchtet nicht ein, weshalb ausgerechnet bei potentiell sehr hohen Gewinnen eine Kurzfristorientierung besonders ausgeprägt sein sollte. Kennzeichnend für den in § 32a UrhG erfassten Fall ist vor allem die geringe Wahrscheinlichkeit eines außergewöhnlichen Erfolgs. Inkonsistente Zeitpräferenzen haben hierzu keinen spezifischen Bezug.

3. Ausnutzung individueller Fehler auf Marktebene

Zwar lässt sich § 32a UrhG offenbar nicht als ein Gegengewicht zu bestimmten Urteils- oder Entscheidungsverzerrungen der Urheber deuten. Die Vorschrift könnte aber mit einem abweichenden, marktbezogenen Ansatz zu begründen sein: Rationalitätsdefizite brauchen sich nicht nur in Verzerrungen des Verhaltens niederzuschlagen. Vielmehr können sie zu individuellen Fehlurteilen und -entscheidungen führen, ohne dass sich eine bestimmte Tendenz erkennen oder vorhersagen ließe. Statistisch gesprochen führt eine *Verzerrung* zu einem verschobenen Mittelwert, während (bloße) *Fehler* eine Streuung um das zutreffende Urteil oder die „richtige" Entscheidung erzeugen. So mögen Urheber zwar im Durchschnitt dazu neigen, die geringe Wahrscheinlichkeit eines Bestsellers in

46 Grundlegend *Thaler*, Some Empirical Evidence on Dynamic Inconsistency, Econ.Letters 8 (1981), 201; weitere Nachweise bei *Frederick/Loewenstein/O'Donoghue*, Time Discounting and Time Preference: A Critical Review, J.Econ.Lit. 40 (2002), 351, 360f.

47 Stell v. *Ariely/Wertenbroch*, Procrastination, Deadlines, and Performance: Self-Control by Precommitment, Psychol.Sci. 13 (2002), 219 (Selbstdisziplinierung von Studenten durch selbst auferlegte, bindende Abgabefristen).

48 *Frederick/Loewenstein/O'Donoghue*, J.Econ.Lit. 40 (2002), 351, 361f. (Auswertung von Untersuchungen für Zeiträume ab einem Jahr ergibt konstanten Abzinsungsfaktor).

den Vertragsverhandlungen überzugewichten. Dies schließt es aber nicht aus, dass einige Urheber den entgegengesetzten Fehler begehen und die Möglichkeit eines außergewöhnlichen Erfolgs zu wenig beachten. Solche individuellen Fehler können systematische Auswirkungen haben, wenn sie von der Marktgegenseite gezielt ausgenutzt werden.

Dies ist indes zweifelhaft. Um von individuellen Fehlern der Urheber profitieren zu können, müssten Verwerter unterschiedliche Vergütungsbedingungen vereinbaren, je nach dem, ob ein konkreter Urheber die Chance eines Bestsellers unter- oder überschätzt (zu gering oder zu hoch gewichtet). Eine solche Differenzierung wäre theoretisch leicht zu erreichen: Die Verwerter könnten jeweils eine geringere Grundvergütung mit „weiterer Beteiligung“ und eine höhere Grundvergütung ohne „weitere Beteiligung“ zur Wahl stellen. Wenn der Unterschiedsbetrag der angebotenen Grundvergütungen richtig festgelegt ist, würden Urheber mit zu niedriger Wahrscheinlichkeitseinschätzung bzw. -gewichtung im Interesse einer höheren Grundvergütung auf eine „weitere Beteiligung“ verzichten, während sich Urheber mit zutreffender (oder zu hoher) Wahrscheinlichkeitseinschätzung bzw. -gewichtung für die geringe Grundvergütung und für eine „weitere Beteiligung“ entscheiden würden. Ein Verwerter könnte auf diese Weise – theoretisch – seinen Gewinn erhöhen, indem das Vergütungspaket ohne „weitere Beteiligung“ statistisch einen geringeren Erwartungswert hat, von den betroffenen Urhebern aber überschätzt wird.

Für ein solches Vorgehen bräuchte ein Verwerter allerdings sehr genaue Kenntnisse über die Wahrscheinlichkeitsverteilung der Erträge. Zudem dürfte der erreichbare Vorteil nicht allzu groß sein. Es ist zu bezweifeln, dass Verwerter in der Praxis diesen Aufwand betreiben und unterschiedliche Vergütungsbedingungen zur Wahl stellen, um aus individuellen Fehlurteilen und -entscheidungen von Urhebern Gewinn zu schlagen. Endgültigen Aufschluss darüber wäre freilich nur zu erreichen, indem man prüft, ob solche Auswahlgestaltungen in der Vertragspraxis tatsächlich anzutreffen sind. Wenn das – wie zu vermuten ist – nicht der Fall ist, folgt daraus, dass es nicht zu einer systematischen Ausnutzung individueller Fehler kommt.

4. Zwischenfazit

Die Suche nach einer verhaltensökonomischen Rechtfertigung für § 32a UrhG führt zu einer umfassenden Fehlanzeige. Als Begründungsansatz kommen letzten Endes nur systematische Urteils- und Entscheidungsverzerrungen der Urheber in Betracht. Jedoch bildet die gesteigerte Abneigung gegen den „Verlust" einer Verhandlungsgelegenheit keine einleuchtende Erklärung dafür, dass Urheber auf die Vereinbarung einer „weiteren Beteiligung" verzichten. Gleiches gilt für über die Zeit inkonsistente Präferenzen aufgrund hyperbolischen Diskontierens. Für den Regelungsgegenstand des § 32a UrhG einschlägig sind hingegen die Urteils- und Entscheidungsverzerrungen in Bezug auf niedrige Wahrscheinlichkeiten. Die empirischen Erkenntnisse sprechen insoweit nicht für, sondern gegen die Norm: Urheber dürften die Wahrscheinlichkeit eines Bestsellererfolgs eher überschätzen und mit einem zu hohen Gewicht in ihre Entscheidung einfließen lassen. Wenn überhaupt könnten Verwerter also ihre Vergütungskosten senken, indem sie Urhebern eine „weitere Beteiligung" anbieten, um im Gegenzug hohe Zugeständnisse bei der Grundvergütung zu erhalten.

IV. Politikökonomische Erklärung des § 32a UrhG

Angesichts dieses ernüchternden Befundes könnte man versuchen, § 32a UrhG anstelle verhaltensökonomischer Erwägungen auf andere ökonomische Argumente oder Gerechtigkeitsgründe zu stützen. Die vorliegende Untersuchung beschränkt sich demgegenüber auf verhaltensökonomische Aspekte. Immerhin könnten aus dieser Betrachtungsweise aber noch Einsichten darüber gewonnen werden, wie es im politischen Prozess zu der zwingenden Regelung des § 32a UrhG gekommen ist: Wenn die Norm schon nicht verhaltensökonomisch zu *begründen* ist, könnte sie doch immerhin mit einer verhaltensökonomischen Politikanalyse zu *erklären* sein. Welche Folgerungen daraus gegebenenfalls für ihren Gerechtigkeitsgehalt zu ziehen wären, bliebe dem Auge des Betrachters überlassen.

Unabhängig von möglichen Effizienzwirkungen zielt § 32a UrhG auf eine Umverteilung der Vorteile und Erträge aus der Werknutzung zugunsten der Urheber. Diese Funktion spiegelt sich in der vom Rechtsausschuss des Bundestages geprägten Bezeichnung als „Fairnessausgleich" wider.[49] Die Reform des Jahres 2002 hat sie noch zusätzlich unterstrichen, indem nunmehr auch „vorhersehbare Bestseller" erfasst sind; in dieser Fallgruppe kann es von vornherein nur darum gehen, bestimmten Urhebern eine höhere Vergütung als den Marktwert ihres Werks zu sichern.[50]

Politikökonomisch drängt sich zunächst die Frage auf, weshalb der Gesetzgeber gerade zugunsten von Urhebern in die Preisbildung am Markt eingreift. Bezogen auf den oben geschilderten Asterix-Fall wäre von Interesse, weshalb die klagende Übersetzerin an den Verkaufserlösen weit über ihren Wertschöpfungsbeitrag hinaus beteiligt wird, nicht aber beispielsweise die Druckerei oder die in den Vertrieb eingebundenen Zeitschriftenverkäufer, die ja ebenfalls zum kommerziellen Erfolg beitragen. Hierfür lässt sich – zunächst ganz im Rahmen einer herkömmlichen politikökonomischen Analyse – zunächst anführen, dass Urheber politisch besonders durchsetzungsstark sind. Zwar ist ihr formaler Organisationsgrad gering. Da aber professionelle Meinungsbildner in Politik, Recht und Wissenschaft beinahe per Definition selbst Urheber sind, sind ihre Interessen in der öffentlichen Diskussion mutmaßlich besser repräsentiert als die anderer Gruppen von vergleichbarer Größe. Damit ist nicht gesagt, dass die Urheber ihrem unmittelbaren Gegenspieler – der Verwerterseite – an politischem Einfluss überlegen sind. Wohl aber dürften sie mehr politisches Gewicht besitzen als Druckereien oder Zeitschriftenverkäufer (die vielleicht ebenfalls an einer Schutzgesetzgebung interessiert wären).

Die politische Durchsetzungsmacht von Urhebern erklärt, weshalb sie den Gesetzgeber überhaupt für ihre Umverteilungsziele gewinnen können. Darüber hinaus lassen sich Gründe dafür anführen, dass sich der politische Einfluss der Urheber gerade in einer zwingenden Beteiligung an Bestsellererfolgen niederschlägt. Aufgrund der geringen Eintrittswahrscheinlichkeit bleibt das umverteilte Wertvolumen gering: Die Urheber gewinnen wenig, den Verwertern wird wenig genommen. Der Gesetzgeber kann so auf den politischen Druck der Urheber eingehen, ohne starken Widerstand bei den Verwertern hervorzurufen. Der Bestsellerparagraph trägt demnach Züge einer Symbolregelung. Die Entwicklung der Norm untermauert diese Einschätzung: Der alte Bestsellerparagraph § 36

49 BT-Drs. 14/8058, S. 19.
50 Oben III. 1.

UrhG a.F. war über Jahrzehnte die einzige Vergütungsregel, zu der sich der Gesetzgeber durchringen konnte. Im Jahre 2001 stellten ihn die Verwerter in den Mittelpunkt ihrer Abwehrstrategie. Um einer umfassenden Vergütungskontrolle zu entgehen, regten sie als Kompromiss an, § 36 UrhG a.F. um die Fallgruppe des „vorhersehbaren Bestsellers" zu erweitern.[51] Der Gesetzgeber griff diesen Vorschlag gerne auf, freilich ohne dafür auf die allgemeine Angemessenheitsprüfung des § 32 UrhG zu verzichten.[52]

Dass sich der Bestsellerparagraph als politischer Symbolakt eignet, ist verhaltensökonomisch zu erklären. Eine wichtige Ursache liegt in einer seit langem bekannten Urteilsverzerrung: der übermäßigen Berücksichtigung von auffälligen, leicht erinnerlichen oder sonst geistig besonders „verfügbaren" Informationen (Verfügbarkeitsneigung, *availability bias*).[53] § 32a UrhG erfasst einen in zweifacher Hinsicht auffälligen Tatbestand, der darum im politischen Meinungskampf besonders „verfügbar" ist: Erstens regelt er die Rechtsstellung von Personen, die unmittelbar und sichtbar an der gesellschaftlichen Kommunikation mitwirken. Dabei greift er aus dem Heer der Werke und Urheber gerade diejenigen heraus, die einen außergewöhnlichen kommerziellen Erfolg erzielt und im Zuge dessen einem breiten Publikum bekannt geworden sind. Den Befürwortern des Bestsellerparagraphen fällt es leicht, Beispiele allgemein bekannter (und beliebter) Werke oder Urheber für ihr Anliegen ins Feld zu führen.[54] Zweitens appelliert das Tatbestandsmerkmal eines *auffälligen* Missverhältnisses unmittelbar an die Verfügbarkeitsneigung. Beim Wort genommen fordert die Norm ein Eingreifen gerade dort, wo die Diskrepanz zwischen den Gewinnen des Verwerters und der Vergütung des Urhebers einer breiten Öffentlichkeit „auffallen" könnte. Kognitiv weit weniger verfügbar

---

51 *Bundesverband Deutscher Zeitungsverleger* u.a., Vorschlag aus der Medienwirtschaft für ein Urhebervertragsrecht (2001), abrufbar unter http://www.ory.de/uvr/vorschlag.html.

52 BT-Drs. 14/8058, S. 19.

53 *Tversky/Kahneman*, Availability: A Heuristic for Judging Frequency and Probability, Cognitive Psychol. 5 (1973), 207.

54 Vgl. das oben II. 2. erwähnte Beispiel der Asterix-Übersetzungen sowie zu dem bekannten Kurzfilm „Dinner for One" und der Entlohnung seiner Urheber den Beitrag von *Schulze*, Nachschlag bei Dinner for One, in: Festschrift für Nordemann (2004), S. 251.

und politisch schlechter vermittelbar ist, dass die Vergütung des Urhebers *ex ante* möglicherweise durchaus marktgerecht und „angemessen“ war.

Der politische Erfolg des Bestsellerparagraphen dürfte noch einer weiteren Urteilsverzerrung zuzuschreiben sein. Nur wenig Unterstützung wäre für einen Vorschlag zu erwarten, die Verkäufer von Lotterielosen nachträglich an dem „auffälligen Missverhältnis“ zwischen gezahltem Preis und erzieltem Hauptgewinn zu beteiligen. Ausschlaggebend dafür ist, dass ein Lotterielos ersichtlich nur einen sehr geringen Erwartungswert aufweist, der nicht vom Verhalten des Verkäufers abhängt. Demgegenüber dürfte es einer verbreiteten Überzeugung entsprechen, dass der außerordentliche Erfolg eines Werkes auf eine besondere individuelle Leistung seines Urhebers zurückzuführen ist. Es liegt nahe, dass Politiker, Richter und die Öffentlichkeit dabei einer Rückschauverzerrung (*hindsight bias*) unterliegen: In einer Vielzahl von Untersuchungen konnte gezeigt werden, dass Menschen die ursprüngliche Wahrscheinlichkeit von tatsächlich eingetretenen Entwicklungen regelmäßig überschätzen.[55] So neigen Richter und Geschworene dazu, die Schadensgefahr nachträglich für höher zu halten, als sie es bei einer Prognose *ex ante* getan hätten, und deshalb unzulässigerweise aus dem entstandenen Schaden auf einen Sorgfaltsverstoß zu schließen.[56] Bei einem Bestseller muss dieselbe Urteilsverzerrung dazu verleiten, die Wahrscheinlichkeit eines außergewöhnlichen Erfolgs nachträglich zu überschätzen. Geht man weiter davon aus, dass die vermeintlich hohe Wahrscheinlichkeit eines Bestsellers der individuellen Leistung des Urhebers zuzuschreiben ist, führt dies zu der Bewertung, der Verwerter habe den („junge[n] noch unerfahrene[n]“) Urheber bei Vertragsschluss übervorteilt. Aus der auffälligen Diskrepanz *ex post* wird fälschlich auf die Unangemessenheit *ex ante* geschlossen.

55 Grundlegend *Fischhoff*, Hindsight ≠ Foresight: The Effect of Outcome Knowledge on Judgment Under Uncertainty, J.Exp.Psychol.Hum.Percept.Perform. 1 (1975), 288. Umfassende Auswertung der empirischen Studien bei *Guilbault/Bryant/Brockway/Posavac*, A Meta-Analysis of Research on Hindsight Bias, Basic & Applied Soc.Psychol. 26 (2004), 103.

56 Literaturüberblick zur Rückschauverzerrung in juristischen Entscheidungen bei *Harley*, Hindsight Bias in Legal Decision Making, Soc.Cognition 25 (2007), 48.

V. § 32a UrhG als Konfliktlösungsregel – Anmerkung zu Engel, *Behavioural Law and Economics* im Urhebervertragsrecht

Die vorliegende Untersuchung beschränkt sich bewusst auf eine verhaltensökonomische Betrachtung. Ihr Urteil über den Bestsellerparagraphen fällt – aus diesem begrenzten Blickwinkel – wenig schmeichelhaft aus. Danach lässt sich die Vorschrift nicht als Korrektur von Rationalitätsdefiziten der betroffenen Urheber begreifen, sondern allenfalls als Konsequenz aus Rationalitätsdefiziten in der Gesetzgebung. Im Widerspruch dazu gelangt der Beitrag von *Engel* im vorliegenden Band zu der genau entgegengesetzten Schlussfolgerung. Er bescheinigt dem Gesetzgeber, mit § 32a UrhG eine kluge Entscheidung getroffen zu haben.[57] Die Begründung dafür baut auf dem Gerechtigkeitsgefühl der Beteiligten auf: Weil beide Seiten es nicht hinnehmen wollen, dass sie selbst aufgrund des tatsächlich eingetretenen (Miss-)Erfolgs *ex post* im Vergleich zu ihrem Vertragspartner wesentlich schlechter abschneiden, führt ein Festpreis typischerweise zu Konflikten nach Eintritt des (Miss-)Erfolgs. Indem § 32a UrhG vorgibt, wie die Nutzungsvergütung an den Erfolg anzupassen ist, könnte die Vorschrift diese Konflikte entschärfen und damit zugleich die Bereitschaft der Parteien fördern, sich überhaupt auf den Abschluss eines Lizenzvertrags einzulassen. Dieser Begründungsansatz ist theoretisch bestechend. Er kann auf gut gesicherte Erkenntnisse zu sozialen Präferenzen zurückgreifen, insbesondere eine Präferenz zugunsten einer „fairen" Verteilung.[58] Darüber hinaus unterwirft *Engel* seine These einer Überprüfung in einem Experiment. Damit erfüllt sein Beitrag eine zentrale methodische Forderung für verhaltensökonomische Begründungs- und Erklärungsversuche.

Die vorliegende Untersuchung hat die sozialen Präferenzen der Beteiligten unberücksichtigt gelassen. Im Ergebnis sind allerdings gewichtige Zweifel anzumelden, ob dieser neue Gesichtspunkt letztlich zu anderen Schlussfolgerungen führt, als sie hier gezogen wurden. Zum einen kann die Argumentation *Engels* nicht begründen, weshalb der Bestsellerpara-

---

57 *Engel*, Behavioural Law and Economics im Urhebervertragsrecht – Ein Werkstattbericht, in diesem Band, § 2 (S. 17 ff.).

58 Die bekanntesten Belege dürften sich Experimenten mit „Ultimatumspielen" verdanken, grundlegend *Güth/Schmittberger/Schwarze*, An Experimental Analysis of Ultimatum Bargaining, J.Econ.Behav.Org. 3 (1982), 367.

graph zwingend ausgestaltet ist (§ 32a Abs. 3 S. 1 UrhG). Wenn die Regelung Urheber dazu bewegen würde, sich mit einer geringeren Grundvergütung zufrieden zu geben, läge sie im Interesse der Verwerter und müsste ihnen nicht aufgezwungen werden.[59] Zum anderen dürfte der Stellenwert von Konfliktkosten deutlicher geringer sein, als es in dem Experiment den Anschein hat. Aus methodischen Gründen geht *Engels* Versuchsaufbau davon aus, dass es bei einem Viertel der eingeräumten Lizenzen zu einem Bestseller kommt. Unter diesen Annahmen wäre für ein Viertel aller Werke von einem Anspruch nach § 32a UrhG auszugehen. Das dürfte deutlich zu hoch gegriffen sein. Wenn aber der „Bestsellerfall" weitaus seltener eintritt als in dem Experiment unterstellt, dann nimmt seine Bedeutung für die anfänglichen Vertragsverhandlungen und als Ursache von Konfliktkosten stark ab. Die von *Engel* herausgearbeitete konfliktmindernde Wirkung des Bestsellerparagraphen dürfte deshalb die Effizienz von Lizenzverträgen nicht wesentlich verbessern. Hingegen fügt sich die Präferenz für eine *ex post* faire Wertverteilung sehr gut in den oben entwickelten politischen Erklärungsansatz, indem sie einen weiteren Grund für das Interesse der Öffentlichkeit an einem nachträglichen „Fairnessausgleich" liefert.

VI. Ergebnis und Ausblick

Das wesentliche Ergebnis der vorliegenden Untersuchung ist negativ: Die Verhaltensökonomik liefert keine tragfähige Begründung für eine zwingende „weitere Beteiligung" des Urhebers an besonders großen Vorteilen und Erträgen aus der Werknutzung. Die psychologische Neigung zur Überschätzung der eigenen Erfolgschancen und zur Übergewichtung kleiner Wahrscheinlichkeiten sprechen sogar dafür, dass Urheber beim Aushandeln von Nutzungsverträgen ohnehin schon zu viel Wert auf eine finanzielle Beteiligung an einem außerordentlich großen kommerziellen Erfolg legen. Mit leichtem Zynismus könnte man die Funktion des

[59] *Engel* weist zu Recht darauf hin, dass die Parteien eine erfolgsabhängige Vergütung vereinbaren könnten. Weshalb dies besonders schwierig sein sollte, erschließt sich ebenso wenig wie die Frage, warum die Konfliktlösung im Bestsellerfall mit einer unbestimmten Generalklausel („auffälliges Missverhältnis") leichter fallen sollte. Selbst wenn man dies unterstellt, hätten die Parteien dann jedenfalls keinen Grund, eine dispositive Norm abzubedingen.

§ 32a UrhG dahin umschreiben, dass er den individuellen Urteils- und Entscheidungsverzerrungen nicht entgegenwirken, sondern für ihre Verwirklichung sorgen soll. Dem entspricht der Befund, dass weitere Rationalitätsdefizite wie die Verfügbarkeitsneigung und die Rückschauverzerrung es plausibel erscheinen lassen, dass sich der Bestsellerparagraph politisch besonders gut „verkaufen“ lässt.

Es wurde eingangs bereits betont, dass mit dieser beschränkten Analyse kein abschließendes Urteil über die Regelung des § 32a UrhG oder gar insgesamt über die zwingenden Schutzvorschriften des Urhebervertragsrechts getroffen werden kann oder soll. Immerhin konnte aber *eine* mögliche Begründung für § 32a UrhG ausgeschlossen werden. Wer insoweit weiterhin eine „strukturelle Unterlegenheit“ der Urheber behauptet, muss dafür andere Gründe finden als mögliche Rationalitätsdefizite. Bei unvoreingenommener Betrachtung ist auch die Gegenthese nicht ohne weiteres zu verwerfen: Dass viele Urheber für die Nutzung ihrer Werke nur geringe Vergütungen erzielen und deshalb von ihrer Produktion mehr schlecht als recht leben können,[60] mag schlicht an einem zu großen Angebot liegen. Geistiges Schaffen ist für viele Menschen nicht nur Broterwerb, sondern Lebensinhalt und persönliche Erfüllung. Ökonomisch folgt daraus, dass viele Urheber sogar ohne Aussicht auf Vergütung (oder für eine sehr geringe Vergütung) Werke produzieren würden. Da die Nachfrage begrenzt ist, führt der Wettbewerb zu geringen Vergütungen.[61] Das geringe finanzielle Einkommen vieler Urheber wäre dann schlicht darauf zurückzuführen, dass sie ihre private Leidenschaft zum Beruf gemacht haben. Als „strukturelle Unterlegenheit“ sollte man diese eigenverantwortliche Entscheidung wohl nicht bezeichnen.

60 Von „dürftigen Einkommensverhältnissen“ sprechen *Dietz/Loewenheim/Nordemann/Schricker/Vogel*, GRUR 2000, 765, 768.

61 Ähnlich *Rehbinder*, Urheberrecht (15. Aufl. 2008), Rn. 76.

§ 10 Bestsellerparagraph, zwingende Vergütung ex post und Verhaltensökonomik – Kommentar

Gerald Spindler

Übersicht

I. Einleitung

Die Vergütung des Urhebers gehört wohl mit zu den Standardproblemen des Urheberrechts – und fällt dennoch aus dem Rahmen der übrigen Rechtsordnung, da es sich um eine der seltenen zwingenden, nicht abdingbaren Vorgaben des Rechts im Bereich der Hauptleistungspflichten eines Vertrages handelt. Im Gegensatz zur sonst hochgehaltenen Privatautonomie gerade im Bereich der Hauptleistungspflichten, insbesondere der Preis- und Vergütungsbestimmungen, die allenfalls Begrenzungen etwa in § 138 BGB kennt,[1] zeichnet sich das Urheberrecht durch ein Geflecht von Normen zur Bestimmung der angemessenen Vergütung, notfalls durch richterlichen Akt im Rahmen des UrhWG aus. Hierzu zählt auch der sog. Fairness- oder Bestsellerparagraph,[2] § 32a UrhG, der ex post nach einem Vertragsschluss dem Urheber nochmals die Möglichkeit gibt, einen „Nachschlag" einzufordern.

---

1 Eine andere Ausnahme stellt das Postulat der Angemessenheit in § 87 AktG für Vorstandsgehälter dar.

2 Die Bezeichnung Fairnessparagraph scheint den Namen Bestsellerparagraph der Vorgängervorschrift in § 36 UrhG a.F. abzulösen, s. z.B. Dreier/Schulze-*Schulze*, Urheberrechtsgesetz (3. Aufl. 2008), § 32a UrhG Rn. 1. Der Gesetzgeber verwendet die Bezeichnung „Fairnessausgleich", BT-Drs. 14/8058, S. 19.

Auch wenn dieser Schutz des Urhebers auf den ersten Blick einleuchten mag, befindet er sich doch typischerweise in einer Position des wirtschaftlich Schwächeren,[3] darf darüber nicht vergessen werden, dass die Beschränkung der Privatautonomie der Begründung in einer liberalen Verfassung bedarf (Art. 2 Abs. 1 GG) und nicht umgekehrt – dies gilt erst recht und besonders für einen Eingriff in das ureigenste Recht der Privaten, Preise und Leistungen zu bestimmen.[4] Demgemäß gilt es zu klären, ob und wie Marktungleichgewichte bestehen, die sogar zu einem Eingriff in die Preisgestaltung durch den Staat führen müssen. Genau diesen Ausgangspunkt hat zu Recht auch *Engert* bei der verhaltensökonomischen Analyse von § 32a UrhG als einer der typischen Ausprägungen des zwingenden Eingriffs in Preisstrukturen gewählt. *Engert* gelangt zu dem Schluss, dass jedenfalls aus verhaltensökonomischer Perspektive der Eingriff über § 32a UrhG nicht zu rechtfertigen sei – und betrachtet diese Norm eher als Ausfluss bestimmter politischer Konstellationen. Dieser Schluss mag zutreffend sein, er beleuchtet jedoch nur einen Teilaspekt der Problematik, wie noch zu zeigen sein wird.

II. Ziel des § 32a UrhG

Engert blendet zunächst die institutionenökonomische Analyse aus, was im Hinblick auf das übergeordnete Tagungsthema der *Behavioural Econo-*

---

3 BVerfGE 75, 108, 159 – Künstlersozialversicherung; BT-Drs. 14/6433, S. 7 zum Entwurf eines Gesetzes zur Stärkung der vertraglichen Stellung von Urhebern und ausübenden Künstlern; *Erdmann*, Urhebervertragsrecht im Meinungsstreit, GRUR 2002, 923, 923; *Hagen*, Der Bestsellerparagraph im Urheberrecht (1990), S. 9f., siehe auch S. 30ff.; *Schack*, Urheber- und Urhebervertragsrecht (4. Aufl. 2007), Rn. 952, 965; Dreier/Schulze-*Schulze* (Fn. 2), § 32a UrhG Rn. 2; *Hilty*, Verbotsrecht vs. Vergütungsanspruch: Suche nach den Konsequenzen der tripolaren Interessenlage im Urheberrecht, in: Festschrift für Schricker (2005), S. 325, 338 spricht sogar von den Urhebern als „Marionetten" in der Kulturwirtschaft, weist aber auch darauf hin, dass die Urheber ohne die Verwerter gar nicht in den Genuss der finanziellen Erträge aus ihren Werken kommen würden. Aus der Position als schwächere Vertragspartei hilft dem Urheber auch nicht sein aus Art. 14 Abs. 1 S. 1 GG resultierender Anspruch auf Zuordnung des wirtschaftlichen Nutzens seiner Arbeit, wie ihn BVerfGE 31, 229, 243 – Kirchen- und Schulbuchgebrauch herausgearbeitet hat.

4 S. dazu die Darstellung über den Streit bei Einführung von § 36 UrhG a. F. zu Beginn der 60er Jahre bei *Hagen* (Fn. 3), S. 26, aber auch S. 32f.

mics im Urheberrecht natürlich nahe liegt. Allerdings wird damit möglicherweise der Blick vom eigentlichen Gehalt des § 32a UrhG gelenkt, nämlich einen Ausgleich für die Langfristigkeit einer Beziehung[5] und die schwierige Prognose einer Ertragsaufteilung für ein Quasi-Dauerschuldverhältnis zu schaffen.

Seit langer Zeit erfasst § 32a UrhG den Fall, dass ein Werk einen überraschenden, bei Vertragschluss nicht vorhersehbaren Erfolg erzielt und damit die Vergütung sich im Nachhinein als nicht mehr angemessen darstellt – wohingegen § 32 Abs. 1 S. 3 UrhG nur diejenige Vergütung meint, die nach den Verhältnissen im Zeitpunkt des Vertragsschlusses angemessen ist bzw. war[6]. Die Trennung von zwingenden Vergütungsansprüchen nach § 32 UrhG und der sog. Fairnessparagraph nach § 32a UrhG lässt sich in der Tat nur anhand einer Unterscheidung nach *ex-ante-* und *ex-post-*Situation rechtlich[7] und ökonomisch sinnvoll einordnen. Die Sichtweise von § 32a UrhG ist mithin eine *ex post*, die den tatsächlich erzielten Erfolg eines Werkes mit dem bei Vertragsschluss (in objektivierter Sichtweise) angenommenen Erfolg vergleicht.[8] Da eine *ex post* stattfindende Anpassung von Hauptleistungspflichten keineswegs selbstverständlich ist –[9] verändert sie doch die in einer Marktwirtschaft typische Risikoverteilung, in der normalerweise jede Partei selbst das Risiko von Fehlprognosen in der Zukunft trägt –,[10] wird für § 32a UrhG zu Recht ein „auffälliges Miss-

---

5 S. auch *Engert*, in diesem Band, § 9 (S. 169) bei Fn. 8.

6 Dreier/Schulze-*Schulze* (Fn. 3), § 32a UrhG Rn. 7.

7 So auch BT-Drs. 14/8058, S. 2, 18, 19.

8 Beschlussempfehlung des Rechtsausschusses BT-Drs. 14/8058 S. 19; Dreier/Schulze-*Schulze* (Fn. 3), § 32a UrhG Rn. 7, 25, 32; Schricker-*Schricker*, Urheberrecht (3. Aufl. 2006), § 32a UrhG Rn. 1, 9; *Berger*, Grundfragen der „weiteren Beteiligung" des Urhebers nach § 32a UrhG, GRUR 2003, 675, 676; *Jacobs*, Die angemessene und die unangemessene Vergütung – Überlegungen zum Verständnis der §§ 32, 32a UrhG, in: Festschrift für Ullmann (2006), S. 79, 90.

9 Darauf weist auch *Schaub*, Der „Fairnessausgleich" nach § 32a UrhG im System des Zivilrechts, ZUM 2005, 212, 218 hin.

10 Daher ist zu begrüßen, dass durch die Neugestaltung des Bestsellerparagraphen dieser nunmehr als Unterfall der Inhaltskontrolle anzusehen ist und nicht mehr als Sonderfall der Störung der Geschäftsgrundlage (*Erdmann*, Urhebervertragsrecht im Meinungsstreit, GRUR 2002, 923, 928; Dreier/Schulze-*Schulze* (Fn. 3), § 32a UrhG Rn. 8; a. A. *Berger*, GRUR 2003, 675, 677 – bereicherungsrechtlicher Anspruch sowie *Schaub*, ZUM 2005, 212, 218 – Sonderfall der Störung der Geschäftsgrundlage).

verhältnis" verlangt.[11] Dann kann § 32a UrhG aber auch als typischer Anwendungsfall der Theorie der langfristigen Verträge verstanden werden, der einen Ausgleich schafft für diejenigen Fälle, in denen die Vertragsparteien aufgrund bestehender Marktmachtunterschiede[12] und Informationsasymmetrien keine Vorsorge für die nachträgliche Anpassung und Verteilung anfallender *windfall profits* geschaffen haben.[13] Denn gerade Lizenzverträge können durchaus als ein Sonderfall solcher langfristigen Verträge angesehen werden, da entsprechend der urheberrechtlichen Dichotomie des „Lizenzvertrages" dieser sowohl aus Quasi-Dauerschuldverhältnissen in Gestalt der andauernden Überlassung von Nutzungsrechten mit Rechten als auch der endgültigen Überlassung von Rechten besteht.

Damit geht indes nicht die jüngste Änderung des § 32a Abs. 1 S. 2 UrhG konform, die gerade auch für vorhersehbare Bestseller zwingend eine Anpassung der Vergütung vorsieht.[14] *Engert* weist zu Recht darauf hin, dass aus ökonomischer Sicht im Prinzip in derartigen Fällen keinerlei Bedarf für eine derartige *ex post*-Anpassung besteht – zumal gerade hier schon die zwingend vorgesehene angemessene Vergütung zum Zeitpunkt des Vertragsschlusses gem. § 32 Abs. 1 S. 1, 3 UrhG eingreift, die Katze beißt sich somit in den Schwanz. Einziger Anwendungsfall kann tatsächlich nur dasjenige komplexe Werk sein, bei dem einige Urheber im Falle vorhersehbarer Bestseller nicht in den Genuss hoher Vergütungsbeteiligungen bei entsprechendem Erfolg des Werkes kommen, da

---

11 Zur Formalisierung *Engert*, in diesem Band § 9 (S. 173, 174) bei Fn. 19, 20. Bedenken, der Bestsellerparagraph könnte zu niedrige Eingriffsvoraussetzungen haben, ist auch schon die Gesetzesbegründung von 1962 entgegengetreten – und zwar hinsichtlich des „auffälligen Missverhältnisses", das eigentlich schon 1962 Eingang in die Vorgängervorschrift des § 32a UrhG, den § 36 UrhG a. F. finden sollte, BT-Drs. IV/270, S. 58.

12 Kritisch zum eiligen Herbeirufen des Gesetzgebers bei Marktversagen im Urheberrecht *Bechtold*, Das Urheberrecht und die Informationsgesellschaft, in: Hilty/Peukert (Hrsg.), Interessenausgleich im Urheberrecht (2004), S. 67, 84.

13 Zu der Berücksichtigung der Marktverhältnisse im Urheberrecht auch *Leistner/Hansen*, Die Begründung des Urheberrechts im digitalen Zeitalter – Versuch einer Zusammenführung von individualistischen und utilitaristischen Rechtfertigungsbemühungen, GRUR 2008, 479, 483.

14 Damit wendet sich der Gesetzgeber *expressis verbis* von der bisherigen Rspr. zu § 36 UrhG a. F. ab, BT-Drs. 14/8058, S. 19.

ihr Anteil nicht dieselbe Bedeutung erlangt wie derjenige anderer Kreativer, etwa im Fall von Übersetzern.[15] Allerdings ist auch hier fraglich, warum ausgerechnet für diese Situation eine *ex-post*-Anpassung vorgesehen werden soll: Denn damit würden letztlich diese Urheber über ihren eigentlichen Marktwert hinaus entlohnt, zumal – wiederum – bei vorhersehbaren Bestsellern bereits die zwingende Vergütung nach § 32 UrhG eingreift.

III. Behavioral Economics und Urheber

Angesichts dieses Befundes ist es mehr als folgerichtig – wie *Engert* – die verhaltensökonomischen Begründungen für § 32a UrhG zu analysieren; denn auf der Grundlage der Theorie der langfristigen Verträge ließe sich eine derartige Norm, die auch die vorhersehbaren Bestseller regulieren wollte, kaum erklären. Ergo können nur außerhalb der institutionenökonomischen Theorie angesiedelte Anomalien eine mögliche Rechtfertigung für die Regelung des § 32a UrhG bieten. Genau hier setzt die scharfsinnige Analyse von *Engert* an.

15 *Engert*, in diesem Band § 9 (S. 177) bei Fn. 25. Solche Fälle können auch im Film- und Fernsehbereich auftreten, dazu *Reber*, Die Redlichkeit der Vergütung (§ 32 UrhG) im Film- und Fernsehbereich, GRUR 2003, 393, 395. Ähnliche Konstellationen können sich auch im Verhältnis zwischen Verwertern, Urhebern und ausübenden Künstlern ergeben, dazu eingehend *Pleister/Ruttig*, Beteiligungsansprüche für ausübende Künstler bei Bestsellern, ZUM 2004, 337, 341 f., die anhand der Rspr. zu § 36 UrhG a. F. auch konkrete Schwellenwerte für Erlösbeteiligungen nennen, die in einem auffälligen Missverhältnis stehen. Zu einem besonderen Anwendungsfall von § 32a UrhG, nämlich bei Nutzung des Werkes als Marke und einer damit einhergehenden Erhöhung der Einnahmen, *Loschelder/Wolff*, Der Anspruch des Urhebers auf „weitere Beteiligung" nach § 32a UrhG bei Schaffung einer Marke, in: Festschrift für Schricker (2005), S. 426, 429 ff., die einen Rückgriff auf § 32a UrhG grundsätzlich zulassen wollen und die Anwendung im Einzelfall dann bei der Frage nach dem auffälligen Missverhältnis u. a. davon abhängig machen, ob der Beitrag des Urhebers zum Erfolg der Marke von untergeordneter Bedeutung ist oder nicht und dabei auch die anderen Faktoren, die zum Erfolg der Marke beigetragen haben, z. B. die Markenstrategie, berücksichtigen, S. 432 f.

1. Vorüberlegungen

Bevor man sich allerdings der vertieften verhaltensökonomischen Analyse zuwendet, sollte kurz inne gehalten werden, um sich die Grundlagen der *Behavioral Economics* zu vergegenwärtigen: In der Regel handelt es sich bei den Effekten, die gerne zitiert werden, wie etwa dem *endowment effect*, um Ergebnisse, die in verhaltenspsychologischen Experimenten gewonnen wurden – und die weder auf die kulturellen Rahmenbedingungen, die die Probanden prägen mögen, noch auf die Besonderheiten von *Intellectual Property Rights* als Rechte für die kreative Schöpfung Rücksicht nehmen. Ob und wie etwa Persönlichkeitsrechte oder ihr Ausfluss in Gestalt von Urheberrechten kommerzialisierbar sind, ist eine alte Streitfrage dies- und jenseits des Atlantiks – und es ist keineswegs ausgemacht, ob dieser Streit nicht auch grundlegende kulturelle Einstellungsunterschiede offenbart, die bei jedem Rationalitätskalkül oder verhaltensbezogenen Ansatz zu berücksichtigen wären. Zudem bedarf es der genaueren Untersuchung, ob sich Kreative tatsächlich genauso verhalten wie Studenten in verhaltensökonomischen Experimenten, denen eine Kaffeetasse oder ein Stück Schokolade anvertraut wird. Jeder Urheberrechtler, der auch nur ein wenig mit der Praxis zu tun hat, kann ein Lied von der Individualität von Kreativen singen, die kaum mit normalen Transaktionen etwa über ein Haus oder einen PKW verglichen werden können.

Abseits der eher empirischen Fragestellungen, die die Notwendigkeit einer europäischen Verhaltensforschung in spezifisch urheberrechtlichen Kontexten betonen, stellt sich allerdings ferner die Frage nach den normativen Implikationen: Denn während die Institutionenökonomie sehr wohl empirisch verifizierbare Modelle genauso wie normative Modelle (aufbauend auf den entsprechenden Verhaltensannahmen) offeriert, dürfte dies für *Behavioral Economics* immer noch eine offene Frage sein, unter Umständen auch an dem Forschungsziel der *Behavioral Economics* vorbeigehen. Gerade der Jurist interessiert sich aber für die normativen, regulierungsorientierten Modelle und ihre Annahmen – *Behavioral Economics* könnte ihn hier indes „alleine" lassen, indem zwar zahlreiche Durchbrechungen der klassischen Rationalitätsannahmen nachgewiesen werden können, normative Aussagen im Sinne einer Korrektur eines Marktversagens aber nicht getroffen werden können.

Dies vorausgeschickt kann der Analyse von *Engert* weitgehend gefolgt werden, allerdings angereichert um ein paar zusätzliche Bemerkungen:

Zunächst beruhen viele Überlegungen, wie rationale Urheber reagieren bzw. planen, offenbar auf der Vorstellung von Fixvergütungen bzw. *lump sums*, ggf. noch variablen Vergütungen. Indes wird man hier anhand von empirischen Untersuchungen das Modell verbreitern müssen um komplexere Modelle, etwa Sockelvergütungen mit variablen Beteiligungen bei Überschreiten von Schwellenwerten. Auch für die jeweiligen Branchen wird hier wohl zu differenzieren sein, ebenso nach den jeweiligen Marktstrukturen. Zu fragen wäre etwa zudem, warum offenbar keine Reputationsmärkte für Verwerter – oder wenn ja, welche – entstanden sind, die den Urhebern, auch Anfängern, faires Marktverhalten seitens der Verwerter signalisieren könnten. Denn eines der marktkonformen Mittel, um Informationsasymmetrien zwischen Parteien zu überwinden, sind Sekundär- bzw. Reputationsmärkte, die der unterlegenen Partei signalisieren können, ob auf die Einschätzung der anderen Seite in der Regel Verlass ist.

Auch der Annahme, dass der Verwerter von mehr als einem Urheber Verwertungsrechte erwirbt und daher besser diversifiziert ist, kann *prima vista* ohne weiteres zugestimmt werden; doch auch hier ist Vorsicht *en detail* angebracht, da trotz der höheren Diversifikation auch „*repeated games*" auf den Märkten für Urheber und Verwerter stattfinden – dementsprechend Reputations- und Lerneffekte eintreten können. Der Bedarf empirischer Tests besteht auch hinsichtlich weiterer Annahmen, etwa für die postulierten Informationsasymmetrien zugunsten von Verlegern bezüglich der Einschätzung zukünftiger Bestseller.[16] Je öfter Urheber, z.B. arrivierte Musiker, in einem Markt ihre Rechte verwerten, desto geringer dürfte die Wahrscheinlichkeit sein, dass sie im Hinblick auf die Verwertung ihrer Rechte über schlechtere Informationen verfügen als die eigentlichen Verwerter.

2. Verhaltensökonomische Begründungen

Engert geht zu Recht davon aus, dass der sog. Besitzstandseffekt (*endowment*) kaum geeignet ist, das Verhalten von Urhebern, gerade Erst-Urhebern, zu erklären, die möglichst auf die Veröffentlichung ihres Werkes erpicht sind.[17] Das führt allerdings wiederum auf das grundlegende

---

16 S. *Engert*, in diesem Band § 9 (S. 169) bei Fn. 8.

17 *Engert*, in diesem Band § 9 (S. 181) bei Fn. 34.

Problem zurück, inwiefern die prinzipiell auf Monetarisierung und Quantifizierung ausgerichtete ökonomische Nutzentheorie geeignet ist, das Interesse des Urhebers an seiner Schöpfung und den Ausdruck seines Persönlichkeitsrechts modellhaft zu erfassen. Gerade der von *Engert* zu Recht hervorgehobene Wunsch des Urhebers, sein Werk zu veröffentlichen, und sei es fast um jeden Preis, um bekannt zu werden, spricht dafür, dass der zugeordnete Nutzen kaum noch fassbar ist.

Engert legt eindringlich und zutreffend dar, dass die meisten verhaltensökonomischen Begründungsansätze für § 32a UrhG nicht verfangen, im Gegenteil sogar dagegen sprechen, insbesondere wenn es um den Überoptimismus von Urhebern hinsichtlich des Erfolgs ihres Werkes geht. Hier wird in der Tat das Rationalitätsdefizit nicht beseitigt, sondern eher zementiert – allerdings zeigt sich daran auch wieder, dass der *Behavioral-Economics*-Ansatz wenig dazu beitragen kann, wie Rationalitätsdefizite regulatorisch überwunden bzw. korrigiert werden sollen, da nicht gesagt ist, wie mit Überoptimismus und der verzerrten Wahrnehmung von Wahrscheinlichkeiten normativ umgegangen werden sollte.

3. Politökonomische Begründungsansätze

Engert sieht daher die eigentliche Begründung in einem polit-ökonomischen Ansatz, indem er gut nachvollziehbar § 32a UrhG jedenfalls hinsichtlich seiner Erstreckung auf die auch vorhersehbaren Bestseller als symbolischen Rechtsakt wertet – wobei zu unterstellen ist, dass *Engert* aufgrund der Ausblendung institutionenökonomischer Analysen eine mögliche Effizienz des § 32a UrhG aufgrund der Theorie langfristiger Verträge nicht ausschließt; denn gerade hier könnte – entsprechend der schon früher geltenden h.M. zu § 36 a.F. UrhG – der Sinn des Bestsellerparagraphen liegen, dass die Verteilungsprobleme im Rahmen von Dauerschuldverhältnissen und die Unsicherheit darüber bei Vertragsschluss mit einer zwingenden gesetzlichen *ex post* wirkenden nachträglichen Anpassung des Vertrages beseitigt werden sollen, da die Märkte offenbar nicht für entsprechende Vertragsregelungen sorgen.[18] Letztlich weist auch die von *Engel* propagierte Rechtfertigung des § 32a UrhG als eine Regel, die die faire Verteilung fördere und daher die sonst eintretenden

[18] Wobei durchaus fraglich ist, warum jeder Urheber, also auch die erfahrenen Urheber, von dieser Regelung profitieren können sollen.

Konflikte entschärfe, mithin die Bereitschaft zu Lizenzvertragsabschlüssen erhöhe, in diese Richtung.[19]

4. Zusammenfassung

Behavioral Economics hat zu zahlreichen neuen Ansätzen geführt, hat tradierte Annahmen und Modellierungen wieder in Frage gestellt und zu realitätsnäheren Aussagen geführt. Gerade im Urheberrecht scheint aber noch erheblicher Forschungsbedarf zu bestehen, da eine der fundamentalen Fragen sich damit befasst, ob die gängigerweise in der *Behavioral Economics* getroffenen Aussagen, die typischerweise in monetarisierten, einfachen Experimenten aus der US-amerikanischen Kultur gewonnen werden, auf die Motivations- und Anreizstrukturen von Urhebern übertragen werden können. Der Verdacht liegt nahe, dass hier weniger ökonomische Kalküle, selbst in Gestalt von subjektiven Nutzenmaximierungen, eine Rolle spielen als vermeintlich irrationale Vorstellungen, die auf die möglichst breite Publikation oder die Veröffentlichung eines Werkes gerichtet ist. Schließlich bleibt nach wie vor der Brückenschlag des verhaltensökonomischen Ansatzes zu normativen Aussagen offen, wie aus den Erkenntnissen über Rationalitätsdefizite Konsequenzen für eine Änderung der regulatorischen Rahmenbedingungen gewonnen werden können.

19 *Engel*, in diesem Band, § 2 (S. 23).

Diskussionsbericht zu §§ 7 bis 10

Schulze eröffnete die Diskussion mit der Feststellung, dass auf Grund mangelnder Bewertungssysteme der Wert eines Werkes im Zeitpunkt des Vertragsschlusses nur unzureichend einzuschätzen sei. Gleichwohl, so führte er im Hinblick auf die von *Engert* angesprochenen Referenzen aus, gebe es verschiedene Möglichkeiten eine angemessene Beteiligung des Urhebers vertraglich zu vereinbaren.[1] Exemplarisch erwähnt wurde die Vergütung in Form von Absatz- und Wiederholungshonoraren sowie deren Kombination mit einer anfänglichen Pauschale. *Engert* stimmte *Schulze* zu, dass verschiedene vertragliche Gestaltungsmöglichkeiten bestünden. Es sei ihm jedoch nicht um Referenzen in diesem Sinn gegangen, sondern um die Bestimmung des Referenzpunktes im Sinne der Prospektheorie, wann der Urheber etwas als Gewinn oder Verlust empfinde.

Wandtke sagte, aus der Perspektive eines Künstlers, nehme er die vereinbarte Vergütung regelmäßig als Verlust wahr. Verhandlungen, die einen Ausgleich zwischen Urheber- und Verwerterinteressen schaffen sollten, würden von den Verwertern geprägt. Den gestellten Bedingungen müsse sich der – nicht berühmte – Urheber beugen. Es heiße aber Urheberrecht und nicht „Verwerterrecht". Er empfinde die allgemein als üblich angesehene Autorenvergütung bei einem Verlagsvertrag in Höhe von 10% des Nettoladenpreises[2] als unredlich. Zwar seien alle, auch die Verleger, an die ökonomischen Rahmenbedingungen gebunden. Die Urheber aber, insbesondere die Komponisten, zwinge ihre finanzielle Situation, die gestellten Vertragsbedingungen zu akzeptieren. *Becker* (Stellv. Vorstandsvorsitzender der GEMA, Berlin) ergänzte, für die Verwertungsgesellschaften werde es immer schwieriger, eine Vergütung in diesem Umfang überhaupt zu erzielen.

Engert stimmte *Wandtke* darin zu, dass es die Marktbedingungen seien, die die Verhandlungen zwischen Urhebern und Verwertern bestimmten. Durchaus gäbe es auch ökonomische Gründe, in diesen Markt einzugreifen, z.B. im Fall der von *Leistner* in seinem Vortrag angesprochenen *„win-*

---

1 Dazu vgl. *Engert*, in diesem Band, § 9 (S. 180–182).

2 Vgl. beispielsweise die Honorarempfehlungen des Verbandes deutscher Schriftsteller, abrufbar unter http://www.vs-in-leipzig.de/index.php?option=com_content&view=article&id=62&Itemid=58.

ner takes all-Märkte".[3] Ein Überangebot an Werken habe nicht nur Vorteile, sondern könne auch problematisch sein. Die Reduzierung der Zahl der Urheber durch das Eingreifen des Gesetzgebers könne den Verbleibenden zwar möglicherweise ein auskömmliches Einkommen verschaffen. Verfolge der Gesetzgeber aber dieses Ziel, müsse das auch deutlich zum Ausdruck kommen. Er betonte außerdem, sich der Brisanz seiner im Vortrag geäußerten politikökonomischen Erwägungen bewusst zu sein und stellte klar, dass er die Gruppe der Urheber nicht als politisch einflussreicher erachte. Das spreche gerade für ein Interesse des Gesetzgebers am Erlass symbolischer Regelungen, die rechtspraktisch von nur geringer Wirkung seien.

Schulze meinte, könne der Urheber eine bestimmte Vertragsgestaltung gegenüber dem Verwerter unter Umständen nicht durchsetzen, seien zwingende gesetzliche Regelungen der Beteiligung sinnvoll. Ausdrücklich befürwortete er die vom OLG München[4] vorgenommene Bestimmung der angemessenen Vergütung anhand eines objektiv-generalisierenden Maßstabs *ex ante*. In Betracht käme zwar ebenso ein Ausgleich der Interessen unter Rückgriff auf die allgemeinen Schutzinstrumente der §§ 138 Abs. 2, 313 BGB. Diesbezüglich verwies er aber auf die Praxis der Rechtsprechung, die diese Regelungen im Urhebervertragsrecht eher restriktiv anwende. Das habe sich z.B. in den „Salome"-Entscheidungen[5] gezeigt.

Prof. Dr. Jan Bernd *Nordemann* (Rechtsanwalt, Berlin) griff die von *Leistner* in seinem Vortrag angesprochene These auf, dass es praktisch nicht zu der Vereinbarung gemeinsamer Vergütungsregeln gemäß § 36 UrhG komme, weil die Urheber außerhalb der Verwertungsgesellschaften schwach organisiert seien. Einen möglichen Lösungsansatz sah er in der zu § 137l Abs. 5 UrhG zu beobachtenden Entwicklung. Nicht bedacht habe der Gesetzgeber, dass die Verwertungsgesellschaften gezwungen seien, im Bereich der Primärverwertung Tarife aufzustellen. Zu erwägen sei, ob die Verwertungsgesellschaften in gleicher Weise bei der Bestimmung der angemessenen Vergütung gemäß § 36 UrhG beteiligt werden sollten.

---

3 Dazu vgl. *Leistner*, in diesem Band, § 7 (S. 125 f.).

4 OLG München, ZUM 2007, 317–330 – Übersetzervergütung.

5 BGH, GRUR 1990, 1005 ff. – Salome I; BGH, GRUR 1996, 763 ff. – Salome II; BGH, GRUR 2000, 869 ff. – Salome III.

Pfennig sagte dazu, es fehle weitgehend an gemeinsamen Vergütungsregeln, weil die gesetzliche Bestimmung nicht zwingend ausgestaltet worden sei. Den Verwertern sei – durch ihre Intervention im Gesetzgebungsverfahren – die Möglichkeit eröffnet worden, sich der Vereinbarung gemeinsamer Vergütungsregeln zu entziehen.[6] Davon würden sie gezielt Gebrauch machen. Exemplarisch verwies er auf die als schwierig beschriebenen Verhandlungsbemühungen der Gewerkschaft der Drehbuchautoren.[7] Daran müsse gearbeitet werden. Vor allem bedürfe es einer stärkeren Einbeziehung der Verwertungsgesellschaften in die Vertragsverhandlungen.

Dem schloss sich *Becker* an. Er erinnerte daran, was im Ergebnis auf Drängen der Verwerter vom Professorenentwurf[8] übrig geblieben sei: nämlich das, worüber jetzt diskutiert werde. Der einzelne Urheber sei nur stark, wenn er sich mit anderen zusammenschließe. Ohne Verwertungsgesellschaften kämen die Urheber dabei nicht aus. Es sei deshalb zu überlegen, wie die Verwertungsgesellschaften, die die Verhandlungen für die Urheber zwangsläufig führen müssten, verstärkt einbezogen werden könnten. Hier erhofften sich die Verwertungsgesellschaften Unterstützung. Ihnen stehe nachträglich kein Instrumentarium wie der Bestsellerparagraph[9] zur Verfügung, mit dem sich ein zu gering bemessener Tarif nachbessern ließe.

Engel warf die Frage auf, wie damit umzugehen sei, dass sich die angemessene Vergütung gemäß § 32 UrhG aus der Sicht *ex ante* bestimme und § 32a UrhG eine zusätzliche angemessen Vergütung gewähre, die *ex post*

---

6 Im Regierungsentwurf (Entwurf eines Gesetzes zur Stärkung der vertraglichen Stellung von Urhebern und ausübenden Künstlern, BT-Drs. 14/6433, S. 4, 16 ff.) war eine zwangsweise Schlichtung vorgesehen, für den Fall, dass es nicht zur Vereinbarung gemeinsamer Vergütungsregeln kommt. Verfassungsrechtliche und politische Bedenken äußerte dagegen insbesondere die Gruppe der Verwerter. Im Ergebnis wurde das Schlichtungsverfahren so ausgestaltet, dass es vor der Schlichtungsstelle gemäß § 36 Abs. 4 UrhG nur mit einem Einigungsvorschlag endet, dem jede Partei widersprechen kann, ohne dass eine gerichtliche Überprüfung stattfindet.

7 Der Verband Deutscher Drehbuchautoren e. V. versucht seit langem, zusammen mit anderen Urheberverbänden, gemeinsame Vergütungsregelungen aufzustellen.

8 Entwurf eines Gesetzes zur Stärkung der vertraglichen Stellung von Urhebern und ausübenden Künstlern, BT-Drs. 14/7564.

9 § 32a UrhG.

zu beurteilen sei. Zur Diskussion stellte er zwei mögliche Erklärungen: Rational-theoretisch betrachtet könne § 32a UrhG den Fall der besonders erfolgreichen Werkauswertung erfassen, der im Zeitpunkt des Vertragsschlusses unvorhersehbar war. Eine psychologische Begründung sei, dass die Parteien eine solche Entwicklung wegen ihrer Unwahrscheinlichkeit in der Verhandlung gänzlich unberücksichtigt ließen. In beiden Fällen müsse dann jedoch bei der Ermittlung der zusätzlichen angemessenen Vergütung gem. § 32a UrhG die bei Vertragsschluss getroffene Vereinbarung berücksichtigt werden.

Dr. Tilo *Gerlach* (Geschäftsführer der Gesellschaft zur Verwertung von Leistungsschutzrechten, Berlin) merkte dazu an, dass die Vorhersehbarkeit für die Anwendung von § 32a UrhG gerade unerheblich sei. *Engert* sagte, auch er gehe davon aus, dass der bei Vertragsschluss unwahrscheinliche Bestsellerfall aus verschiedenen Gründen, zum Beispiel wegen der damit verbundenen Transaktionskosten, bei der Verhandlung *ex ante* nicht berücksichtigt werde. § 32a UrhG fülle die dadurch entstehende Lücke im Vertrag.

Danach wandte sich *Gerlach* der von *Spindler* in seinem Kommentar aufgeworfene Frage zu, ob es sinnvoll sei, die Anwendung zwingender Regelungen auf den Erstkontakt des Urhebers mit einem Verwerter zu beschränken. Das verneinte er. Unabhängig von Lerneffekten könne ein Schutzbedürfnis bestehen, wie das von *Engert* angeführte Beispiel der Übersetzerin der Asterix-Bände[10] zeige. Vorzuziehen sei grundsätzlich, zwingende Vorschriften auch für die Urheber gelten zu lassen, die des Schutzes nicht bedürfen, statt die Schwachen auf dispositive Normen zu verweisen.

Dem stimmte *Wandtke* zu. Mit Blick auf die Abschaffung des § 31 Abs. 4 UrhG und die ersatzweise eingeführten Mechanismen kritisierte er, dass bürokratischer Regelungen[11] geschaffen würden, die nicht der Durchsetzung der Urheberinteressen dienten. Er spitzte das auf folgende These zu: Sollte nicht in Zukunft, statt einen Interessenausgleich zwischen den Verwertern und den Urhebern anzustreben, allein die Frage gestellt werden, wo ausschließlich die Urheberinteressen zu berücksichtigen seien. Zwingende Regelungen zum Schutz der Urheber halte er auch deshalb

10 BGH, GRUR 1998, 680ff. – Comic-Übersetzungen. Vgl. dazu *Engert*, in diesem Band, § 9 (S. 177).

11 Z.B. § 137l UrhG.

für sinnvoll, weil es nicht um einen schlichten Leistungsaustausch – wie beim Kaufvertrag – gehe, sondern um einen Arbeitsprozess. Demzufolge könne nicht auf alle Erkenntnisse, die bei Vertragsverhandlungen von Kaufverträgen gewonnen wurden, zurückgegriffen werden.

Dr. Florian *Möslein* (wissenschaftlicher Mitarbeiter, Humboldt-Universität zu Berlin) fragte anknüpfend an das Thema *repeated games*,[12] ob nicht auf das Argument der Marktmacht zurückzugreifen sei, um die zwingenden Regelungen zu rechtfertigen. Ginge es nur um Lerneffekte könne dispositives Recht den erforderlichen Referenzrahmen für die Verhandlungen von Urhebern und Verwertern bilden.

Spindler stimmte dem zu und merkte an, Marktmacht sei dabei nicht im Sinne des Kartellrechts zu verstehen. Es werde nicht das diskriminierende Verhalten insgesamt betrachtet, sondern es handele sich eher um Marktmacht im Sinne einer AGB-Inhaltskontrolle. Die Frage, ob jemand als Unternehmer anzusehen sei, werde von den Gerichten bereits nach drei- bis viermal wiederholten Transaktionen bejaht. Ausgehend davon, die Gerichte hätten den Sachverhalt richtig beurteilt, stelle sich die Frage, was hier eine andere Bewertung rechtfertige. Warum solle es überhaupt eine *fallback position* geben: Genau das wäre die Schaffung zwingender Regelungen im Urheberrecht.

Engert befürwortete das zur Begründung des § 32a UrhG angeführte Argument der Marktmacht. Dies sei aber kein verhaltensökonomisches Argument. Auch der vollständig rational handelnde Urheber könne eine schwache Verhandlungsposition haben. Ein Überangebot an Werken von einer Vielzahl von Urhebern wirke sich nachteilig auf die Höhe der Vergütung aus. Dort einzugreifen, stelle eine verhaltensökonomisch nicht begründete Umverteilung dar.

Leistner betonte, dass nicht entscheidend sei, wie viel produziert werde, sondern was. Den Markteintritt auf die von *Engert* beschriebene Weise effizient zu machen, berge die Gefahr, dass Werke, wie z.B. „Schuld und Sühne",[13] nicht entstehen, weil Künstler wie *Dostojewski* dem Markt bei einem solchen Effizienzsystem ferngeblieben wären. Es gäbe bei einer reinen Effizienzanalyse, die darauf ausgerichtet ist, wie viel produziert wird, immer eine Rückwirkung auf das „Was".

12 Dazu vgl. *Spindler*, in diesem Band, § 10 (S. 201).
13 *Dostojewski*, Schuld und Sühne (1866).

Wandtke warnte vor dem zu beobachtenden Trend, das Urheberrecht zu schwächen. Dieser Trend zeichne sich auch auf europäischer und internationaler Ebene ab. Er verwies dazu auf die amerikanische Theorie des Copyrights,[14] für die das Urheberpersönlichkeitsrecht keine Rolle mehr spiele. Für die Abschwächung des Urheberrechts theoretische Begründungen zu suchen, bedeute: „Wir sägen an dem Ast, auf dem wir sitzen." Dies gelte es zu verhindern.

Becker betonte, es sei wichtig, sorgfältig empirische Untersuchungen durchzuführen, die der Theorienbildung zu Grunde gelegt werden können. Dann zeige sich beispielsweise, wie die wirtschaftliche Situation tatsächlich einzuschätzen sei. Es gebe nämlich auch Urheber, die nicht mit ihrer Vergütung wirtschaften könnten. Er appellierte deshalb, Praxis und Theorie noch näher zusammenzubringen.

Leistner kam auf die Forderung von *Spindler* zu sprechen, genau zu analysieren, wo die Bewertungssysteme der *repeated games* versagen. Das lasse sich nicht vorher bestimmen, wie er versucht habe an den angeführten Beispielen, den Übersetzern, dem Film- und Fernsehbereich darzustellen. Zu berücksichtigen sei auch der Mechanismus des § 32 UrhG. Danach sei grundsätzlich die vereinbarte Vergütung geschuldet, wenn es an einer Vereinbarung fehle, die übliche Vergütung, und erst wenn die übliche Vergütung unredlich sei, erfolge die Redlichkeitskontrolle. Das entspräche der Systematik des § 138 BGB, wonach Indiz für das Versagen des Bewertungssystems der Vertragsinhalt sei.

Dem widersprach *Spindler*. Er ging davon aus, dass die Vergütung eben nicht entsprechend der Systematik des § 138 BGB bestimmt werde. Der § 138 BGB, welcher der Wissenschaft seit langem erhebliche Probleme bereite – angedeutet wurde kurz das Problem der Wucherzinsbestimmung, der Kredithaie und das Verschwinden ganzer Märkte –[15] sei bei weitem nicht so „feinabgestimmt" wie § 32 UrhG. Er gab ferner zu bedenken, dass Juristen seit dem Mittelalter versucht hätten – und immer noch ver-

14 Digital Millennium Copyright Act (DMCA) vom 28.10.1998, abrufbar unter http://www.copyright.gov/legislation/dmca.pdf.

15 Dazu BGH, NJW-RR 1990, 1199; Münchener Kommentar-*Armbrüster*, BGB (5. Aufl. 2006), § 138 BGB Rn. 119; *Brandau*, Die Sittenwidrigkeit des Konsumenten-Teilzahlungskredites wegen eines überhöhten Entgeltes (1982); *Canaris*, Schranken der Privatautonomie zum Schutze des Kreditnehmers, ZIP 1980, 709–722.

suchen würden –, den gerechten Preis zu bestimmen, und dass es bis heute keinem gelungen sei – der letzte, der den Versuch unternahm, sei *Karl Marx* gewesen.

Sabrina Jakubowski/Ulrike Koch

§ 11 Zur Ökonomik des Folgerechts in § 26 UrhG*

Christian Kirchner

Übersicht

I. Problemstellung

Nach § 26 Abs. 1 Satz 1 UrhG hat der Veräußerer, der ein Original eines Werkes der bildenden Künste oder eines Lichtbildwerks weiterveräußert, dem Urheber einen Anteil des Veräußerungserlöses zu entrichten, wenn an der Weiterveräußerung ein Kunsthändler oder Versteigerer als Erwer-

* Überarbeitete Fassung eines Referates im Rahmen der Tagung „Urhebervertragsrecht im Lichte der Verhaltensökonomik – INTERGU-Tagung 2009“ am 23./24. April 2009 in Berlin.

ber, Veräußerer oder Vermittler beteiligt ist. Dieser Anspruch wird als Folgerecht (*droit de suite, resale royalty, resale right*) bezeichnet.[1] Er soll den Urheber an Wertsteigerungen des von ihm geschaffenen Kunstwerkes beteiligen, die nach dem Erstverkauf eingetreten sind.

Der juristische Problemzugang zum urheberrechtlichen Folgerecht stellt auf den bezweckten Schutz des Urhebers ab.[2] Ein ökonomischer Problemzugang interessiert sich ebenfalls für die Frage, ob durch ein Folgerecht der Urheber besser gestellt ist als ohne ein solches.[3] Die ökonomische Sichtweise des Problems geht aber darüber hinaus und fragt, wie die verschiedenen Marktteilnehmer auf die Einführung eines Folgerechts reagieren, um die Wirkungen einer solchen Veränderung des institutionellen

---

1 Im Folgenden soll von „Kunstwerk" die Rede sein, wenn auf ein „Original eines Werkes der bildenden Künste oder eines Lichtbildwerks" Bezug genommen wird; statt vom „Urheber" wird vom „Künstler" gesprochen werden.

2 Zur entsprechenden Regelung im EG-Recht: Wandtke/Bullinger-*Bullinger*, Praxiskommentar zum Urheberrecht (3. Aufl. 2009), § 26 UrhG Rn. 1.

3 Aus der umfangreichen Literatur zur Ökonomik des Folgerechts: *Becker*, Warum sollten bildende Künstler in Europa am Wiederverkauf ihrer Werke beteiligt werden?, IFO Schnelldienst 47 (1994), 3; *Bolch/Damon/Hinshaw*, An Economic Analysis of the California Art Royalty Statute, Conn.L.Rev. 10 (1978), 689; *Doutrelepont*, Le droit de l'objet d'art : le droit de suite des artistes plasticiens dans l'Union Européenne (1996); *Ginsburgh*, The Economic Consequences of Droit de Suite in the European Union, abrufbar unter http://164.15.69.62/ecare/personal/ginsburgh/papers/144.consequences.pdf; *Hummel/Becker/Kronjäger/Huber*, The Droit de Suite (1995); *Karp/Perloff*, Legal Requirements that Artists Receive Resale Royalties, Int'l Rev.L. & Econ. 13 (1993), 163; *Rushton*, The Law and Economics of Artists' Inalienable Rights, J.Cult.Econ. 25 (2001), 243, 249f.; *Schmidtchen/Kirstein*, Die EU-Richtlinie zum Folgerecht – eine ökonomische Gesetzesfolgenanalyse, Discussion Paper (2001), abrufbar unter http://www.uni-saarland.de/fak1/fr12/csle/publications/2001-05_folge.PDF; *Schmidtchen/Kirstein*, Die EU-Richtlinie zum Folgerecht – eine ökonomische Gesetzesfolgenanalyse, GRUR 2002, 860; *Schmidtchen/Koboldt/Kirstein*, Rechtsvereinheitlichung beim „droit de suite"?, in: Festschrift Fikentscher (1998), S. 774; *Solow*, An Economic Analysis of the Droit de Suite, J.Cult.Econ. 22 (1998), 209; *Stanford*, Economic Analysis of the Droit de Suite, Australian Econ.Pap. 42 (2003), 386; abrufbar auch unter http://ssrn.com/abstract=461803; *Weatherall*, Harmonising the Droit de Suite; a Legal and Economic Analysis of the EC Directive and an Overview of the Recent Literature", German Working Papers in Law and Economics: (2003), abrufbar unter http://www.bepress.com/gwp/default/vol2003/iss1/art22.

Rahmens des Kunstmarktes abschätzen zu können. Aus ökonomischer Perspektive ist es auch relevant, ob bezüglich des Folgerechts ein Wettbewerb der Rechtsordnungen (legislatorischer Wettbewerb) existiert. Ist das der Fall, so ist bei der Wirkungsanalyse des Folgerechts auch die Möglichkeit einer Abwanderung aus Jurisdiktionen, die ein solches Recht kennen, in Jurisdiktionen ohne ein solches Recht in Rechnung zu stellen.

Ziel der hier anzustellenden Überlegungen ist es, mit dem methodischen Instrumentarium der Ökonomik – in der Variante des verhaltenswissenschaftlichen Ansatzes dieser Disziplin (*behavioral economics*) – die Wirkungsweise des Folgerechts des § 26 UrhG zu analysieren. Da tragfähige empirische Befunde über die Auswirkungen des Folgerechts in verschiedenen Jurisdiktionen nicht vorliegen,[4] bewegt sich die Analyse auf der Ebene einer theoretischen Untersuchung der institutionellen Faktoren, die für die Funktionsweise des Kunstmarktes relevant sind.

Im Folgenden soll nach einem Überblick über die Problematik des Folgerechts als Künstlerschutzrecht das verwendete ökonomische Instrumentarium vorgestellt werden. Sodann werden die ökonomischen Besonderheiten von Kunstwerken herausgearbeitet, um im nächsten Schritt die Auswirkungen eines urheberrechtlichen Folgerechts abschätzen zu können, zuerst unter Ausblendung des legislatorischen Wettbewerbs, dann unter Berücksichtigung dieses Wettbewerbs.

II. Das urheberrechtliche Folgerecht als Künstlerschutzrecht

1. Die internationale und die europäische Rechtslage

Das heute existierende Folgerecht geht auf den französischen Gesetzgeber zurück, der das Urheberrecht im Jahre 1920 novelliert hatte.[5] Später wurde das Folgerecht auch in anderen europäischen Ländern einge-

---

4 Soweit sich „empirische Befunde“ auf Ausschüttungen an Künstler bezieht und daraus auf den „Erfolg“ des Folgerechts schließen, sind solche Befunde aus Sicht der ökonomischen Theorie deshalb unzureichend, da die möglichen Auswirkungen auf die bei Erstverkäufen erzielten Preise nicht erfasst werden.

5 Zum französischen *droit des suite*: *Doutrelepont,* Le droit de l’objet d’art: le droit de suite des artistes plasticiens dans l’Union Européenne (1996).

führt,[6] allerdings nicht im Vereinigten Königreich, Irland, den Niederlanden und Österreich.

In den Vereinigten Staaten von Amerika wurde in den dreißiger Jahren des vorigen Jahrhunderts im Rahmen des *New Deal* über die Einführung eines Folgerechts diskutiert,[7] dieses aber nicht eingeführt. Nur Kalifornien hat eine entsprechende Regelung geschaffen.[8] Japan kennt kein Folgerecht, desgleichen die Schweiz. Hier wurden zwar von interessierten Kreisen Vorstöße zur Schaffung eines Folgerechts unternommen.[9] Bis heute waren diese aber nicht erfolgreich.

Da in der Europäischen Union die Mehrzahl der nationalen Rechtsordnungen zu Beginn des neuen Jahrtausends über Folgerechte verfügte, ein solches aber insbesondere im Vereinigten Königreich nicht existierte, sollte diese „Wettbewerbsverzerrung" durch eine gemeinschaftsrechtliche Richtlinie beseitigt werden.[10] Dabei ist in Rechnung zu stellen, dass das Volumen des Kunstmarktes im Vereinigten Königreich (im wesentlichen London) mehr als die Hälfte des europäischen Volumens ausmacht.[11] Die „Wettbewerbsverzerrung" wurde von den Mitgliedstaaten der Europäischen Union mit eigenem Folgerecht als Wettbewerbsvorteil des Londoner Kunstmarktes gesehen, da dort sowohl die administrativen Kosten für die Kosten der Durchsetzung des Folgerechts entfielen als auch die Zahlungen an Künstler und deren Erben.

---

6 Wandtke/Bullinger-*Bullinger* (Fn. 2), § 26 UrhG Rn. 3; *Ehrler,* Das Folgerecht/Le Droit de Suite (2001); *Katzenberger,* Das Folgerecht im deutschen und ausländischen Urheberrecht (1970); *Pfennig,* Das Folgerecht in der Europäischen Union, in: Festschrift für Kreile (1994), S. 491.

7 Vgl. *Neumann,* The Berne Convention and Droit de Suite Legislation in the United States: Domestic and International Consequences of Federal Incorporation of State Law for Treaty Implementation, Colum.J.L. & Arts 16 (1991), 157; *Schulder,* Art Proceeds Act: A Study of the Droit de Suite and a Proposed Enactment for the United States, North.U.L.Rev. 61 (1966), 19.

8 Vgl. *Bolch/Damon/Hinshaw,* Conn.L.Rev. 10 (1978), 689.

9 Vgl. *Fischer,* Schweiz ohne Folgerecht (droit de suite), Korreferat aus der Praxis, abrufbar unter http://www.fischerauktionen.ch/UserData/Download_15175_00.pdf.

10 Vgl. *Pfennig,* FS Kreile (1994), S. 491.

11 *McAndrew/Dallas-Conte,* Implementing Droit de suite (artists' resale right) in England, The Arts Council of England (2002), S. 20 abrufbar unter http://www.artscouncil.org.uk/media/uploads/documents/publications/325.pdf.

Die resultierende gemeinschaftsrechtliche Regelung – Richtlinie 2001/84/EG[12] – kann als Kompromiss zwischen den Mitgliedstaaten, die bereits ein Folgerecht besaßen – wie insbesondere Frankreich und Deutschland –, und dem Vereinigten Königreich gesehen werden.[13] Im Vereinigten Königreich herrschte die Furcht, dass die internationale Wettbewerbsfähigkeit des Londoner Kunstmarktes beeinträchtigt werden könnte.[14] Dabei spielt eine Rolle, dass es weder für den New Yorker noch für den Baseler Kunstmarkt ein Folgerecht gibt.

In Deutschland wurde Richtlinie 2001/84/EG durch das fünfte Gesetz zur Änderung des UrhG in nationales Recht transformiert.[15] Das im deutschen Recht bereits existierende Folgerecht wurde im Wesentlichen in drei Punkten geändert, nämlich durch eine degressive Staffelung zur Ermittlung des Folgerechtsanspruchs, durch die Einführung einer Kappungsgrenze und durch die Heraufsetzung des Mindestbetrags für die Inanspruchnahme des Folgerechts. Diese Änderungen sind vornehmlich unter Harmonisierungsgesichtspunkten in der Europäischen Union von Interesse. Der materielle Regelungsgehalt des Folgerechts wurde nicht berührt. Die eigentliche Änderung des Folgerechts in Deutschland als Folge der Richtlinie 2001/84/EG lag und liegt darin, dass sich die Bedingungen für den Wettbewerb der nationalen Kunstmärkte in der Europäischen Union geändert haben.

Die Gefahr, dass der Kunsthandel in Länder ohne Folgerecht abwanderte, wurde durch die gemeinschaftsrechtliche Harmonisierung des Folgerechts reduziert, nicht aber grundsätzlich ausgeschlossen, da insbesondere im Vereinigten Königreich von den Wahlrechten in der Richtlinie anders Gebrauch gemacht wurde als in Deutschland. So fällt die Wirkung der in nationales Recht umgesetzten Folgerechts-Richtlinie im Vereinigten Königreich schwächer aus als in Deutschland.

---

12 Richtlinie 2001/84/EG des Europäischen Parlaments und des Rates vom 27. September 2001 über das Folgerecht des Urhebers des Originals eines Kunstwerks, ABl. 2001 L 272/32.

13 Vgl. *Lewis*, Implementing the artist's resale right directive, JIPLP 2 (2007), 298, 299.

14 Zum Hintergrund: *McAndrew/Dallas-Conte* (Fn. 11), S. 20–25.

15 BGBl. I 2006, 2587.

2. Das Folgerecht als intendiertes Künstlerschutzrecht

Das urheberrechtliche Folgerecht sieht auf den ersten Blick wie eine Wohltat für die betroffenen Künstler (und nach dem Tod für ihre Erben) aus. In der Begründung des Gesetzentwurfs eines fünften Gesetzes zur Änderung des Urheberrechtsgesetzes heißt es, dass das Folgerecht dem Urheber eine Teilhabe an den Wertsteigerungen des Werkes verschaffe.[16] Es bleibt dabei unerwähnt, dass diese „Teilhabe an den Wertsteigerungen des Werkes" möglicherweise insofern zu Lasten des Künstlers geht, als sein Folgerecht sich negativ auf den Preis der Erstveräußerung auswirkt. Diese verkürzte Sichtweise des Gesetzgebers wird deutlich, wenn man fünf Jahre zurückgeht und sich die Begründung des Entwurfs eines Gesetzes zur Stärkung der vertraglichen Stellung von Urhebern und ausübenden Künstlern und dessen Begründung ansieht.[17] In der Begründung werden sehr allgemein Ausführungen zu Sinn und Zweck des Urheberrechts und zur angemessenen Beteiligung des Künstlers am wirtschaftlichen Nutzen ihrer Arbeit gemacht.[18] Es war vom Verfassungsgebot zum Ausgleich gestörter Vertragsparität die Rede. So wurde das Gebot der angemessenen Vergütung des Künstlers in den Vordergrund gestellt. Auch für die Begründung des Folgerechts des § 26 UrhG wird dieser Gedanke eines Ausgleichs von Defiziten beim Vertragsschluss ins Spiel gebracht.[19] Folgt man dieser Logik, so lässt sich das urheberrechtliche Folgerecht als Versuch des Gesetzgebers begreifen, dem Künstler einen Anspruch auf nach der Erstveräußerung entstandenen Wertsteigerungen des Kunstwerks zu gewähren, um ihn dafür zu kompensieren, dass zum Zeitpunkt der Erstveräußerung diese möglichen Wertsteigerungen aufgrund der schlechten Verhandlungsposition des Künstlers bei den Preisverhandlungen nicht ins Spiel gebracht werden konnten. Damit hätte das Folgerecht die Funktion, die „gestörte Vertragsparität" des Künstlers im Zeitpunkt der Erstveräußerung nachträglich dadurch auszugleichen, dass er an späteren Wertsteigerungen „seines Kunstwerkes" zu beteiligen ist. Im Ergebnis würde dann das Folgerecht *ex post* die Angemessenheit der Vergütung für den Künstler gewährleisten.

16 BR-Drs. 69/06, S. 3.

17 BT-Drs. 14/6433.

18 BT-Drs. 14/6433, S. 7.

19 Vgl. *Riesenhuber/Klöhn*, in diesem Band, § 1 (S. 6).

In dieser Argumentation wird das Folgerecht als Instrument gesehen, mit dessen Hilfe bestimmte Funktionsdefizite des Kunstmarktes beseitigt werden sollen. Man kann dann diese Schutzzweckhypothese auf den ökonomischen Prüfstand stellen. Diese Vorgehensweise eröffnet eine interdisziplinäre Zusammenarbeit zwischen Ökonomik und Rechtswissenschaft, in der mit Hilfe der Ökonomik Hypothesen getestet – und damit möglicherweise falsifiziert – werden, die rechtspolitischen Aktivitäten zugrunde gelegen haben. Es geht bei einer solchen Vorgehensweise nicht um eine Auseinandersetzung um die Richtigkeit der Zielsetzung – hier Verbesserung des Schutzes des Künstlers –, sondern darum, ob die gesetzgeberische Hypothese zutrifft oder nicht.

Werden bestimmte rechtliche Instrumente zur Erreichung eines vorgegebenen Zwecks eingesetzt, baut ein solches Vorgehen auf dem Zweck-Mittel-Paradigma auf.[20] Danach kann, um Ressourcen zu schonen, bei einem gegebenen Zweck nach den Mitteln gesucht werden, die den Zweck mit einem minimalen Input erreichen. Oder es wird gefragt, wie sich mit gegebenen Ressourcen ein maximaler Output realisieren lässt. Für die Gesetzgebung wird auf die erste Variante des Zweck-Mittel-Paradigmas abgestellt. In der Sprache der Rechtswissenschaft wird nicht auf Minimierung, Maximierung oder Optimierung abgestellt, sondern auf die Geeignetheit der Mittel. Dennoch gilt die Kritik am Zweck-Mittel-Paradigma auch gegen diese abgeschwächte Version. Es wird – implizit – vorausgesetzt, dass die eingesetzten Mittel Auswirkungen nur in Bezug auf den angestrebten Zweck haben. Nicht intendierte Nebenfolgen (*non-intended consequences of intentional activitities*), wie sie insbesondere von *Hayek* ins Spiel gebracht worden sind,[21] werden systematisch ausgeblendet. Kommt es zu solch nicht intendierten Nebenfolgen, kommt es zu Rückkoppelungen zwischen Zweck und Mitteln. Das Paradigma wird brüchig. Will man also die Hypothese testen, ob ein vom Gesetzgeber ausgewähltes Mittel den angestrebten Zweck erreicht oder nicht, ist eine Analyse durchzuführen, die nach der Existenz von nicht intendierten Nebenfolgen der eingesetzten Mittel fragt.

---

20 *Homann,* Die Interdependenz von Zielen und Mitteln (1980); *Streit,* Theorie der Wirtschaftspolitik (6. Aufl. 2005), S. 270; *Mertens/Kirchner/Schanze,* Wirtschaftsrecht (1978), S. 46f.

21 *Hayek,* Die Ergebnisse menschlichen Handelns aber nicht menschlichen Entwurfs, in: ders. (Hrsg.), Freiburger Studien (1969), S. 97–107.

Für die Untersuchung der Wirkungen des urheberrechtlichen Folgerechts heißt dies dann, dass zu untersuchen ist, welche Nebenfolgen dieses Rechts möglicherweise in Rechnung zu stellen sind. Es ist daran zu denken, dass der Preis beim Erstverkauf eines Kunstwerkes tangiert wird, da die Vertragsparteien die erwarteten Wirkungen des Folgerechts in Rechnung stellen. Es könnte sein, dass sich Anreize für die Vertragsbeteiligten ändern, so etwa beim Käufer bezüglich seiner Anstrengungen, die Reputation des Künstlers durch Promotionsanstrengungen zu verbessern. Um systematisch zu klären, welche Nebenfolgen auftreten können, ist eine Analyse der Kunstmärkte erforderlich, für die das Folgerecht den Künstlerschutz bezwecken soll. Dann wird man die Spielregeln dieses Marktes zu analysieren haben, um dann zu klären, wie das Folgerecht – im Zusammenspiel mit anderen Spielregeln – die Marktergebnisse beeinflusst. Verlangt ist dann eine institutionenökonomische Untersuchung des Kunstmarktes, in der dann komparativ statisch ein Spielregelsatz mit und einer ohne Folgerecht miteinander verglichen werden.

III. Die Methodik des institutionenökonomischen Ansatzes

1. Institutionenökonomik: Entstehung und Analyse von Spielregeln

Der juristische Problemzugang fragt, wie die Position der schwächeren Vertragspartei zu schützen ist. Als Problemlösung bietet sich eine Stärkung der Rechte der schwächeren Partei an. Es wird auf die direkte Folge einer Änderung der Rechtspositionen abgestellt. In einer Spielsituation heißt dies, dass die Spielregeln zugunsten eines Akteurs geändert werden und nun gefragt wird, ob und wie er davon profitiert. In einem Spiel mit Wiederholungen wäre aber zu fragen, wie sich alle beteiligten Akteure auf die neuen Spielregeln einstellen und was dann für die einzelnen Spieler resultiert, wenn die anderen Spieler ihr Verhalten geändert haben. Dies ist die Sichtweise des institutionenökonomischen Problemzugangs.[22] Institutionen als abstrakt-generelle sanktionsbewehrte Regelungen lassen sich als Spielregeln begreifen.

---

[22] Vgl. für viele: *Eggertsson*, Economic behavior and institutions (1990); *Erlei/Leschke/Sauerland*, Neue Institutionenökonomik (2. Aufl. 2007); *Homann/Suchanek*, Ökonomik, Eine Einführung (2. Aufl. 2005); *North*, Institutions, In-

2. Vorzüge des institutionenökonomischen Ansatzes für die Untersuchung

Der institutionenökonomische Ansatz bringt für die Untersuchung des hier zu behandelnden Problems insbesondere zwei Vorteile: (1) Der Ansatz arbeitet mit der Annahme systematisch unvollständiger Information.[23] Dies ist für die Untersuchung von Kunstmärkten deshalb relevant, da bezüglich der Qualität der auf diesen Märkten gehandelten Produkte erhebliche Unsicherheit herrscht.[24] Das Informationsproblem ist das zentrale Problem für die Funktionsweise auf Kunstmärkten. (2) Der Ansatz arbeitet mit der Annahme beschränkter Rationalität (*bounded rationality*).[25] Im Rahmen verhaltenswissenschaftlicher Untersuchungen ist diese Annahme verfeinert worden. Die Annahme beschränkter Rationalität wird heute insbesondere durch verhaltenswissenschaftliche Ansätze in der Ökonomik ausdifferenziert und erhärtet.[26]

---

stitutional Change and Economic Performance (1990) [deutsch: Institutionen, institutioneller Wandel und Wirtschaftsleistungen (1992)]; *Ostrom*, Doing Institutional Analysis, Digging Deeper than Markets and Hierarchies, in: Ménard/Shirley (Hrsg.), Handbook of New Institutional Economics (2005), S. 819; *Richter/Furubotn*, Neue Institutionenökomik, (3. Aufl. 2003); *Voigt*, Institutionenökonomik (2. Aufl. 2009); *Williamson*, The Economic Institutions of Capitalism (1985) [deutsch: Die ökonomischen Institutionen des Kapitalismus (1990)].

23 Vgl. *Voigt* (Fn. 22), S. 25.

24 Vgl. für viele: *Solow*, J.Cult.Econ. 22 (1998), 209, 210.

25 Vgl. *Conslik*, Why bounded rationality?, J.Econ.Lit. 34 (1996), 669; *Kreps*, Bounded Rationality, The New Palgrave Dictionary of Economics and the Law, Bd.1 (1998), 168; *Rubinstein*, Bounded Rationality (1997); *Schlicht*, Rationality, Bounded or not, and Institutional Analysis, JITE 146 (1990), 703; *Simon*, Theories of Bounded Rationality, in: McGuire/Radner (Hrsg.), Decision and Organization (1972), S. 161; *Simon*, Grenzen der Rationalität in Entscheidungsprozessen, Journal für Betriebswirtschaft 30 (1980), 2; *Simon*, Bounded Rationality, New Palgrave Dictionary of Economics and the Law, Utility and Probability (1987), S. 15.

26 Vgl. *Jolls/Sunstein/Thaler*, A Behavorial Approach to Law and Economics, Stan.L.Rev. 50 (1998) 1471; *Kahnemann*, New Challenges to the Rationality Assumption, JITE 150 (1994), 18; *Kahneman/Tversky*, Prospect Theory: An Analysis of Decision under Risk, Econometrica 47 (1979), 263; *Kirchner*, New Challenges to the Rationality Assumption, JITE 150 (1994), 37; *Schäfer/Ott*, Lehrbuch der ökonomischen Analyse des Zivilrechts (4. Aufl. 2005), S. 65–71.

Die Annahme beschränkter Rationalität hat den Vorteil, dass man bestimmte Marktphänomene, die auf der Grundlage der Annahme strenger Rationalität nicht erklärt werden könnten, nicht gleich auf irrationales Verhalten zurückführen muss. Das hätte den Nachteil, dass man keine Hypothesen bezüglich der Wirkungsweise institutioneller Änderungen aufstellen könnte. Arbeitet man mit der Annahme beschränkter Rationalität und gibt man an, welche Rationalitätsfallen oder Verhaltensanomalien für die konkrete Untersuchung unterstellt werden, lassen sich Hypothesen aufstellen, die dem Falsifikationstest ausgesetzt werden können. Es können also synthetisch gehaltvolle Aussagen gemacht werden. Voraussetzung ist dann, dass für die konkrete Untersuchung angegeben wird, von welchen Rationalitätsfallen und Verhaltensanomalien ausgegangen werden soll.

Unter anderem ist in Laborversuchen, die oft gemeinsam von Ökonomen und Psychologen durchgeführt worden sind, nachgewiesen worden, dass Akteure sich in Bezug auf erwartete Gewinne und Verluste unterschiedlich verhalten. Bei erwarteten Gewinnen sind die Akteure oft stark risikoavers, bei erwarteten Verlusten hingegen risikofreudig.[27] Des Weiteren spielt Überoptimismus (*overoptimism*) in Boomphasen von Märkten und Überpessimismus (*overpessimism*) bei fallenden Preisen eine Rolle, wie dies insbesondere auf internationalen Finanzmärkten deutlich wurde.

Die Erkenntnisse des verhaltenswissenschaftlichen Ansatzes in der Ökonomik sind mit einer gewissen Vorsicht zu verwenden. In der Regel sind sie in Laborversuchen gewonnen worden. Die befragten Akteure waren oftmals Studierende der Wirtschaftswissenschaft. Außerdem ist streng zwischen Verhaltensanomalien und den Wirkungen unvollständiger Information zu unterscheiden. Auch unter den Bedingungen unvollständiger Information können die Akteure rational handeln. Sie stellen dann die Unvollständigkeit der Information in Rechnung und prüfen, ob die Kosten zusätzlicher Informationsgewinnung und -verarbeitung durch die daraus fließenden Vorteile zu rechtfertigen sind. Es ist also rationales Handeln bei unvollständiger Information möglich. Es kann also rational sein, sich nicht weiter zu informieren (rationale Ignoranz).

Für Kunstmärkte spielt diese Unterscheidung zwischen den Auswirkungen unvollständiger Information auf der einen und denen beschränkter

27 *Kahneman/Tversky*, Econometrica 47 (1979), 263.

Rationalität auf der anderen Seite deshalb eine wichtige Rolle, weil es das Problem unzureichender Information über die Preisentwicklung von Kunstwerken ist, die das Fundament der Kunstökonomik bildet. Dieses Problem wird deshalb im nächsten Kapitel im Mittelpunkt des Interesses stehen.

IV. Zur Ökonomik von Kunstmärkten

1. Sachliche Marktabgrenzung

Im Folgenden sollen Kunstmärkte untersucht werden, auf denen Originalkunstwerke („Originale eines Werkes der bildenden Künste oder eines Lichtbildwerks") gehandelt werden, die urheberrechtlich geschützt sind. Es geht also vornehmlich um Kunstwerke der Gegenwartskunst.

2. Produkteigenschaften von Kunstwerken: Das Problem der Unsicherheit

Die Funktionsweise eines Marktes ist von der Art der Produkte bestimmt, die auf ihm gehandelt werden. Originalkunstwerke zeichnen sich dadurch aus, dass die Vergleichbarkeit der einzelnen Produkte äußerst schwierig ist. Selbst die Werke eines Künstlers aus ein und derselben Schaffensperiode weisen oft große Unterschiede aus. Man spricht von der Heterogenität des Gutes Kunstwerks.[28] Die einzelnen Originalkunstwerke sind Unikate.[29]

Kunstwerke sind dauerhafte Güter. Sie werden nicht verbraucht, sondern bleiben dem Eigentümer erhalten. Ihr Wert besteht darin, dem Eigentümer – und denen, die Zugang zum Kunstwerk eingeräumt bekommen – einen Nutzen dadurch zu stiften, dass der Anblick die temporäre oder dauerhafte Lebensqualität steigert. Allerdings kann auch die erwartete

28 Vgl. *Talkenberg*, Die Ökonomie des Bildermarktes (1992), S. 23 f.; *Beckert/Rössel*, Kunst und Preise: Reputation als Mechanismus der Reduktion von Ungewissheit am Kunstmarkt, KZfSS 2004, 32, 37 f.

29 Vgl. *Beckert/Rössel*, KZfSS 2004, 32, 37.

Rendite bei einer Kapitalanlage in Kunstwerke eine Rolle spielen.[30] Der Aspekt, dass Kunstwerke dauerhaft sind, hat insofern ökonomische Folgen, als der beim Verkauf von Kunstwerken eines Künstlers erzielte Preis Auswirkungen auf den Marktwert der bereits in Verkehr gebrachten Kunstwerke hat. Ein Steigen der Preise bei Neuverkäufen hebt den Marktwert der bereits im Markt befindlichen Kunstwerke an; ein Sinken des Preises reduziert hingegen deren Marktwert. Dieser Marktmechanismus. ist darauf zurückzuführen, dass für ein und dasselbe Produkt auf dem Markt nicht zwei Preise existieren können, wenn nicht Qualitätsdifferenzen von den Marktteilnehmern identifiziert werden können. Man sollte meinen, dass solche angesichts der Heterogenität des Gutes Kunstwerk sehr wohl festgestellt werden können. Dies ist aber nicht der Fall. Der Grund ist das Fehlen objektiv feststellbarer Qualitätsunterschiede für Kunstwerke. Hier geht es um ein Informationsproblem.

Das Informationsproblem ist auf vielen Märkten beachtlich, auf denen die Qualität der gehandelten Güter für die Marktteilnehmer nicht bekannt ist. Man unterscheidet insofern zwischen Suchgütern (*search goods*) und Erfahrungsgütern (*experience goods*).[31] Bei solchen Gütern ist das Informationsproblem grundsätzlich lösbar. Die Informationsgewinnung ist allerdings mit Kosten verbunden, die aus Sicht des Erwerbers den von ihm zu entrichtenden Preis erhöhen. Kunstwerke lassen sich weder in die Kategorie der Suchgüter, noch in die der Erfahrungsgüter einordnen.[32] Die Unsicherheit bezüglich der Qualität lässt sich nicht beheben, da es keine objektiv-verbindlichen Maßstäbe für die künstlerische Qualität eines Kunstwerkes gibt.[33] Also kann es auch keine solchen Maßstäbe für die Preissetzung geben.

Setzt man am künstlerischen Wert eines Kunstwerkes an und wird dieser von verschiedenen Akteuren unterschiedlich eingeschätzt, so sollte dennoch eine individuelle Preisfindung für ein Kunstwerk möglich sein. Das Kunstwerk ist dann für den potentiellen Erwerber am meisten wert, der

---

30 Vgl. *Baumol*, Unnatural Value: or Art Investment as Floating Crap Game, Am.Econ.Rev 76 (1986), 10; *Frey*, Art Markets and Economics: Introduction, J.Cult.Econ. 21 (1997), 165, 166.

31 Vgl. *Knebel*, Anomalies in fine art markets – three examples of an imperfect market for perfect goods (2007), S. 11–13

32 Vgl. *Bonus/Ronte*, Credibility and Economic Value in the Visual Arts, J.Cult.Econ. 21 (1997) 103, 103–105.

33 Vgl. *Beckert/Rössel*, KZfSS 2004, 32, 36.

den künstlerischen Wert subjektiv am höchsten einschätzt. Durch diese Einschätzung wird seine Zahlungsbereitschaft bestimmt. Gibt es auf der anderen Seite einen Preis, bei dem der Künstler zu verkaufen bereit ist, weil er sich durch den Verkauf zu diesem Preis besser steht als ohne den Verkauf, lässt sich die Preisspanne bestimmen, innerhalb derer ein Kaufpreis zustande kommen kann. Hier könnte aber ein Problem des *ex ante*-Opportunismus ins Spiel kommen, wenn die eine Seite besser informiert ist als die andere, ihre Informationen aber systematisch zurückhält. Hat also ein potentieller Käufer Informationen darüber, zu welchen Preisen die Kunstwerke vergleichbarer Künstler gehandelt werden (die etwa derselben Schule angehören), ist der Künstler darüber aber nicht informiert, kann der potentielle Käufer dies für sich ausnutzen. Im Ergebnis heißt dies dann, dass der Preis innerhalb der möglichen Preisspanne näher am Preis liegt, unter den der Verkäufer nicht zu gehen bereit ist.

3. Zusammenspiel verschiedener Marktteilnehmer

Die Tatsache, dass sich auch bei fehlender objektiver Bewertung der Qualität von Kunstwerken ein Preis für ein Kunstwerk auf dem Markt herausbilden kann, ist für die Erklärung der Funktionsweise von Kunstmärkten noch nicht ausreichend. Es bleibt die Frage offen, ob sich zwischen der individuellen Preisfindung für ein Kunstwerk, die letztlich bestimmt wird von der subjektiven Einschätzung des potentiellen Käufers, und einer Marktpreisbildung nach Qualitätskriterien, die von allen Marktteilnehmern konsentiert werden, eine Ebene der intersubjektiven Qualitätsbewertung ausmachen lässt. Dies ist ein Problem der Kunstsoziologie, aber auch eines der Ökonomik von Kunstmärkten.[34] Es ist davon die Rede, dass der „künstlerische Wert“ im Feld der Kunst sozial konstruiert werde, dass die Bewertung in einem intersubjektiven Prozess erfolge.[35] Aus ökonomischer Perspektive geht es um die Interaktion verschiedener Spieler, die im je eigenen Interesse handeln und die in einem

---

34 Vgl. insbes. *Beckert/Rössel*, KZfSS 2004, 32; *Bonus/Ronte*, J.Cult.Econ. 21 (1997), 103; *Drey*, Der Kunstmarkt, Eine Studie über die wirtschaftliche Verwertung des Bildes (1910); *Filer*, A Theoretical Analysis of the Economic Impact of Artists, J.Cult.Econ. 8 (1984), 1; *Frangen*, Ökonomische Analyse des Marktes für Malerei in der Bundesrepublik Deutschland (1983); *Frey*, J.Cult.Econ. 21 (1997), 165; *Knebel* (Fn. 31); *Talkenberg* (Fn. 28).

35 Vgl. *Beckert/Rössel*, KZfSS 2004, 32, 34.

Spiel intersubjektive Bewertungsmaßstäbe herausbilden. Dann ist festzustellen, welche Spieler an diesem Spiel beteiligt sind, welche Interessen sie haben und schließlich, welche Spielregeln für dieses Spiel maßgeblich sind. Diese Spielregeln sind die in der Institutionenökonomik untersuchten Institutionen. Dabei ist zu beachten, dass es neben formalen Institutionen – wie etwa gesetzlichen Regelungen – auch informelle Regeln gibt, etwa gesellschaftliche Konventionen.[36] Diese können auf Kunstmärkten eine erhebliche Rolle spielen.

Um die relevanten Marktteilnehmer auf Kunstmärkten bestimmen zu können, soll zuerst von einer einfachen Fallkonstellation ausgegangen werden, und zwar von Vermarktungsversuchen des Werkes eines unbekannten Künstlers. Es ist dann zu klären, welche Akteure darauf einwirken können, dass der Bekanntheitsgrad und die Reputation dieses Künstlers steigen. Am Anfang der Karriere können potentielle Käufer subjektiv bewerten, wie sie die Qualität seiner Werke einschätzen. Das allein reicht hingegen für die „soziale Konstruktion“ des künstlerischen Wertes der betreffenden Kunstwerke nicht aus. Neben die künstlerische Wertschätzung treten weitere Faktoren, insbesondere ökonomische und soziale. Für potentielle Käufer kann es wichtig sein, wie die Wertentwicklung eines erworbenen Kunstwerkes sich entwickeln wird (Investitionskalkül). Beim Erwerb eines Werkes eines noch unbekannten Künstlers ist der Grad der Unsicherheit extrem hoch. Der potentielle Käufer befindet sich in einer vergleichbaren Situation wie ein Teilnehmer an einer Lotterie. Er wird in dieser Situation Anhaltspunkte dafür suchen, die den Grad der Unsicherheit absenken. Zu diesen Anhaltspunkten gehören insbesondere das Renommee der Ausbildungsstätte des Künstlers sowie der „Lehrer“, aber auch Preise und anerkannte Kunststipendien. Daneben spielen Faktoren wie Ausstellungen, auf denen die Werke des betreffenden Künstlers gezeigt worden sind, der Ruf der Galerie, die Werke des Künstlers anbietet, und die Tatsache, ob eine Galerie Werke des betreffenden Künstlers auf Kunstmessen ausstellt, eine Rolle. Kunstkritiken können zur Verbesserung der Reputation eines Künstlers beitragen. Die Aufnahme von Werken des Künstlers in Versteigerungen durch Auktionshäuser wird bei noch unbekannten Künstlern keine Rolle spielen. Der anfangs unbekannte Künstler erwirbt im Zusammenspiel der genannten Marktteilnehmer Reputation. Diese ist nicht nur für ihn selbst bedeutsam, sondern auch

---

36 Vgl. *Erlei/Leschke/Sauerland* (Fn. 22), S. 548.

für andere Marktteilnehmer, die an der Vermarktung seiner Werke beteiligt sind, also etwa für Galeristen. Aber auch Käufer seiner Kunstwerke, die bereits Kunstwerke von ihm erworben haben, sind an der Reputationssteigerung interessiert, da mit Preisanhebungen auf dem aktuellen Markt, auch der Wert der früher von ihnen erworbenen Kunstwerke steigt. Das wiederum führt zu einem Anreiz für Käufer von Kunstwerken, in bestimmte Künstler dauerhaft zu „investieren", also kontinuierlich Kunstwerke dieses Künstlers zu erwerben, um damit das Preisniveau zu stabilisieren oder anzuheben. Es kommt insofern zu einem Gleichlauf der Interessen von Galeristen und Sammlern.

Für den Galeristen sieht die Interessenlage dann wie folgt aus: Es lohnt sich für ihn, in den Reputationsaufbau der Künstler zu investieren, deren Kunstwerke er vertreibt. Er muss aber von der Gefahr ausgehen, dass dann, wenn in Zukunft die Preise für Kunstwerke eines Künstlers sinken, dies alle Sammler tangieren wird, deren früher erworbenen Kunstwerke im Werte sinken. Diese Gefahr wird zur Folge haben, dass der Galerist vorsichtig vorgehen wird, mit niedrigen Preisen beginnen wird und auch bei steigender Reputation des Künstlers die Preise nur behutsam anheben wird. Dies erklärt, warum Preisnachlässe und „Sonderangebote" auf Kunstmärkten eher die Ausnahme sind.

4. Faktoren der Preisbildung

Für die Preisfindung hat sich auf Kunstmärkten folgende Formel herausgebildet: Die Summe aus Breite und Höhe eines Bildes wird mit einem Skalierungsfaktor multipliziert. Dieser Skalierungsfaktor für einen Künstler steigt mit zunehmender Reputation. Eine Absenkung des Skalierungsfaktors würde zum Zusammenbruch des Marktes für Kunstwerke des betreffenden Künstlers führen. Das führt zu Preisentwicklungen auf Kunstmärkten, die mit so genannten Blasenbildungen auf Märkten wie Immobilienmärkten und Finanzmärkten vergleichbar sind. Ist etwa in die Reputation von Künstlern einer bestimmten Gruppe oder „Schule" investiert worden und hat dies zu erheblichen Preissteigerungen für die Kunstwerke dieser Künstler geführt, so kann ein Nachfragerückgang für diese Werke, wenn sie „aus der Mode kommen", zum Zusammenbruch des gesamten Marktes führen. Es kann sich dennoch lohnen, solche Blasen zu produzieren, wenn nämlich die Umsätze in der Erfolgsphase des Marktes höher ausfallen als sie bei einer langsamen und vorsichtigen Marktstrategie erzielt werden könnten.

5. Spielregeln für Kunstmärkte

Kunstmärkte unterliegen grundsätzlich denselben Spielregeln wie andere Produktmärkte. Es gelten die Regeln des Vertragsrechts und des Rechts der Wettbewerbsbeschränkungen. Zudem gelten hier die Regeln des Immaterialgüterrechts. Kunstwerke sind urheberrechtlich geschützt. Zu den Rechten des Urhebers gehört nach § 15 Abs. 1 UrhG als absolutes Recht das Verwertungsrecht. Dies setzt den Urheber in die Lage, durch die wirtschaftliche Verwertung des geschützten Objektes Nutzen zu ziehen. Der Urheber hat nach § 17 Abs. 1 UrhG das Verbreitungsrecht. Nur er ist berechtigt, das Kunstwerk in Verkehr zu bringen. § 17 Abs. 2 UrhG regelt dann allerdings, dass dann, wenn das Original oder Vervielfältigungsstücke des Werkes mit Zustimmung des zur Verbreitung Berechtigten im Gebiet der Europäischen Union oder eines anderen Vertragsstaates des Abkommens über den Europäischen Wirtschaftsraum im Wege der Veräußerung in Verkehr gebracht worden ist, die Weiterverbreitung mit Ausnahme der Vermietung zulässig ist. Man spricht von der Erschöpfung des Urheberrechts. Das heißt, dass der Urheber mit der Veräußerung keine weiteren ökonomischen Verwertungsrechte hat.[37] Dies entspricht etwa der Rechtslage in der Schweiz. Eine solche Regelung hat zur Folge, dass Wertsteigerungen, die nach dem Erstverkauf eintreten, nicht dem Urheber des Kunstwerkes zu gute kommen, sondern demjenigen, der zu einem über seinem Einkaufspreis liegenden Preis verkaufen kann. Für einen Sammler, der in Kunstwerke investiert hat, ist dies für die Renditeerwartung bedeutsam. Für den Künstler tut sich das Problem auf, dass zum Zeitpunkt des Erstverkaufs nicht zu erwartende Preissteigerungen bei späteren Verkäufen, nicht in den Kaufpreis beim Erstverkauf eingehen.

---

[37] Auf die Frage, wieweit auch nach der Veräußerung des Kunstwerkes der Urheber dagegen geschützt ist, dass seine Werke in entstellender Weise der Öffentlichkeit präsentiert werden, ist hier nicht einzugehen. Zum „Weimarer Bilderstreit“: *Thies*, Wie viel Schutz braucht die Kunst im öffentlichen Raum? (2007).

Hier setzt eine verhaltenswissenschaftlich angeleitete ökonomische Analyse an: Die Nichtberücksichtigung möglicher späterer Wertsteigerungen des Kunstwerks bei der Erstveräußerung könnte entweder auf das in Abschnitt IV. 3. behandelte Informationsproblem zurückzuführen sein oder aber auf eine Verhaltensanomalie, nämlich die zu hohe Risikoaversität des Käufers.

Doch bevor diese ökonomische Analyse durchgeführt wird, sind weitere Spielregeln, die für Kunstwerke relevant sind, in Augenschein zu nehmen. Es geht um informelle Regelungen und hier insbesondere um soziale Konventionen. Der Kunstmarkt funktioniert insofern anders als viele Produktmärkte, als der soziale Kontext eine erhebliche Rolle spielt. Private Sammler können durch den Erwerb von Kunstwerken ihr gesellschaftliches Ansehen steigern. Das scheint auf den ersten Blick allein ein Problem nichtmonetärer Präferenzen zu sein. Anstrengungen, die gesellschaftliche Anerkennung zu verbessern, können sehr wohl dem Modell des Rationalverhaltens entsprechen. Außerdem gibt es auch Wechselbeziehungen zwischen dem monetär messbaren und dem gesellschaftlichen Erfolg. Aus institutionenökonomischer Sicht ist interessant, in welchem Umfeld die Steigerung des gesellschaftlichen Ansehens erfolgt. Kunstwerke werden nicht im Laden gekauft. Der soziale Kontext, in dem der Handel stattfindet, ist relevant.[38] Man kann beobachten, dass der Erwerb von Kunstwerken bei Versteigerungen oft preiswerter ist als der bei Galerien. So ist das soziale Umfeld, das Galerien gestalten können, etwa durch die Durchführung von Vernissagen etc., für Käufer und potentielle Käufer interessant. Der Zugang zu diesen gesellschaftlichen Veranstaltungen ist mit der Bereitschaft verbunden, jedenfalls von Zeit zu Zeit Kunstkäufe zu tätigen. Es entwickeln sich soziale Regeln bezüglich der Einladung zu solchen Veranstaltungen und ihrer Durchführung. Ebenso spielt die Mitgliedschaft in Kunstvereinen eine vergleichbare Rolle. Die aktive Teilnahme an derartigen Veranstaltungen setzt den Kauf von Kunstwerken nicht zwingend voraus, verbessert aber das Ansehen der Käufer. Was in der Kunstökonomik als „soziale Konstruktion“ des künstlerischen Wertes von Kunstwerken bezeichnet worden ist (oben Abschnitt IV. 2.), findet also in einem wohl definierten gesellschaftlichen Umfeld statt. Will man die tatsächlichen Wirkungen formaler Regelungen, wie solcher des Urheberrechts, analysieren, erscheint es geraten, die Wirkung der informellen

---

[38] *Bonus/Ronte,* J.Cult.Econ. 21 (1997), 103, 104, 111–115.

Regelungen gleichfalls in den Blick zu nehmen. Die formalen Regelungen entfalten ihre Wirkung im Kontext der informellen.

V. Zur Wirkungsweise des Folgerechts

1. Wirkungsweise des Folgerechts ohne Berücksichtigung legislatorischen Wettbewerbs

Das Folgerecht des § 26 UrhG ändert den Erschöpfungsgrundsatz des § 17 Abs. 2 UrhG insofern ab, als auch nach der Erstveräußerung des Kunstwerkes die Ansprüche aus dem Folgerecht dem Künstler zustehen. Sein Urheberrecht ist also nicht gänzlich „erschöpft". Er hat zwar keinen vertraglichen Anspruch mehr. Ihm steht aber der gesetzliche Anspruch zu, wenn die tatbestandlichen Voraussetzungen von § 26 Abs. 1 UrhG erfüllt sind.

Würde man für die Analyse des Folgerechts von der Annahme vollständiger Information ausgehen, könnte man argumentieren, dass nunmehr Käufer und Verkäufer umfassend darüber informiert sind, wie sich dieses auf den Erstverkaufspreis auswirkt. Allerdings würde diese Herangehensweise zu kurz greifen. Denn bei vollständiger Information würde das Problem der Unsicherheit in Bezug auf künftige Preissteigerungen entfallen. Somit könnten die diesbezüglichen Erwartungen voll in den Preis eingehen. Es bestände dann kein Bedarf für ein urheberrechtliches Folgerecht.

Geht man von der Annahme unvollständiger Information aber unbeschränkter Rationalität aus, so könnte die Begründung für das Folgerecht darin liegen, dass zwischen dem Käufer (im Folgenden „Händler" genannt) und dem Künstler die Informationen asymmetrisch verteilt sind. Der Händler hat den besseren Marktüberblick und kann seinen Wissensvorsprung in Gestalt *ex-ante* opportunistischen Verhaltens ausnutzen. Angesichts der fundamentalen Informationsprobleme auf Kunstmärkten erscheint es jedoch sehr zweifelhaft, ob ein Händler über einen hinreichend großen Informationsvorsprung verfügt, um diesen opportunistisch auszubeuten.

Man wird also davon auszugehen haben, dass der bilateral ausgehandelte Preis zwischen dem untersten Preis liegt, zu dem der Künstler zum Verkauf bereit ist, und dem Preis, von dem der Händler sich gerade noch einen Gewinn erhofft.[39] Dann fragt es sich, ob die künftigen Gewinnerwartungen des Händlers dadurch berührt werden, dass er aufgrund des Folgerechts des Künstlers aus dem erwarteten Gewinn bei einer Weiterveräußerung einen Anteil an den Künstler abzuführen hat.[40] Rationalverhalten unterstellt, kann man davon ausgehen, dass bei geminderten Gewinnerwartungen der vom Händler kalkulierte Höchstpreis für den Erstverkauf sinken wird. Die Preisspanne, innerhalb derer sich der bilateral ausgehandelte Preis bildet, wird also kleiner. Es ist aber nicht mit Gewissheit auszumachen, ob der letztlich vereinbarte Preis unter dem ohne Existenz eines Folgerechts liegt, da nicht mit Sicherheit gesagt werden kann, wo sich der Preis innerhalb der Preisspanne bildet.

Nun ist nicht nur nach den möglichen Auswirkungen des Folgerechts auf den Erstveräußerungspreis zu fragen, sondern auch danach, welche Anreizwirkungen vom Folgerecht ausgehen. Denkt man an die Funktionsweise von Kunstmärkten, in denen der künstlerische Wert in einer Interaktion der verschiedenen Marktteilnehmer sozial konstruiert wird, so ist deutlich, dass es um die Promotionsanstrengungen des Händlers für den Künstler geht. Diese können angesichts der existierenden informellen Regelungen nicht unerheblich sein (dazu oben IV. 5.). Dann stellt sich das Problem, ob der Händler angesichts der Tatsache, dass die von ihm geförderte Reputation des Künstlers ihm selbst nur zum Teil zu Gute kommt, seine Aktivitäten herunterfahren wird. In Betracht käme auch eine Kostenbeteiligung des Künstlers an den Promotionsaktivitäten. Eine solche gibt es etwa für den Druck von Katalogen für Ausstellungen und Messen, die oftmals vom Künstler ganz oder zum Teil zu übernehmen sind. Darin spiegelt sich wider, dass es bezüglich der Steigerung der Reputation des Künstlers einen Gleichlauf der Interessen zwischen Händler und Künstler gibt. Man kann also davon ausgehen, dass Preisverhandlungen zwischen Händler und Künstler nicht allein die Preise der Kunstwerke sind (also letztlich die Festsetzung des Skalierungsfaktors) betreffen, sondern auch das Ausmaß der Promotionsanstrengungen und die Kostenteilung dabei. Wird nun der erwartete Vorteil aus Preissteigerungen bei Folgeverkäufen zwischen Händler und Künstler neu verteilt, wird dies – Rationalverhalten unterstellt – zu anderen Kostenteilungs-

39 *Schmidtchen/Kirstein*, GRUR 2002, 860, 861.

40 *Schmidtchen/Kirstein*, GRUR 2002, 860, 861; *Ginsburgh* (Fn. 3), S. 1, 2f.

modellen zwischen Händler und Künstler führen. Wie bereits festgestellt kann dies auch zu niedrigeren Erstverkaufspreisen führen, muss es aber nicht. Die Annahme, dass eine Neuaufteilung künftiger Gewinne aus Preissteigerungen keinerlei Wirkungen auf die Verhandlungssituation bei der Aushandlung des Erstveräußerungspreises hat, erscheint dann unrealistisch, wenn von der Annahme rationalen Verhaltens der Akteure ausgegangen wird.

Als Zwischenergebnis wird man feststellen können, dass Ökonomen davon ausgehen werden, dass der Schutz des Künstlers durch Einführung eines Folgerechts letztlich von diesem mit einem Preis zu bezahlen ist, dessen Höhe sich allerdings kaum bestimmen lässt.

Ändert man nun die Rationalitätsannahmen, könnte sich auch das bisher gefundene Ergebnis ändern. In erster Linie ist an die Forschungen von *Kahnemann* und *Tversky* zur asymmetrischen Reaktion auf erwartete Gewinne und Verluste (*prospect theory*) zu denken (dazu oben III. 1. und Fn. 26). Risikoaverses Verhalten des Händlers in Bezug auf erwartete Gewinne könnte angesichts der Informationsprobleme von Kunstwerken eine nicht zu unterschätzende Rolle spielen. Dies würde sich dann auf den vom Händler in Ansatz gebrachten Höchstpreis, bei dem er gerade noch mit einem Gewinn rechnet, auswirken. Die Preisspanne, innerhalb derer sich der Preis bildet, wird damit kleiner. Dies verändert aber nicht die Wirkung des Folgerechts auf die Anreize für Promotionsanstrengungen. Insofern tangiert die Veränderung der Verhaltensannahme das bisher gefundene Ergebnis nicht.

Knüpft man an die juristische Begründung für die Einführung des Folgerechts an, die „schwächere Partei“ gegen Ausbeutung zu schützen, könnte man daran denken, dass der Künstler möglicherweise aufgrund beschränkter Rationalität bereit ist, in einen Preis einzuwilligen, der bei Rationalverhalten nicht zustande käme. Man würde dann den Grundgedanken bei rechtlichen Regelungen, die eine Vertragspartei gegen Ausbeutung durch die andere schützen sollen, umformulieren. Es würde nicht mehr auf das Gleichgewicht in der Verhandlungssituation abgestellt werden, sondern auf die unterschiedlichen Rationalitätsbeschränkungen bei den Vertragsparteien. Man würde dann die Partei schützen wollen, bei der bestimmte Verhaltensanomalien angenommen werden. In Betracht käme hier das Phänomen des Überoptimismus beim Künstler bezüglich der Entwicklung seiner Reputation. Aus ökonomischer Sicht würde das aber keinen Einfluss auf den erzielbaren Preis haben, weil es beim Künstler nur auf die Preisuntergrenze ankommt, er aber die Preisobergrenze des Händlers nicht beeinflussen kann.

Schließlich könnte man überlegen, ob der Besitztumseffekt (*endowment effect*) eine Rolle spielen könnte. Dies könnte der Fall sein, wenn der Künstler nur zu einem höheren Preise zu verkaufen bereit ist, um „seine" Kunstwerke zu behalten. Ist er aber – unabhängig von seinen Präferenzen – auf den Verkauf seiner Werke angewiesen, wie dies gerade bei unbekannten Künstlern in der Regel der Fall sein dürfte, spielt der Besitztumseffekt keine Rolle.

Es lässt sich damit – unabhängig von den verwendeten Rationalitätsannahmen –feststellen, dass das Folgerecht dem Künstler zwar einen Nutzenzuwachs in der Zukunft verspricht, er dafür aber in der Gegenwart zu zahlen hat. Stellt man nun in Rechnung, dass aus ökonomischer Sicht künftige Erträge auf den Gegenwartswert abzudiskontieren sind und der Diskontierungsfaktor gerade für unbekannte Künstler sehr hoch sein dürfte,[41] ist es für den Künstler sehr ungünstig, für in der Zukunft liegende – ungewisse – Gewinnerwartungen in der Gegenwart zahlen zu müssen.

Hinzu kommt, dass die Überwachung von Kunsttransaktionen, der Einzug der Folgerechtsabgabe und die Weiterleitung an den Künstler mit erheblichen Transaktionskosten belastet sind. Diese Kosten belasten letztendlich den Kunstmarkt und damit die Anbieter auf diesem Markt.[42] Obwohl empirisch belastbare Zahlen nicht vorliegen – und angesichts der Komplexität des Problems auch nur sehr schwer erhoben werden können, wird man davon ausgehen können, dass das Folgerecht letztlich in die Verhandlungen über die Konditionen von Erstverkäufen eingehen wird und damit insbesondere Künstler mit einer hohen Diskontierungsrate stark belastet. Das schließt nicht aus, dass bei bereits bekannten Künstlern, bei denen eine gute Reputation weiter verstärkt wird, die Sache anders liegt. Hier stellt sich das Informationsproblem anders, wenn sich die Reputation bereits auf einem hohen Niveau bewegt. Es ist insofern interessant, dass es besonders bekannte Künstler in der Schweiz waren, die sich vehement gegen die Einführung eines Folgerechts im

41 Vgl. *Schmidtchen/Kirstein*, GRUR 2002, 860, 862.
42 Vgl. *Ginsburgh* (Fn. 3), S. 1, 6.

Schweizer Recht ausgesprochen haben.[43] Zu erklären könnte dies dann sein, wenn man den legislatorischen Wettbewerb in die Überlegungen einbezieht. Dies geschieht im folgenden Kapitel.

2. Wirkungsweise des Folgerechts unter Berücksichtigung legislatorischen Wettbewerbs

Bisher wurde davon ausgegangen, dass bei Folgeverkäufen nicht in eine Jurisdiktion ausgewichen werden kann, die kein Folgerecht kennt. Diese Annahme ist aber insbesondere in Bezug auf Auktionen mit höherwertigen Kunstwerken unrealistisch.

Sollen bei Folgeverkäufen Gewinne aufgrund nach dem Erstverkauf eingetretener Preissteigerungen erzielt werden, kann es für den Verkäufer vorteilhaft sein, diese Verkäufe in einem Land durchzuführen, das kein Folgerecht kennen. Hier spielen insbesondere die Kunstplätze New York und Basel eine Rolle. Aber auch der Kunstmarkt London ist wegen Umsetzungsspielräumen der Folgerechtsrichtlinie und wegen verlängerter Umsetzungsfristen auch heute noch eine Jurisdiktion mit abgeschwächtem Folgerecht.

Das Ausweichen auf einen ausländischen Kunstmarkt ist mit zum Teil erheblichen Kosten (Transportkosten und Versicherungskosten) verbunden. Allerdings können diese dann ganz oder teilweise kompensiert werden, wenn der betreffende Markt sich durch hohe Kaufkraft der potentiellen Käufer auszeichnet, da dann die Aussicht, höhere Preise erzielen zu können, steigt. Es ist ein Rechenkalkül, von welchem Preis an es sich für ein Kunstwerk lohnt, auf einen folgerechtsfreien Markt auszuweichen. Es müssen alle Kosten – einschließlich der Steuereffekte – in Ansatz gebracht werden, die eine örtliche Verlagerung einer Kunsttransaktion in eine folgerechtsfreie Jurisdiktion mit sich bringen. Die degressive Staffel für die Folgerechtsabgaben, die § 26 Abs. 2 UrhG enthält, kann deshalb als ein Instrument verstanden werden, das Ausweichen auf einen ausländischen Kunstmarkt unattraktiv zu machen.

Das Ergebnis ist gerade für unbekannte Künstler, deren Kunstwerke nur bescheidene Preise erlösen, ernüchternd. Ein Ausweichen in eine folgerechtsfreie Jurisdiktion ist ihnen in der Regel versperrt. Es bleibt damit

[43] Vgl. *Fischer* (Fn. 9).

auch bei legislatorischem Wettbewerb für diese Gruppe von Künstlern bei dem Ergebnis, das bei Fehlen legislatorischen Wettbewerbs festgestellt worden war. Sie haben in der Gegenwart für mögliche künftige Nutzensteigerungen durch Folgerechtsansprüche zu zahlen.

VI. Ausblick

Es wurde einleitend festgestellt, dass es sich bei der hier vorgenommen Analyse um theoretische Überlegungen im Rahmen der Ökonomik handelt. Die empirische Basis für weiterführende Überlegungen könnte in Zukunft dadurch verbessert werden, wenn man nunmehr im Vereinigten Königreich Vergleiche der Funktionsweise des Londoner Kunstmarktes vor und nach Einführung des Folgerechts anstellen kann. Dabei sind allerdings die Besonderheiten der Umsetzung der Folgerechtsrichtlinie im Vereinigten Königreich zu berücksichtigen. Das zweite Feld für vergleichende empirische Untersuchungen könnte in Zukunft Australien sein, wo derzeit das Gesetzgebungsverfahren für die Einführung eines urheberrechtlichen Folgerechts läuft.[44]

---

44 Vgl. zur Diskussion in Australien: *Hudson/Waller*, Droit de Suite Down Under: Should Australia introduce a resale royalties Scheme for Visual Artists?, MALR 1 (2005), 1.

§ 12 Anmerkungen zum Verhalten der Teilnehmer am Kunstmarkt und zur Ökonomik des Folgerechts – Kommentar

Gerhard Pfennig

Übersicht

I. Vorbemerkung*

Ich bin aufgefordert worden, aus der Sicht des Praktikers einige Anmerkungen zu den Ausführungen meines Vorredners und zur Wirkungsweise des Folgerechts auf den Kunstmarkt zu machen. Ich äußere mich als Vertreter einer Verwertungsgesellschaft, die das Folgerecht in Deutschland verwaltet und dieses Recht im Rahmen von Gegenseitigkeitsverträgen mit ausländischen Verwertungsgesellschaften auch in den Mitgliedsstaaten der EU geltend macht.

Mein Vorredner ist zu dem Schluss gekommen, dass das Folgerecht bildenden Künstlerinnen und Künstlern schadet, weil die Erwerber von Kunstwerken diese im Weiterverkaufsfall entstehende Belastung bereits in die Preisverhandlungen über den Erstverkaufspreis einbringen und deshalb bestrebt sind, den Erstverkaufspreis zu Lasten der Künstlerin oder des Künstlers zu drücken, um die spätere Folgerechtsabgabe bereits zu diesem Zeitpunkt „einzupreisen“.

---

* Die Vortragsform wurde weitgehend beibehalten.

Ich möchte darlegen, dass diese Schlussfolgerung, zu der auch solche Gegner des Folgerechts gelangen, denen es an vertieften Kenntnissen der Verhaltensökonomik mangelt, nicht zutreffend ist; die Wirkungsweise des Kunstmarkts und die Besonderheit ihres Gegenstands sprechen meiner Ansicht nach eindeutig dagegen.

II. Das Folgerecht gem. § 26 UrhG

Zunächst möchte ich feststellen, dass das Folgerecht aus meiner Sicht keinen Platz im Kontext des Urhebervertragsrechts findet. Es hat nämlich, wie später zu zeigen sein wird, aufgrund der Mehrstufigkeit der Verkaufsvorgänge im Kunstmarkt auf den Kaufvertrag zwischen Künstler und Ersterwerber keinen Einfluss und kann deshalb nicht als urheberschützende Vorschrift im Sinne des Urhebervertragsrechts angesehen werden.

Das Folgerecht lässt sich im System der Verwertungsrechte und Vergütungsansprüche nicht eindeutig verorten. Es handelt sich nicht um ein klassisches Verwertungsrecht gem. §§ 15ff. UrhG, denn nach dem Erstverkauf steht es nicht mehr in der Macht des Künstlers, Weiterverkäufe zu gestatten oder zu verbieten. Aber es handelt sich auch nicht um einen Anspruch auf angemessene Vergütung für die zulässige Nutzung eines Werks im Rahmen einer Schrankenregelung. Die Auskunfts- und Zahlungspflichten zur Durchsetzung des Folgerechts entstehen nämlich nicht wie andere Vergütungsansprüche quasi automatisch in jedem Fall der Weiterveräußerung eines Kunstwerks, dessen Schutzfrist noch nicht abgelaufen ist. Nach deutschem Recht ist vielmehr zusätzlich erforderlich, dass die Künstlerin oder der Künstler bzw. die Erben den Anspruch auf Auskunft und Zahlung gegenüber dem Weiterveräußerer persönlich bzw. im Falle des Auskunftsanspruchs unter Einschaltung einer Verwertungsgesellschaft geltend machen. Melden sie sich nicht, ist weder Auskunft zu erteilen noch Zahlung zu leisten. Anders ist das Recht z.B. in Dänemark, Italien oder Großbritannien ausgestaltet: Hier entsteht der Anspruch zugunsten einer Verwertungsgesellschaft mit dem Weiterverkauf eines geschützten Werks. Begünstigt werden in diesen Ländern deshalb zunächst auch solche Künstlerinnen und Künstler, die dieses Recht gar nicht wahrnehmen wollen. Rufen sie die für sie bereit gestellten Beträge innerhalb bestimmter Fristen nicht ab, werden diese für kulturelle oder soziale Zwecke verwendet. Darüber hinaus entsteht der Folgerechtsanspruch nur unter der Voraussetzung der Reziprozität der Rechtslage im Nutzungsland bzw. Heimatland des Begünstigten.

Von seinen Gegnern wird gern behauptet, es handele sich beim Folgerecht um ein „soziales“ Recht, das leider im Gegensatz zur Absicht des Gesetzgebers meist nur erfolgreichen Künstlern zu Gute komme, deren Werke im Weiterverkaufsmarkt kursieren. Hierbei handelt es sich um ein Missverständnis, denn eine solche Zielsetzung ergibt sich weder aus dem Wortlaut des Gesetzes noch aus seiner Entstehungsgeschichte: Wie viele andere Nutzungsrechte bzw. Vergütungsansprüche setzt es voraus, dass ein Werk im Markt gehandelt wird, also Interesse findet, was in der Regel nur gegeben ist, wenn der Künstler über einen für den Markt wichtigen Bekanntheitsgrad und eine gewisse Qualität verfügt, was in der Regel, aber nicht notwendigerweise auch im Erstverkaufsmarkt mit kommerziellem Erfolg belohnt wird.

Im Gegensatz zur Ansicht des Vorredners gibt es auch keine Verbindung zwischen dem urheberrechtlichen Folgerechtsanspruch aus § 26 UrhG und der Künstlersozialabgabepflicht des Kunsthandels gem. § 24 KSVG. Dies ist schon deshalb ausgeschlossen, weil die Künstlersozialabgabe auf Erstverkäufe erhoben wird – die nicht folgerechtspflichtig sind – während das Folgerecht Weiterverkäufe betrifft, die nicht künstlersozialabgabepflichtig sind.

Schließlich handelt es sich beim Folgerecht auch nicht um ein Instrument der Künstlerförderung, wie zu Unrecht gelegentlich behauptet wird. Künstlern, die am Beginn ihrer Karriere stehen, hilft es nicht. Wer das als Mangel des Folgerechts versteht, hat den Rechtsgedanken nicht verstanden. Man darf dieses Recht nicht überfordern: Junge Künstlerinnen und Künstler, deren Werke den Weiterverkaufsmarkt noch nicht erreicht haben, können naturgemäß auch nicht vom Folgerecht profitieren.

Beim Folgerecht handelt es sich nach alledem um nichts anderes als einen Anspruch auf angemessene Beteiligung der Künstlerinnen und Künstler im Sinne des § 11 Satz 2 UrhG an Wertsteigerungen, die ihre Werke nach abgeschlossener Erstveräußerung im Kreislauf des Kunstmarktes zu Gunsten der Erst- bzw. Weiterverkäufer erzielen.[1]

---

1 *Pfennig*, Das Folgerecht, in: Loewenheim (Hrsg.), Handbuch des Urheberrechts (2003), S. 1877 ff.; *Pfennig*, Das Folgerecht in der Europäischen Union, in: Festschrift für Kreile (1994), S. 491–512.

Bevor ich weitere Ausführungen mache, hier ein praktisches Beispiel für die Funktionsweise des Folgerechts in einem konkreten Fall: Sie sehen vor sich eine Reproduktion des Gemäldes „White Canoe“ des britischen Künstlers *Peter Doig*, entstanden und zum ersten Mal veräußert im Jahr 2001. Es wurde im Jahre 2006 von einem Auktionshaus in London für GBP 5,4 Mio., nach damaligen Wert EUR 7,9 Mio., versteigert. Der Künstler erhielt von seiner Verwertungsgesellschaft den maximalen Betrag von EUR 12.500 abzüglich der Verwaltungskosten; dies war mehr, als er für den Erstverkauf erhalten hatte. Mit anderen Worten: Die Zwischenbesitzer teilen sich einen Gewinn von EUR 7,9 Mio., der Anteil des Künstlers liegt bei 0,16%.

III. Der Kunstmarkt

1. Allgemeines

Der Kunstmarkt im hier interessierenden Sinne – mit Objekten, die dem Werkbegriff des § 2 UrhG unterfallen, also vor allem mit Werken der Bildenden Kunst, Lichtbildwerken und in gewissem Umfang auch audiovisuellen Werken wie etwa Künstlervideos bzw. -DVDs – ist nicht vergleichbar mit Konsumgütermärkten. Die Gegenstände, die hier gehandelt werden, dienen vielen unterschiedlichen, aber keinem mehr oder weniger generell bestimmbaren Zweck. Sie verbrauchen sich auch nicht durch Benutzung. Sie sind – vom Anspruch der Urheber und der Erwartung der Erwerber her – nicht für einen begrenzten Zeitraum, sondern für die Ewigkeit geschaffen. Hiervon kann man sich in vielen kunsthistorischen und Kunstmuseen durch eigene Anschauung überzeugen. Gegenstand des Kunstmarkts sind also Objekte, manchmal sogar nur Konzepte oder Ideen (manche Kunstwerke lassen sich mit den Definitionen des § 2 UrhG nicht erfassen und erzielen dennoch hohe Preise, wie etwa das berühmte Pissoir von Marcel Duchamp), die in hohem Maße mit Emotionen, Gefühlen und Wertungen aufgeladen sind – und zwar sowohl vom Schöpfer wie vom Besitzer, wobei beide Seiten den Gehalt durchaus unterschiedlich definieren können –, die mit ökonomischen Maßstäben nicht messbar sind. Der Kunstmarkt handelt neben den Werken also auch Erwartungen, Illusionen und Leidenschaften.

Volkswirtschaftliche Analysen und Instrumente, die für und in Märkten von Verbrauchsgütern entwickelt worden sind, müssen, angewendet auf diesen Markt, notwendigerweise versagen: Eine Abwrackprämie für Werke der Bildenden Kunst beispielsweise würde nicht den Kunstmarkt beleben, sondern als Barbarei verdammt werden.

2. Transaktionen auf dem Kunstmarkt: drei Verwertungsebenen

a) Künstler – Käufer

Auf der ersten Ebene treffen Künstlerinnen und Künstler ohne Einschaltung von professionellen Händlern oder Galeristen unmittelbar auf die Käuferinnen und Käufer ihrer Werke. Verkauft wird meist im Atelier, aber auch im Kunstverein, auf dem Weihnachtsmarkt für Kunstwerke und an ähnlichen Orten. Über den Umfang dieses Marktes liegen präzise Zahlen nicht vor; ohne Zweifel jedoch wird hier zumindest 50% des Marktvolumens abgewickelt. Nahezu 90% der gehandelten Werke erleben keine Weiterveräußerung. In der begrifflich zutreffenden Terminologie des Künstlersozialversicherungsgesetzes sind die Künstler hier „Selbstvermarkter“. Kaufmotiv ist das spontane Interesse des Käufers an einem bestimmten Werk, das er zu privaten Zwecken erwirbt, nicht jedoch, um es später, möglichst zu einem höheren Preis, weiterzuveräußern. Die Existenz des Folgerechts ist dem Käufer mit Sicherheit nicht, und dem Künstler meist ebenso wenig bekannt, weil der Weiterverkauf in dieser Beziehung von beiden nicht als Option betrachtet wird.

b) Galerie – Käufer

Fremdvermarktungen, also Erstveräußerungen, bei denen Reputation von Künstler bzw. Verkäufer und auch der Marktwert eines Künstlers Einfluss auf den Preis haben, finden auf der zweiten Ebene statt, nämlich dort, wo Kunstwerke von professionellen Galeristen in deren Galerien oder auf Kunstmessen angeboten werden. Die Galeristen verfügen, wenn sie professionell arbeiten, über die nötige Fachkenntnis und Erfahrung, um Qualität zu erkennen, Künstlerkarrieren zu fördern, Sammlungen aufzubauen und im besten Falle Maßstäbe zu setzen.

Es ist das unbestrittene Ziel der überwiegenden Zahl der Künstler und Künstlerinnen, die die Akademie verlassen, Zugang zu diesem Markt zu finden und eine Beziehung zu einem derart qualifizierten Galeristen aufzubauen, um mit dessen Hilfe eine dauerhafte Position im Kunstmarkt zu erkämpfen. Die Zeiten allerdings, in denen der Galerist den Künstler entdeckte, bei ihm systematisch die gesamte Produktion aufkaufte, die Werke lagerte und bei Interesse über einen langen Zeitraum hin verkaufte und damit eine Karriere systematisch aufbaute, was auch bei niedrigen Ankaufspreisen oft einen beträchtlichen Kapitaleinsatz erforderte, gehören der Vergangenheit an. Heute werden Galeriegeschäfte auf dieser Ebene im Wesentlichen in der Form des Kommissionsgeschäftes abgewickelt, d.h. nur im Falle der erfolgreichen Veräußerung wird der Künstler prozentual am Erlös beteiligt. Je nach Prominenz erhält er zwischen 50 und 30% des erzielten Preises, manchmal beteiligt er sich sogar an den Kosten der Ausstellung seiner Werke in der Galerie. Zwar sind auch hier die Galerieverträge in der Regel auf Dauer angelegt; bleibt das Werk jedoch längere Zeit ohne Interesse, wird das Verhältnis schnell aufgelöst, die Arbeiten gehen zurück und der Vertrag wird beendet. Ebenso wie beim Direktverkauf vom Künstler an den Sammler ist auch beim Handel auf der Galerieebene das Interesse der ankaufenden Privatpersonen oder Sammlern primär darauf gerichtet, die erworbenen Werke zu behalten, zu genießen und als Bereicherung ihres Lebens zu betrachten. Museen und öffentliche Sammlungen kaufen zur Entwicklung bzw. zur Vervollständigung Bestände, die sie der Öffentlichkeit in Erfüllung eines Bildungsauftrages zugänglich machen. Öffentliche Sammlungen sind in Deutschland schon durch gesetzliche Vorschriften gehindert, erworbene Werke später weiter zu veräußern. Für sie spielt das Folgerecht deshalb keine Rolle. Aber auch Privatsammler, bei denen Motive wie Streben nach öffentlicher Anerkennung als Kunstsammler, Eitelkeit oder schlicht das Bedürfnis, das eigene Lebensumfeld zu dekorieren, eine Rolle bei der Ankaufsentscheidung spielen, kaufen nicht in erster Linie spekulativ im Hinblick auf spätere Weiterverkaufschancen. Folgerecht ist also auch für sie kein Gesichtspunkt bei der Ankaufsentscheidung.

Wenn also auch spekulative Motive beim Kunsterwerb nicht auszuschließen sind, ist es doch ein Fakt, dass alle Versuche, auf der Basis von Kunstwerken z.B. Fonds zu etablieren, die dauerhaft und zuverlässig Gewinne erwirtschaften, gescheitert sind. Kunstkäufer mit spekulativen Absichten sind also auf wenige „Blue Chips“ angewiesen, deren Marktpräsenz in äußerst zweifelhaften Bestenlisten – z.B. einmal jährlich veröffentlicht im „Manager-Magazin“ – festgehalten wird. Und auch in diesen Fällen ist das Risiko, statt an ein Werk mit Marktpotential an ein Werk minderer Qualität zu geraten, das im Markt versagt, außerordentlich groß. Mit anderen Worten: Der Ankauf von Kunstwerken ausschließlich aus wirtschaftlichen Erwägungen ist hoch riskant, weil der Markterfolg des erworbenen Werks nur in seltenen Fällen zutreffend kalkuliert werden kann. Hieraus folgt, dass Veräußerungen auf der ersten Ebene zwischen Künstler und Erwerber, aber auch Veräußerungen unter Einschaltung eines erfahrenen Galeristen nur selten im Blick auf eine spätere Weiterveräußerungsmöglichkeit erfolgen; Gesichtspunkte der Entrichtung des Folgerechts spielen aus diesem Grunde bei derartigen Transaktionen faktisch nahezu keine Rolle. Wenn überhaupt, spielen derartige Motive, die dann auch durchaus die Existenz des Folgerechts ins Kalkül ziehen müssen, auf der dritten Ebene des Kunstmarkts eine Rolle.

c) Weiterverkaufsmarkt

Die dritte Ebene des Kunsthandels ist der Markt, auf dem nahezu ausschließlich Weiterveräußerungen stattfinden, vorrangig, aber nicht ausschließlich geprägt von den Auktionshäusern. Professionelle Händler, Agenten und insbesondere Versteigerungshäuser erwerben, vermitteln oder veräußern Werke, die sich nach dem Erstverkauf in privater Hand oder im Besitz von Unternehmen befanden und aus unterschiedlichen Motiven wiederum auf den Markt gebracht wurden.

Die Motivlage ist durchaus unterschiedlich: Erbfälle, Scheidungen ebenso ganz allgemein die – aus welchen Gründen immer auftretende – Knappheit finanzieller Mittel oder der Wunsch nach Neuausrichtung einer privaten Sammlung können Kunstbesitzer zu Weiterveräußerungen veranlassen; nicht auszuschließen sind hier selbstverständlich auch Motive schlichten Gewinnstrebens, wenn etwa der Sammler keine emotionale Bindung an sein Werk unterhält, sondern es lediglich aus spekulativen Überlegungen erworben hat.

Das Folgerecht findet auf alle Transaktionen auf dieser Handelsebene Anwendung. Nach dem Wortlaut des § 26 UrhG richtet sich der Anspruch des Künstlers gegen den Veräußerer, neben dem allerdings, soweit es sich um eine Privatperson handelt, die Erwerber oder als Vermittler beteiligten Kunsthändler oder Versteigerer gesamtschuldnerisch haften. In der Praxis wird der Folgerechtsanspruch regelmäßig vom Händler oder Versteigerer erfüllt, der seinerseits kein Interesse hat, den Veräußerer zu nennen und ihn dadurch den Nachstellungen und Forderungen der Verwertungsgesellschaft, die das Folgerecht einfordert, entzieht.

Auch auf dieser Ebene besteht also keine direkte Beziehung zwischen dem Künstler oder dem Nachlass, der den Anspruch, in der überwiegenden Zahl der Fälle unter Einschaltung seiner Verwertungsgesellschaft, geltend macht und dem Veräußerer.

Es wird oft behauptet, das Folgerecht behindere Verkäufe auf der dritten Ebene und führe zu Verlagerungen von Verkaufsvorgängen in folgerechtsfreie Staaten. Ich möchte hierauf nur kurz eingehen; Tatsache ist jedenfalls, dass sich der Umsatz mit zeitgenössischer Kunst im bedeutendsten Kunsthandelsland der EU, in Großbritannien, in den ersten drei Jahren nach Einführung des Folgerechts zum 1. Januar 2006 allen Unkenrufen des Kunsthandels zum Trotz verdoppelt hat. Erst der Eintritt der Wirtschaftskrise im Jahr 2008 hat das Wachstum verlangsamt[2].

Auch nach Beginn der wirksamen Wahrnehmung in Deutschland mit dem Jahr 1982 hat nachweisbar keine nennenswerte Verlagerung in das damals noch weitgehend folgerechtsfreie Ausland, insbesondere in die Schweiz stattgefunden, wie zuvor vermutet worden war. Im Gegenteil: In den letzten Jahren haben marktstarke Galerien aus dem einzigen folgerechtsfreien Land Kerneuropas, der Schweiz, in London Dependancen eröffnet, weil der britische Markt nach wie vor der größte europäische Käufermarkt für zeitgenössische Kunst ist.

Sicher ist die befürchtete Verlagerung auch deshalb ausgeblieben, weil die Ausgestaltung der EU-Richtlinie[3] und die Ausnutzung ihrer Spielräume zugunsten des Handels bei der Umsetzung insbesondere durch die britische Regierung – nämlich die degressive Senkung der Abgabesätze bei steigenden Preisen und die einzigartige und künstlerfeindliche Deckelung des aus einem Verkaufsvorgang möglichen Folgerechtserlöses bei EUR 12.500 – die Verlagerung ökonomisch unattraktiv gemacht haben. In aller Regel sind nämlich besonders bei hochpreisigen Werken die Kosten einer Verlagerung eines Verkaufs in die folgerechtsfreien USA, sogar in die Schweiz höher als die Belastung durch das Folgerecht in Großbritannien oder in den anderen europäischen Staaten.

---

2 *Graddy/Horowitz/Szymanski,* A study into the effect on the UK art market of the introduction of the artists' resale right (2008), abrufbar unter http://www.ipo.gov.uk/study-droitdesuite.pdf.

3 Richtlinie 2001/84/EG des Europäischen Parlaments und des Rates vom 27.9.2001 über das Folgerecht des Urhebers des Originals eines Kunstwerks, ABl. 2001 L 272/32.

Es darf dabei nicht übersehen werden, dass das Folgerecht beim Weiterverkauf eines Kunstwerks nicht die einzige Belastung ist: Neben der in manchen Ländern je nach Ausfuhrland fälligen Steuer auf die Einfuhr entstehen hohe Gebühren der Versteigerer, die den Hammerpreis leicht mit mehr als 30% belasten; im Vergleich mit diesen Kosten der Weiterveräußerung ist die Folgerechtszahlung minimal und keinesfalls verkaufsortentscheidend.

Besonders die Behauptung, der Kunsthandel verlagere sich in die Schweiz, weil dieses Land das Folgerecht bisher nicht eingeführt hat, lässt sich leicht widerlegen.

Nicht zu verkennen ist jedoch, dass es sich bei der Schweiz um einen attraktiven Kunsthandelsplatz handelt. Die Ursache liegt jedoch nicht im Fehlen des Folgerechts – für dessen Einführung die Künstler dort übrigens seit Jahren kämpfen –, sondern an den steuerlichen Gegebenheiten, die über viele Jahre hinweg die Bildung großer Vermögen auch von Ausländern ermöglicht haben, die z. B. auf der jährlich in Basel stattfindenden Kunstmesse bzw. in den großen Galerien und Kunsthandlungen außerhalb der Beobachtung deutscher Steuerbehörden teilweise auch zum Erwerb von Kunstwerken eingesetzt wurden, die zum Teil in Banksafes deponiert sind und diese Safes über viele Jahre hinweg nie verlassen haben, obwohl sie mehrfach die Besitzer wechselten.

Zusammenfassend lässt sich deshalb meiner Ansicht nach feststellen, dass in der geschilderten Marktstruktur in Verbindung mit dem besonderen Charakter der gehandelten „Ware" eine Beziehung zwischen der Existenz des Folgerechts und der Preisbildung auf dem Primärmarkt nicht herzustellen ist.

IV. Wirtschaftliche Auswirkungen des Folgerechts auf die Künstler und Erben

Im Gegensatz zum Ergebnis meines Vorredners bin ich der Ansicht, dass das Folgerecht positive wirtschaftliche Auswirkungen auf die Künstler und ihre Erben hat.

Zum Einen, dies ergibt sich aus dem Vorstehenden, beeinträchtigt die Geltendmachung des Folgerechts die Preise im Bereich der Erstveräußerung nicht. Darüber hinaus trägt das Folgerecht gerade heute bestimmten Phänomenen des Kunstmarkts Rechnung, die dazu führen, dass die Zeit, in der ein Künstler tatsächlich als aktiver Marktteilnehmer seine Werke durch Erstverkäufe absetzt, abnimmt.

Während ein Künstler wie *Pablo Picasso* über seinen gesamten Schaffenszeitraum hin aktiver Marktteilnehmer war und zu keinem Zeitpunkt – mit Ausnahme der Jugendjahre – Absatzprobleme hatte, stellt sich die Situation für die meisten Künstler am gegenwärtigen Kunstmarkt anders dar. Abgesehen von einigen Ausnahmekünstlern wie *Gerhard Richter* oder *Sigmar Polke* zeigt schon allein ein Blick in die Kataloge großer Kunstmessen wie Basel oder Köln, dass die Verweildauer zeitgenössischer Künstler, damit auch ihre „Kunstmarktkarriere" zeitlich begrenzt und wesentlich kürzer als die aktive Schaffenszeit ist. Das Folgerecht garantiert zumindest für den Teil der Werke, die in der aktiven Kunstmarktphase dieser Künstler veräußert wurden und zu einem späteren Zeitpunkt erneut veräußert werden, nicht nur eine materielle Beteiligung an Wertsteigerungen, die ihn dann erreicht, wenn seine Erlöse aus dem Primärmarkt zurückgehen. Das Folgerecht, und dies wird auch von erfolgreichen Künstlern immer wieder hervorgehoben, stellt auch eine lebenslange Anerkennung ihrer Leistung dar und verbindet sie mit dem Erfolg ihrer Werke[4]. Sie erhalten auf diese Weise eine Erwerbschance, die für Urheber anderer Sparten, besonders musikalische und Filmurheber selbstverständlich ist, die persönlich lebenslang materiell an der vielfältigen Auswertung ihrer Werke beteiligt werden.

Dies gilt in abgewandelter Form auch für die Erben zeitgenössischer Künstler, die in nicht wenigen Fällen Leidtragende der in den Schaffensjahren oft beklagenswerten wirtschaftlichen Situation ihrer künstlerisch tätigen Ehegatten oder Eltern waren. Zwar profitieren sie von den Erlösen aus der Verwertung der Werke in Form von Reproduktionen und durch öffentliche Zugänglichmachung. Vor allem durch das Folgerecht aber sind sie zumindest nachträglich auch am wirtschaftlichen Erfolg der Werke ihrer Vorfahren oder Ehegatten im Kunstmarkt beteiligt, in dem durch das Folgerecht unvergleichlich höhere Erlöse erzielt werden können als durch die erwähnten Verwertungsrechte.

---

4 So wörtlich der weltbekannte Maler und Bildhauer *Frank Stella* in einer nur im Internet verbreiteten Rede zur Einführung des Folgerechts in den USA am 9.6.2009 in Washington anlässlich des 2. World Copyright Summit.

V. Zusammenfassung

Das Folgerecht steht nur in losem Zusammenhang des Urhebervertragsrechts. Es beteiligt den Künstler im Falle des Weiterverkaufs in geringem, den Handel bzw. den Weiterverkäufer in nur unwesentlich belastender Höhe an ihren Erlösen.

Auswirkungen auf den Erstverkaufspreis des Künstlers und damit Beeinflussungen des Kunstmarkts sind nicht gegeben.

Diskussionsbericht zu §§ 11 und 12

Die Diskussion eröffnete *Riesenhuber* mit der Bemerkung, darauf gespannt zu sein, was sich aus dem Beispiel Englands gegenüber der schon existierenden Analyse von *Schmidtchen* und *Kirstein*[1] ergebe. *Schmidtchen* und *Kirstein* hätten 2002 mit ihrer Studie eine Diskussion über die Begründetheit der Folgerechtrichtlinie begonnen; zu der Zeit sei das Folgerecht in England aber noch nicht vorgesehen worden.

Die Veranstalter hätten es nicht übersehen, so *Riesenhuber* in Erwiderung auf *Pfennigs* Bemerkung[2], dass das Folgerecht zunächst als ein Fremdkörper unter den Themen des Urhebervertragsrechts betrachtet werden müsse. Bei funktionaler Betrachtung hänge es indes so eng mit dem Vertragsmechanismus und der Vertragskette zusammen, dass es richtig erscheine, es in diesem Zusammenhang zu erörtern. Dem stimmte *Pfennig* zu und bemerkte, es sei ihm immer wichtig, dass es über das Folgerecht öffentlich gesprochen werde.

Schulze stimmte *Pfennig* darin zu, das Folgerecht sei kein Fall des Vertragsrechts. Es mildere den Erschöpfungsgrundsatz des Verbreitungsrechts. Man könne dies damit begründen, der Urheber habe hier ein stärkeres Verbreitungsrecht. Vielleicht wäre es eine bessere Alternative im Bereich des Kunsthandels den Erschöpfungsgrundsatz aufzugeben. Vermutlich sei das aber doch nicht vorzugswürdig, so *Schulze* weiter, weil sich nämlich die Kunsthändler das Verbreitungsrecht ohne Gegenleistung einräumen lassen würden. Möglicherweise wäre es daher hilfreich, wenn man manchmal auch in anderen urhebervertraglichen Regelungen den Urhebern sagen würde, sie hätten weniger Rechte, ihnen dafür aber einen gesetzlichen Vergütungsanspruch zuerkennen würde. So könnte das, was sonst wohl Marktmacht reguliere, abgemildert werden.

Den Vorschlag begrüßte *Pfennig*. Seiner Erfahrung nach werde jedes Recht, das der Künstler allein ohne eine Verwertungsgesellschaft wahrnehme, praktisch nichts wert. Das Reproduktionsrecht[3] stelle ein praktisches Bei-

1 *Schmidtchen/Kirstein,* Die EU-Richtlinie zum Folgerecht – Eine ökonomische Gesetzesfolgenanalyse, GRUR 2002, 860–866.

2 *Pfennig,* in diesem Band, § 12 (S. 236).

3 §§ 16, 17 UrhG.

spiel dar: Wenn nicht die Wahrnehmung über die Verwertungsgesellschaft erfolgte, würden die Verleger und auch alle anderen Verwerter immer versuchen, bei den Urhebern zu sparen und auf ihre Rechte nicht zu achten. Wolle man etwas für die Künstler tun, so müsse ihre Position mit Vergütungsansprüchen oder mit der Verwertungsgesellschaftspflicht ausgebaut werden. *Pfennig* sei sich der Kritik der Verwertungsgesellschaftentätigkeit bewusst, die hauptsächlich mit Monopolstellungsargumenten begründet werde, aber die Notwendigkeit ihres Bestehens sei die Realität. Seiner Meinung nach stimme die Feststellung, der Verwerter sei immer der schlauere, denn er verwerte ja nur das, was als Kunst schon attraktiv ist. Der Verwerter habe nicht mit Künstlern zu tun, die froh darüber seien, ihren Nachbarn ein Bild für 500 Euro zu verkaufen, sondern er bewege sich auf dem Teil des Marktes, wo die Werke anerkannt seien. Aber auch bekannte Künstler hätten fast keine Chance, ihre Rechte selbst durchzusetzen. Sie würden ihre Rechte nämlich gar nicht kennen. Er halte deswegen nicht für ratsam, die Regelungen über das Folgerecht zu überarbeiten.

Dazu warf *Pfennig* ein weiteres Beispiel aus der Verwertungspraxis ein: Als das Folgerecht in England noch nicht bestanden habe, habe es in Deutschland etablierte Künstler gegeben, die von bekannten Galeristen daran gehindert worden seien, das Folgerecht durch eine Verwertungsgesellschaft wahrzunehmen. Solch ein Boykott sei nach *Pfennig* in manchen Bereichen des Kunsthandels Gang und Gäbe gewesen. Infolge der Richtlinienumsetzung[4] sei das Folgerecht in England in der Weise geregelt worden, dass für jeden Verkauf ein Folgerecht fällig werde, egal ob der Künstler seine Rechte einer Verwertungsgesellschaft anvertraut habe oder nicht. In Deutschland würden nur die Künstler das Folgerecht bekommen, die es individuell oder durch eine Verwertungsgesellschaft geltend machen. Im geschilderten Fall habe also eine Verwertungsgesellschaft in England 200000 Euro für einen sehr bekannten deutschen Künstler eingenommen, der aber keiner Verwertungsgesellschaft angehört und das Geld auch

4 Die Richtlinie 2001/84/EG des Europäischen Parlaments und des Rates vom 27.9.2001 über das Folgerecht des Urhebers des Originals eines Kunstwerks, ABl. 2001 L 272/32 ist im Vereinigten Königreich mit Artist's Resale Right Regulations vom 13.2.2006, Statutory Instrument 2006/346, umgesetzt, in Kraft seit 14.2.2006. In Deutschland ist die Richtlinie mit dem Fünften Gesetz zur Änderung des Urheberrechtsgesetzes vom 10.11.2006, BGBl. I 2006, 2587 umgesetzt worden.

persönlich nicht entgegengenommen habe. Diese Verwertungsgesellschaft habe sich an VG Bild-Kunst mit der Frage gewandt, was mit dem Geld zu machen sei und darauf hingewiesen, dass, wenn nicht ausgezahlt worden, es einem Kulturtopf in Großbritannien gutgeschrieben worden wäre. Die deutsche Verwertungsgesellschaft habe dann den Künstler benachrichtigt und ihm das Geld ausgezahlt.

Es habe mehrere Künstler gegeben, so *Pfennig*, die ihr Folgerecht nicht verwerten ließen. Diese Künstler hätten sich entschieden, sich nicht mehr von ihren Kunsthändlern unter Druck setzten zu lassen, den Wahrnehmungsvertrag zu unterschreiben und an ihr Geld zu kommen. Sie hätten ihre Rechte nicht nur für England abgetreten, sondern auch für Deutschland. *Pfennig* erklärte, von den Händlern seien sie einst boykottiert worden, wenn sie das Folgerecht einziehen wollten, obwohl die Händler für das Folgerecht gar nichts bezahlen hätten müssen, sie seien nämlich für die Weiterverkäufe der Kunstwerke gar nicht abgabepflichtig gewesen. Die Boykotte hätten sie nur aus Solidarität mit bestimmten Versteigerern geführt. Das sei vielleicht noch ein Punkt für die Verhaltensökonomik, stellte *Pfennig* fest, um zu sehen, welche Druckmechanismen im Vertragsrecht für bestimmte Märkte angewendet würden, gegen die sich die Urheber nicht zur Wehr setzen könnten.

Zur geschilderten Situation aus der Kunsthandelspraxis sagte *Kirchner*, es sei für ihn ein Beispiel für institutionellen Wettbewerb. Weil in Großbritannien die Situation anders als in Deutschland aussehe, sei eine Tür geöffnet worden, um die deutschen Bedingungen neu zu gestalten.

Kreile befürwortete die Anwendung der Theorie von *behavioral law and economics* auf die urheberrechtlichen Fragen. Das Folgerecht sei hier in dem Zusammenhang erörtert, wie es auch im Bundestag mal erörtert worden sei, d.h. auch unter dem Gesichtspunkt, ob mit seiner Einführung die Preise nicht reduziert würden. Das, was *Kirchner* erarbeitete, habe man also damals im Rechtsausschuss des Deutschen Bundestages[5] nicht in der großer Breite, aber doch in Bemerkungen durchaus auch diskutiert und gemeint, diese Preissenkung würde so marginale Auswirkung haben, dass man darüber hinweggehen könne. Diese Beobachtungen seien aber bereits ansatzweise zum Ausdruck gekommen.

---

5 Die Entstehung des UrhG ist bei *Maracke*, Die Entstehung des Urheberrechtsgesetzes von 1965 (2003) zurück zu verfolgen.

Anschließend fragte Dr. Tilo *Gerlach* (Geschäftsführer der GVL), ob *Kirchner* generell den Eindruck habe, dass bei der Rechtssetzung von einem Gegensatz ökonomischer Aspekte und legislativer Tätigkeit auszugehen sei.[6] Denn das, was *Kreile* gesagt habe, sowie seine (Gerlachs) eigene Erfahrung sprächen eher dagegen. Am Ende eines jeden Gesetzesentwurfs sei eine Kostenabschätzung zu lesen, die zwar meistens sehr schlank sei, aber doch zeige, dass die Bearbeiter dieses Gesetzes darüber nachgedacht hätten. *Kirchner* räumte ein, dass die möglichen Folgewirkungen auch in der juristischen Diskussion berücksichtigt seien, aber es gebe auch Defizite. Man konzentriere sich auf die direkten Folgen, während die weiteren Auswirkungen ausgeklammert seien.[7]

Kirchner betonte die Bedeutung der Methodik bei seiner Untersuchung. Was er fordere sei eine erweiterte Folgenanalyse. Die Aussagen, die er als Theoretiker machen könne, seien Hypothesen. Wenn jemand mit empirischen Studien oder aufgrund seiner praktischen Erfahrung ihm sagen würde, diese Hypothesen seien falsifiziert, dann könne auf dieser Grundlage keine normative Empfehlung gemacht werden. Für *Kirchner* hieße das, nun von der Rechtsökonomik her zu versuchen, die tatsächliche Wirkungsseite eines Rechtsinstituts stärker in den Blick zu bekommen. In einer guten Gesetzgebungsdiskussion sei dies heute Gang und Gäbe. Bisher seien aber methodische Instrumente zur Untersuchung, wie tatsächliche Gesetzesfolgen aussehen würden, wenig erörtert. Überwiegend seien *common sense*-Überlegungen ausgesprochen; diese müssten methodisch angeleitet werden.

Dem stimmte auch *Pfennig* zu. Diese Vorgehensweise sei für die wissenschaftliche Diskussion vollkommen nachvollziehbar. Die Tagung habe bestätigt, dass man *behavioral law and economics* in ihrer auch manchmal nicht ganz einfachen Anwendung auf die Praxis zeigen müsse.

Nachfolgend ergriff *Engel* das Wort und sagte, er halte das von *Kirchner* erörterte Thema für ganz zentral für die Tagung. Es stimme die Aussage, dass man sich in der Analyse nicht darauf beschränken könne, nur die Hälfte des aufgestellten Problems zu bearbeiten, lediglich auf einen Verhaltenseffekt hinzuweisen und vom Gesetzgeber irgendeine wohlgemeinte Reaktion diesbezüglich zu verlangen. Man müsse vielmehr im

---

6 Die Frage in Bezug auf die Aussage: *Kirchner*, in diesem Band, § 11 (S. 216 f.).

7 Auf das Thema kommen die Diskutanten noch in einem späteren Punkt zurück, s. S. 251 (Rechtssetzungstechnik).

Kopf behalten, dass andere eine Änderung der Opportunitätsstruktur erkennen würden, ihr Verhalten anpassen könnten und dann könne es zu einem *backfiring* kommen. Diese Annahme unterstelle jedoch, führte *Engel* fort, dass wir auf einer Seite eine Gruppe der „Armen" und zu Schützenden hätten, der auf der anderen eine rationale, bis zum Ende profitmaximierende Gruppe gegenüberstünde. Diese Konstellation gebe es durchaus, hier liege sie aber nicht vor. Für die erstgenannte Gruppe würde man das Problem als etwas verwunderlich sehen. Denn die Künstler selbst würden viel Geld verdienen wollen. Sie seien im Kunstmarkt ziemlich professionell und ständig tätig, warum also sollten sie nicht wissen, wie man den Anspruch aus Folgerecht aushebelt und dies antizipieren?

Mit zwei Argumenten könne versucht werden, sich an die Antwort heranzutasten, vermutete *Engel*. Das eine sei, dass es sich hier um Klauselwettbewerb handele. Klauselwettbewerb, wie das weithin bekannt sei, funktioniere nicht besonders gut in der Praxis, weil dort auf andere Dinge geachtet werde. Das sei aber im Grunde nicht das stärkste Argument. Wahrscheinlich gebe eher eine andere Hypothese Antwort. Bei der Frage, welche Regeln als angemessen oder unangemessen zu betrachten seien, würden die Beteiligten vielleicht nicht mehr ausschließlich darauf achten, wie sie ihren Profit maximieren, sondern ob ihr Verhalten sozial eingebettet sei. Das wäre dann der Fall, wenn der Gesetzgeber bestimmte Verhaltensweisen als unanständig bezeichnen würde. Zu der Wahrnehmung könnte der Gesetzgeber z.B. sagen, es sei unanständig bereits vorher auf das Folgerecht zu verzichten. Wie weit das gelten würde, sei eine testbare Hypothese, und man könne sich noch darüber unterhalten, wie sie zu prüfen wäre. *Riesenhuber* meinte, dass es sich also vielleicht um Normen mit einer „moralischen" Wirkung handele.

Zum Klauselwettbewerb meinte *Kirchner*, natürlich habe er ihn in Erwägung gezogen. Gebe es aber eine Norm, die unabdingbar sei, so verfolge er diesen Gedanken nicht weiter. Dann seien allerdings *Pfennigs* Erläuterungen zu den verschiedenen Kunstmärkten[8] näher zu betrachten. Könne zwischen verschiedenen Kunstmärkten gewählt werden und tatsächlich eine Wanderbewegung von einem Land, in dem es kein Folgerecht gebe, zu einem Land, das das Folgerecht habe, beobachtet werden, dann sei das ein Substitut für Klauselwettbewerb, nämlich Rechtswahlwettbe-

[8] *Pfennig*, in diesem Band, § 12 (S. 238ff.).

werb. Das wäre ein sehr starker Wettbewerb, wenn eine solche Wanderung stattfinden würde.

Zu dem zweiten Vorschlag *Engels* räumte *Kirchner* ein, bei der Frage nach der moralischen Appellwirkung der Gesetzgebung sei er immer etwas zurückhaltend. Sei es Aufgabe des Gesetzgebers, Menschen zu erziehen oder Schranken, aber auch Anreize für Leute, die eigennützig ihr Vermögen mehren, zu setzen? Er behaupte eher das Zweite und sehe die Gesetzgebung nicht als moralische Instanz.

In Erwiderung wies *Schulze* darauf hin, dass im Recht öfter Begriffe auftauchen würden, die „moralisch" klingen, denke man z. B. an die „guten Sitten" oder „Treu und Glauben". Darüber hinaus sei auch bei einer der heutigen Diskussionen das Stichwort „Typisicrung" gefallen. Er selber habe zudem ins Feld gebracht, dass es auch ein Problem der Rechtsdurchsetzung gebe. Einerseits gebe es also guten Sitten, andererseits diejenigen, die die guten Sitten mit Füßen treten, weil sie wüssten, die anderen könnten sich nicht zur Wehr setzen und wären auf sie angewiesen. Würde es also nicht eventuell doch helfen, wenn man in manchen Bereichen etwas typisiere und die Vorschrift einbringe, die einfach Grenzen setzen und den anderen Zeichen geben würde, bestimmtes Verhalten hinzunehmen.

Kirchner meinte, für ihn sei das eine Frage der Rechtsetzungstechnik. Jede Technik sei systematisch unvollständig. Dies bedeute, der Gesetzgeber könne nicht alle künftigen Eventualitäten in die Gesetzgebung einbeziehen. Aus diesem Grunde sei es sinnvoll, mit Generalklauseln zu arbeiten oder mit dem was *Spindler* in die Diskussion eingebracht habe: Treuepflichten, wie man sie aus dem Gesellschaftsrecht kennt. Das sei wie ein absichtlich unvollständiger Vertrag. In seiner Methodenvorlesung bezeichne *Kirchner* diese Normen als Delegationsnormen. Der Gesetzgeber delegiere an die nächsten Instanzen – Schiedsgerichte, Gerichte – die Aufgabe, diesen Begriff zu präzisieren. Ein Begriff der guten Sitten sei z. B. nicht nach einer Religion auszulegen, sondern von der Funktion her, die er in der Ordnung der Gesellschaft habe. Rein positiv könne man also den Begriff nicht füllen. Z. B. könne er nicht sagen: Das was die Kaufleute tun, entspreche guten Sitten (ähnlich wie früher die Diskussion im UWG), sondern man brauche einen normativen Standard. Den normativen Standard würden in diesem Augenblick die Gerichte setzen.

Leistner stellte *Kirchner* die Frage, ob, wenn eine echte Rechtsfolgenanalyse umfassend Schritt für Schritt betrieben werde, die Verhaltensökonomik, und zwar gruppenspezifisch, nicht doch Erkenntnisse beisteuern könne. Es seien im Grunde ganz spezifische Interessengruppen, an die sich das Folgerecht richte: Kunsthändler, Künstler, Galeristen. Diese Gruppen könne man hinsichtlich der Folgewirkung verhaltensökonomisch untersuchen. Mit Vorwirkung des Rechts, mit moralischer Funktion des Rechts, komme man nicht weiter. In einer eng gefügten Gemeinschaft z.B. von 400 Künstlern in Köln, die sich alle kennen und sich aufeinander orientieren, während sie Entscheidungen treffen, hätten Recht oder gesetzte moralische Maßstäbe und Abweichungen davon keine so große Wirkung. Auch mit dispositivem Recht komme man nicht weiter, ebenso wenig wie mit der dadurch bestimmten Vorwirkung in der Folgenanalyse. Dann könne aber *behavioral law and economics* eine Rolle spielen.

Dem liege, so *Kirchner*, möglicherweise ein Missverständnis zu Grunde. Er habe gesagt, seines Erachtens könnte man mit dem verhaltenswissenschaftlichen Ansatz bei § 26 UrhG nicht weiterkommen. Das sei bei vielen anderen Normen anders. In der Beschäftigung mit *Corporate Governance* könne er genau aufzeigen, wo bei Management-Verhalten beschränkte Rationalität ins Spiel komme und dann nachweisen, dass aus diesem Grunde bestimmte Regelungen anders wirken würden. Er sei kein Gegner von *behavioral law and economics*, aber er schichte ab. Zuerst versuche er das Phänomen mit einem Ansatz der traditionellen Ökonomik und mit den traditionellen Rationalitätsannahmen zu klären. Dann frage er im zweiten Schritt, ob verhaltenswissenschaftliche Annahmen weiter führten.

Zu der Aussage, dass sich bestimmte Gruppen bilden ließen, erwiderte *Kirchner*, es sei genau genommen eine Frage des *public choice* und des Lobbying.[9] Für Lobbying könne es eine Rolle spielen, um bestimmte Themen zu fokussieren, weil das besser helfe, das *collective action*-Problem in den Griff zu bekommen. Würde man sich an einem Punkt orientieren können, z.B. einem moralischen, dann helfe das dieses *collective action*-Problem besser zu lösen. Für *Kirchner* ergebe sich nicht die Frage, ob das gut sei oder nicht, sondern nach der Wirkungsweise: Wenn der Gesetzgeber in

---

9 Zu der *public choice*-Theorie (= Neue Politische Ökonomie) s. z.B. *Kirsch*, Neue Politische Ökonomie (5. Aufl. 2004) und *Tollison*, Public Choice and Legislation, Va.L.Rev. 74 (1988), 339 m.w.N.

der Gesetzgebungsdiskussion diesen Fokus setze, wie wirke sich das auf Lobbying-Prozesse aus.

Zuletzt äußerte noch *Rehberg* seine methodischen Bedenken zu der Herangehensweise beim Untersuchen des Problems. Bei dem geschilderten Vorgehen mache man einen Versuch mit der neoklassischen Methode. Bringe das nichts, dann würde Versuch zwei mit der Institutionenökonomik gemacht. Gelänge auch das nicht, würde Versuch drei gemacht: *behavioral law and economics*. Wissenschaftlich gesehen müsste man sich aber möglichst allgemein festlegen und sagen, wann unter welchen Voraussetzungen auf welchen Themensatz zurückgegriffen werde, sonst habe das den Charakter von „*ad hoc* und *ex post*".

Darauf antwortete *Kirchner*, dass er das so nicht sehe. Wissenschaftliche Instrumente stünden in Konkurrenz zueinander und ihr Wert bestimme sich nach ihrer Heuristik und danach, welche Probleme man damit erklären könne. Wenn mit dem neoklassischen Ansatz bestimmte Probleme schlecht zu erklären wären, dann sei das ein Argument, einen anderen Ansatz auszuprobieren, der mehr erklären könnte. Es gehe hier nicht um Wahrheitsfindung, sondern um Aussagen im *Popper*'schen Sinne, die bisher nicht falsifiziert seien.[10] Komme man hier mit einem institutionenökonomischen Ansatz weiter als mit dem neoklassischen, sei das gut. Würde mit einem institutionenökonomischen Ansatz festgestellt, dass der Begriff der beschränkten Rationalität eine Leerformel sei, dann könne es sinnvoll sein, diese Leerformel durch den verhaltenswissenschaftlichen Ansatz auszufüllen. Er hielte also an der Pluralität der methodischen Ansätze fest und würde versuchen, sie auf ihren heuristischen Wert zu testen.

Auf das Gebot des Methodenpluralismus habe, schloss *Riesenhuber* ab, bereits sein Lehrer Stefan *Grundmann*[11] hingewiesen. Gerade an den Beiträgen von *Kirchner* und *Pfennig* und der anschließenden Diskussion sei gut zu beobachten gewesen, welchen Beitrag verhaltensökonomische Erwägungen leisten könnten und wie diese beleuchteten, was bereits aus der urheberrechtlichen Praxis, Erfahrung und empirischen Studien bekannt sei. An dieser Praxis müssten sich die Modell- und Hypothesebildung messen lassen.

Aleksandra Motyka-Mojkowska

10 Vgl. *Popper*, Logik der Forschung (11. Aufl. 2005).
11 *Grundmann*, Methodenpluralismus als Aufgabe, RabelsZ 61 (1997), 423–453.

FSC
www.fsc.org
MIX
Papier | Fördert
gute Waldnutzung
FSC® C083411

Kolibri 360 GmbH
Ferdinand-Jühlke-Straße 7
99095 Erfurt, Deutschland
produktsicherheit@kolibri360.de